Kurt Tucholsky
Das Lächeln der Mona Lisa

SEVERUS Verlag

Tucholsky, Kurt: Das Lächeln der Mona Lisa. Gesammelte Artikel aus der 'Weltbühne'. 2013
Neuauflage der Ausgabe von 1929
ISBN: 978-3-86347-605-2

Umschlaggestaltung: SEVERUS Verlag

Bibliografische Information der Deutschen Nationalbibliothek: Die Deutsche Nationalbibliothek verzeichnet diese Publikation in der Deutschen Nationalbibliografie; detaillierte bibliografische Daten sind im Internet über https://dnb.de abrufbar.

Der SEVERUS Verlag ist ein Imprint der Bedey & Thoms Media GmbH, Hermannstal 119k, 22119 Hamburg

SEVERUS Verlag, 2013
http://www.severus-verlag.de
Gedruckt in Deutschland
Der SEVERUS Verlag übernimmt keine juristische Verantwortung oder irgendeine Haftung für evtl. fehlerhafte Angaben und deren Folgen.

Kurt Tucholsky

Das Lächeln der Mona Lisa
Gesammelte Artikel aus der 'Weltbühne'

MIX
Papier aus verantwortungsvollen Quellen
Paper from responsible sources
FSC® C105338

Il ne faut pas rire tant qu'on n'est qu'à l'extérieur des choses, mais il faut d'abord y entrer. Il faut rire du milieu des choses. Plus clairement, je ne ris pas de toute politique, car il peut en être de belle que j'ignore, mais je ris des hommes politiques que je connais, et de la politique qu'ils font sous mes yeux. Que le rire soit, non pas frivole, mais sérieux et intérieur, et d'une philosophie consciente! On n'a le droit de rire des larmes que si l'on a pleuré.

Avant que de rire des grands hommes, il faut savoir les aimer de toute son âme.

L'ironie est la pudeur de l'humanité.

Jule Renard
(Journal 1896)

Das Lächeln der Mona Lisa

Ich kann den Blick nicht von dir wenden.
Denn über deinem Mann vom Dienst
hängst du mit sanft verschränkten Händen
und grienst.

Du bist berühmt wie jener Turm von Pisa,
dein Lächeln gilt für Ironie.
Ja ... warum lacht die Mona Lisa?
Lacht sie über uns, wegen uns, trotz uns, mit uns,
gegen uns –
oder wie – ?

Du lehrst uns still, was zu geschehn hat.
Weil uns dein Bildnis, Lieschen, zeigt:
Wer viel von dieser Welt gesehn hat –
der lächelt,
legt die Hände auf den Bauch
und schweigt.

Inhalt

Vorwort 11
MITROPA, SCHLAFWAGEN 19
   Morgens um acht 21
   Abends nach sechs 23
   „'n Augenblick mal –!" 27
   Was wäre, wenn … 30
   Briefe an einen Fuchsmajor 38
   Wie benehme ich mich als Mörder? 52
   Die Heinrich und der Zivilist 55
   Unart der Richter 57
   Gesicht 59
   Die kleinen Parlamente 61
   Persönlich 65
   Der Mann mit der Mappe 68
   Berliner Geschäfte 72
   Die Laternenanzünder 76
   Die Glaubenssätze der Bourgeoisie 82
   Das Menschliche 87
   Was soll er denn einmal werden –? 93
Ozean der Schmerzen 101
   Der Preußenhimmel 103
   Am Grabe von Hans Paasche 107
   Justitia schwooft! 110
   Der Sadist der Landwehr 113
   Die Kartoffeln 116
   Der Telegrammblock 118
   Dienstunterricht für den Infanteristen 122
   Vision 132
   Dänische Felder 134

Nebenan 136
Die Flecke 138
Der letzte Ruf 140

Nabelschau **147**
Banger Moment bei reichen Leuten 149
Klavierspiel nach dem Essen 151
Regenschwere Pause 152
Der andere 153
Ein Totengespräch 155
Gruß nach vorn 158
Zeugung 160
Traktat über den Hund, sowie über Lärm und Geräusch
.... 162

An preußischen Kaminen **181**
Bei Stadtzauberers 183

Literatur, Theater und etwas Musik **195**
Konjugation in deutscher Sprache 197
Der neue Kürschner 199
Brief an den Staatsanwalt 202
Das 206
Richard Alexander 208
Die beiden Höflichs 211
Coda: Die Stimme der Höflich 214
Demetrios 215
Pariser Chansonniers 218
Mauricet 221
Otto Reutter 224
Amerikanischer Abend 226
Der Bühnendiener 228
Alte Schauspielerbilder 230
Der Darmstädter Armleuchter 232
Der Bär tanzt 253

Iphofen, Paris und die umliegenden kleinen Dörfer 263
    Museum Carnavalet 265
    Bunte Gläser 268
    Der Sultan im Theater 271
    Clément Vautel 274
    Die Einsamen 280
    Riviera 282
    Es ist heiß in Hamburg 290
    Durchaus unpassende Geschichten 293
    Das Wirtshaus im Spessart 302

Sauersüß 313
    Kochrezepte 315
    DER LÖW' IST LOS –! 316
    Geheimnisse des Harems 323
    Die Familie 328
    Man sollte mal … 332
    Die Unpolitische 335
    Gallettiana 339
    Taschen-Notizkalender 344
    Das Sprachwunder 347
    Drei Biographien 351
    Wiederkäuer 355
    Mein Nachruf 358
    Des deutschen Volkes Liederschatz 358
    Werbekunst   oder:
    Der Text unsrer Anzeigen 364
    Wo kommen die Löcher im Käse her–? 369
    Der Pont de l'Alma fliegt in die Luft! 376

Alala - wer tommt denn da - ? 383
    Geheimnis 385
    Sie schläft 387

Was ist im Innern einer Zwiebel?	387
Ehekrach	389
Es ist	391
Deine Welt	394
Der Mann am Spiegel	395
Berliner Herbst	400
Zwei Seelen	401
Duo, dreistimmig	403
Die Reihenfolge	406
All people on board!	407
Gebet des Zeitungslesers	409
Bei näherer Bekanntschaft	413
Träumerei auf einem Havelsee	414
Wenn die Igel in der Abendstunde	416
Sektion	418
Apage, Josephine, apage–!	419
Meine Flieger – deine Flieger	420
Saxo-Borussen	422
Ledebour	423
Ruhe und Ordnung	424
Der schlimmste Feind	425
Fragen an eine Arbeiterfrau	426
Was kosten die Soldaten?	427
Die Leibesfrucht	429
Unser Militär	430
Auf ein Soldatenbild	433
Der Graben	434
Beschluß und Erinnerung	435

Vorwort

Um sich der Person Kurt Tucholsky (1890-1935) nähern zu können, muss man die Umstände, in denen er literarisch aktiv war, verstehen. Die Weimarer Republik war einer Vielzahl von ständigen Bedrohungen ausgesetzt, die jede für sich genommen schon zu ihrem frühzeitigen Ende hätten führen können. Der Druck der Entente-Mächte, die nach dem gewonnenen Ersten Weltkrieg noch ausstehende Reparationszahlungen einforderten, fand seinen vorläufigen Höhepunkt in der Ruhrbesetzung durch die Franzosen 1923. Doch nicht nur äußere Einflüsse stellten die Republik vor große Probleme, denn auch innenpolitisch war sie ständigen Angriffen von Links und Rechts ausgesetzt.

In dieser dramatischen Zeit war Kurt Tucholsky einer der bedeutendsten und fleißigsten Publizisten der Republik. Er war vehementer Verfechter der Demokratie und kämpfte zeit seines Lebens gegen die Feinde der Republik.

Bereits als Schüler hatte Tucholsky mit dem Schreiben begonnen: Die satirische Wochenzeitschrift *Ulk* druckte einen Text des jungen Tucholsky, bei dem dieser den Kunstgeschmack Kaiser Wilhelms II. spöttisch kommentierte. Schon in jungen Jahren nahm Tucholsky kein Blatt vor den Mund. Fortan intensivierte der Schriftsteller seine journalistische Betätigung, sodass das begonnene Jurastudium für ihn schnell an Bedeutung verlor.

Seine ersten journalistischen Erfolge erzielte er im *Vorwärts*, dem Parteiorgan der SPD. Seine politische Aktivität gipfelte in seiner Mitwirkung am SPD-Wahlkampf 1911, erlosch jedoch bald darauf wieder, als er sich mit den Idealen der SPD nicht mehr verbunden fühlte.

Von nun an begann Tucholsky sich ganz auf das Schreiben zu konzentrieren. 1913 lernte der junge Tucholsky Siegfried Jacobsohn kennen, den Herausgeber der *Schaubühne*, eine wöchentlich erscheinenden Zeitschrift für Theaterkritiken. Künftig nahm Jacobsohn Tucholsky unter seine Fittiche und förderte ihn so gut er konnte. Bis zu seinem Tod 1926 war Jacobsohn Tucholskys engster Vertrauter und zeit seines Lebens war Tucholsky ihm für die Unterstützung und Freundschaft dankbar.

Innerhalb kürzester Zeit wurde Tucholsky zum wichtigsten Mitarbeiter der *Schaubühne*, die 1918 in *Die Weltbühne* umbenannt wurde.

Tucholsky musste seine schriftstellerischen Ambitionen allerdings einstellen, als er von der Armee eingezogen wurde, um im Ersten Weltkrieg zu kämpfen. Seine Erfahrungen im Krieg sollten ihn stark prägen, und so verstand er sich seitdem als linker Demokrat, Pazifist und Antimilitarist. Keinerlei Verständnis konnte er für die Kriegsbegeisterung der Deutschen mehr aufbringen:

„Die Zahl der deutschen Kriegerdenkmäler zur Zahl der deutschen Heine-Denkmäler verhält sich hierzulande wie die Macht zum Geist." (*Die Weltbühne,* 1929)

Tucholskys Artikel in der *Weltbühne* nahmen immer mehr Raum ein, aber da Jacobsohn und Tucholsky Bedenken hatten, dass die Zeitschrift fast nur noch aus Tucholsky-Artikeln bestehen würde, beschlossen sie, die Leser darüber im Unklaren zu lassen. So entstanden die berühmten Pseudonyme, die in den folgenden Jahren die *Weltbühne* stark beeinflussten.

Erst Jahre später bezog Tucholsky Stellung zu seinen Pseudonymen und beendete das Verwirrspiel. Und da niemand so treffend beschreiben könnte, wie diese Namen entstanden sind und was sie bewirken sollten, als der Urheber selbst, folgt hier ein zugegeben längerer Auszug dieses Artikels:

Mit 5 PS

Wir sind fünf Finger an einer Hand.
Der auf dem Titelblatt und:
Ignaz Wrobel. Peter Panter. Theobald Tiger. Kaspar Hauser.
Aus dem Dunkel sind diese Pseudonyme aufgetaucht, als Spiel gedacht, als Spiel erfunden – das war damals, als meine ersten Arbeiten in der ›Weltbühne‹ standen. Eine kleine Wochenschrift mag nicht viermal denselben Mann in einer Nummer haben, und so erstanden, zum Spaß, diese homunculi. Sie sahen sich gedruckt, noch purzelten sie alle durcheinander; schon setzten sie sich zurecht, wurden sicherer; sehr sicher, kühn – da führten sie ihr eigenes Dasein. Pseudonyme sind wie kleine Menschen; es ist gefährlich, Namen zu erfinden, sich für jemand anders auszugeben, Namen anzulegen – ein

Name lebt. Und was als Spielerei begonnen, endete als heitere Schizophrenie.

[...]

Und es war auch nützlich, fünfmal vorhanden zu sein – denn wer glaubt in Deutschland einem politischen Schriftsteller Humor? dem Satiriker Ernst? dem Verspielten Kenntnis des Strafgesetzbuches, dem Städteschilderer lustige Verse? Humor diskreditiert.

Wir wollten uns nicht diskreditieren lassen und taten jeder seins. Ich sah mit ihren Augen, und ich sah sie alle fünf: Wrobel, einen essigsauern, bebrillten, blaurasierten Kerl, in der Nähe eines Buckels und roter Haare; Panter, einen beweglichen, kugelrunden, kleinen Mann; Tiger sang nur Verse, waren keine da, schlief er – und nach dem Kriege schlug noch Kaspar Hauser die Augen auf, sah in die Welt und verstand sie nicht. Eine Fehde zwischen ihnen wäre durchaus möglich. Sie dauert schon siebenunddreißig Jahre.

Woher die Namen stammen –?

Die alliterierenden Geschwister sind Kinder eines juristischen Repetitors aus Berlin. Der amtierte stets vor gesteckt vollen Tischen, und wenn der pinselblonde Mann mit den kurzsichtig blinzelnden Augen und dem schweren Birnenbauch dozierte, dann erfand er für die Kasperlebühne seiner ›Fälle‹ Namen der Paradigmata.

Die Personen, an denen er das Bürgerliche Gesetzbuch und die Pfändungsbeschlüsse und die Strafprozeßordnung demonstrierte, hießen nicht A und B, nicht: Erbe und nicht Erblasser. Sie hießen Benno Büffel und Theobald Tiger; Peter Panter und Isidor Iltis und Leo-

pold Löwe und so durchs ganze Alphabet. Seine Alliterationstiere mordeten und stahlen; sie leisteten Bürgschaft und wurden gepfändet; begingen öffentliche Ruhestörung in Idealkonkurrenz mit Abtreibung und benahmen sich überhaupt recht ungebührlich. Zwei dieser Vorbestraften nahm ich mit nach Hause – und, statt Amtsrichter zu werden, zog ich sie auf.

Wrobel – so hieß unser Rechenbuch; und weil mir der Name Ignaz besonders häßlich erschien, kratzbürstig und ganz und gar abscheulich, beging ich diesen kleinen Akt der Selbstzerstörung und taufte so einen Bezirk meines Wesens.

Kaspar Hauser braucht nicht vorgestellt zu werden. Das sind sie alle fünf.
[...]"

In Kurt Tucholsky wird die ganze Tragik der intellektuellen Linken der Weimarer Republik deutlich: Früh erkannte Tucholsky die Gefahren, die von der politischen Rechten drohten und versuchte die Menschen aufzurütteln und zu warnen. Mit ansehen zu müssen, wie sein Scheitern den Weg für die Nationalsozialisten ebnete, war mehr als er ertragen konnte.

Nachdem er 1924 in eine faktische Emigration nach Frankreich ging, um von dort aus zu berichten, verlegte er ab 1930 seinen Lebensmittelpunkt nach Göteborg. Mit den Deutschen hatte Tucholsky zu diesem Zeitpunkt schon abgeschlossen. Zunehmend zynisch beschrieb er die Lage in Deutschland aus Frankreich:

„Hier bin ich Mensch – und nicht nur Zivilist."

Die Nationalsozialisten verloren indes keine Zeit: 1933 kaum an der Macht verboten sie die *Weltbühne* und verbrannten Tucholskys Bücher, wie auch die so vieler anderer bedeutender Schriftsteller. Auch die deutsche Staatsbürgerschaft erkannten sie Tucholsky ab.

Tucholskys Gesundheit war schon seit längerem stark angeschlagen und er musste wegen seiner schlimmen Magenprobleme immer öfter ins Krankenhaus. Er starb in seinem selbst gewählten Exil in Schweden im Alter von 45 Jahren.

Über die Wirkung, die die Autoren der *Weltbühne* zu erzielen hofften, machten sich die meisten keine Illusionen. So soll Tucholsky bereits 1923 resignierend ausgerufen haben:

„Ich habe Erfolg. Aber ich habe keinerlei Wirkung."

Die Autoren der Weltbühne waren sich immer bewusst, dass sie nur für einen kleinen Teil der Bevölkerung schrieben und ihre aufklärerischen Tätigkeiten muss man immer vor dem Hintergrund sehen, dass sie fast nur Menschen mit ihren Artikeln erreichten, die ihren Ideen tendenziell schon nahe standen. Außerdem erreichte die *Weltbühne* auch in ihrer Blütezeit nur eine Auflage von ca. 15.000 Exemplaren.

In dieser hier vorliegenden Sammlung seiner Artikel aus der *Weltbühne* wird die ganze Genialität Tucholskys erkennbar. Pointiert kommentiert er die Geschehnisse in der Republik und wettert dabei gnadenlos gegen Militarismus, Bürokratie, gegen die Deutschtümelei und überhaupt die Intoleranz eines ganzen Volkes. Dabei regt er aber nicht nur in einzigartiger Weise zum Schmunzeln an, sondern vor allem zum Nachdenken und Hinterfragen.

Schließen möchte ich dieses Vorwort mit einer Einschätzung Erich Kästners, der wie Tucholsky für die Weltbühne schrieb. Er sagte rückblickend über ihn: „Ein kleiner dicker Berliner, der mit der Schreibmaschine eine Katastrophe aufhalten wollte."

Mit diesem vielsagenden Schlusswort möchte ich dieses Vorwort nun beschließen und wünsche viel Vergnügen mit der Lektüre.

Arne Schrothe

Arne Schrothe studierte Geschichtswissenschaften und Germanistik an der Universität Kiel. Seit 2013 ist er als Lektor für den SEVERUS Verlag tätig.

MITROPA, SCHLAFWAGEN

„In einem richtigen Schlafwagen haben nicht nur die Schaffner Dienst, sondern auch die Fahrgäste."

Deutscher Verwaltungsgrundsatz

Morgens um acht

Neulich habe ich einen Hund gesehen – der ging ins Geschäft. Es war eine Art gestopfter Sofarolle, mit langen Felltroddeln als Behang und er wackelte die Leipziger Straße zu Berlin herunter; ganz ernsthaft ging er da und sah nicht links noch rechts und beroch nichts und etwas anderes tat er schon gar nicht. Er ging ganz zweifellos ins Geschäft.

Und wie hätte er das auch nicht tun sollen? Alle um ihn taten es.

Da rauschte der Strom der Insgeschäftgeher durch die Stadt. Morgen für Morgen taten sie so. Sie trotteten dahin, sie gingen zum Heiligsten, wo der Deutsche hat: zur Arbeit. Der Hund hatte da eigentlich nichts zu suchen – aber wenn auch er zur Arbeit ging, so sei er willkommen!

Es saßen zwei ernste Männer in der Bahn und sahen, rauchend, satt, rasiert und durchaus zufrieden, durch die Glasscheiben. Man wünscht sich in solchen Augenblicken ein Wunder herbei, etwa, daß dem Polizeisoldaten an der Ecke Luftballons aus dem Helm steigen, nur damit jene ein Mal Maul und Nase aufsperrten! Da fuhr die Bahn an einem Tennisplatz vorüber. Die güldene Sonne spielte auf den hellgelben Flächen – es war strahlendes Wetter, viel zu schön für Berlin. Und einer der ernsten Männer murrte: „Haben auch nichts zu tun, sehen Sie mal! Morgens um acht Uhr Tennis spielen! Sollten auch lieber ins Geschäft gehen –!"

Ja, das sollten sie. Denn für die Arbeit ist der Mensch auf der Welt, für die ernste Arbeit, die wo den ganzen

Mann ausfüllt. Ob sie einen Sinn hat, ob sie schadet oder nützt, ob sie Vergnügen macht („Arbeet soll Vajniejen machen? Ihnen piekt er woll?") –: das ist alles ganz gleich. Es muß eine Arbeit sein. Und man muß morgens hingehen können. Sonst hat das Leben keinen Zweck.

Und stockt einmal der ganze Betrieb, streiken die Eisenbahner oder ist gar Feiertag: dann sitzen sie herum und wissen nicht recht, was sie mit sich anfangen sollen. Drin ist nichts in ihnen und draußen ist auch nichts: also was soll es? Es soll wohl gar nichts ...

Und dann laufen sie umher wie Schüler, denen versehentlich eine Stunde ausgefallen ist – nach Hause gehen kann man nicht und zum Spaßen ist man nicht aufgelegt... Sie dösen und warten. Auf den nächsten Arbeitstag. Daran, unter anderm, ist die deutsche Revolution gescheitert: sie hatten keine Zeit, Revolution zu machen, denn sie gingen ins Geschäft.

Wobei betont sein mag, daß man auch im Sport dösen kann, der augenblicklich wie das Kartenspiel betrieben wird: fein nach Regeln und hervorragend stumpfsinnig. Aber schließlich ist es immer noch besser zu trainieren, als im schwarzen Talar Unfug zu treiben ...

Ja, sie gehen ins Geschäft. „Was für ein Geschäft treibt ihr?" – „Wir treiben keins, Herr. Es treibt uns."

Der Hund sprang nicht. Man hüpft nicht auf den Straßen. Die Straße dient – wir wissen schon. Und das verlockende, niedrig hängende patriotische Plakat ... der Hund ließ es außer Acht.

Er ging ins Geschäft.

Abends nach sechs

> „Selig, wer sich vor der Welt
> Ohne Haß verschließt;
> Einen Freund am Busen hält
> Und mit dem genießt.
>
> Was von Menschen nicht gewußt
> Oder nicht bedacht,
> Durch das Labyrinth der Brust
> Wandelt in der Nacht."
>
> *Unbekannter Dichter*

Abends nach sechs Uhr gehen im Berliner Tiergarten lauter Leute spazieren, untergefaßt und mit den Händen nochmal vorn eingeklammert – die haben alle Recht. Das ist so:

Er holt sie vom Geschäft ab oder sie ihn. Das Paar vertritt sich noch ein bißchen die Beine, nach dem langen Sitzen im Bureau tut die Abendluft gut. Die grauen Straßen entlang, durch das Brandenburger Tor zum Beispiel – und dann durch den Tiergarten. Was tut man unterwegs? Man erzählt sich, was es tagsüber gegeben hat. Und was hat es gegeben? Ärger.

Nun behauptet zwar die Sprache, man „schlucke den Ärger herunter" – aber das ist nicht wahr. Man schluckt nichts herunter. Im Augenblick darf man ja nicht antworten – dem Chef nicht, der Kollegin nicht, dem Portier nicht; es ist nicht ratsam, der andere bekommt mehr Gehalt, hat also Recht. Aber alles kommt wieder – und zwar abends nach sechs.

Das Liebespaar durchwandelt die grünen Laubgänge des Tiergartens und er erzählt ihr, wie es im Geschäft zugegangen ist. Zunächst der Bericht. Man hat vielleicht schon bemerkt, wie Schlachtberichte solcher Zusammenstöße erstattet werden: der Berichtende ist ein Muster an Ruhe und Güte und nur der böse Feind ist ein tobsüchtig gewordener Indianer.

Das klingt ungefähr folgendermaßen: „Ich sage, Herr Winkler, sage ich - das wird mit dem Ablegen so nicht gehn!" (Dies im ruhigsten Ton von der Welt, mild, abgeklärt und weise.) „Er sagt, erlauben Sie mal! sagt er - ich lege ab, wies mir paßt!" (Dies schnell, abgerissen und wild cholerisch.) Nun wieder die Oberste Heeresleitung: „Ich sage ganz ruhig, ich sage, Herr Winkler, sage ich – wir können aber nicht so ablegen, weil uns sonst die C-Post mit der D-Post durcheinanderkommt! Fängt er doch an zu brüllen! Ich hätte ihm gar nichts zu befehlen und er täte überhaupt nicht, was ihm andere Leute sagten – finnste das –?" Dabei haben natürlich beide spektakelt wie die Marktschreier. Aber manchmal wars der Chef und dem konnte man doch nicht antworten. Man hat also „heruntergeschluckt" – und jetzt entlädt es sich. „Finnste das?"

Lottchen findet es skandalös. „Hach! Na, weißt du!" Das tut wohl, es ist Balsam fürs leidende Herz – endlich darf man es alles heraussagen! – „Am liebsten hätte ich ihm gesagt: Machen Sie sich Ihren Kram allein, wenns Ihnen nicht paßt! Aber ich werde mich doch mit so einem ungebildeten Menschen nicht hinstellen! Der Kerl versteht überhaupt nichts, sage ich dir! Hat keine Ahnung! So, wie er's jetzt macht, kommt ihm natürlich die C-Post in die D-Post – das ist mal bombensicher! Na, mir kanns ja egal sein. Ich weiß jedenfalls, was ich zu tun habe: ich laß ihn ruhig machen – er wird ja sehen, wie weit er damit kommt …!" – Ein scheu bewundernder Blick streift den reisigen Helden. Er hat Recht.

Aber auch sie hat zu berichten. „Was die Elli intrigiert, das kannst du dir überhaupt nicht vorstellen. Fräulein Friedland hat vorgestern eine neue Bluse angehabt, da hat sie am Telephon gesagt, wir haben's abgehört -: Man weiß ja, wo manche Kolleginnen das Geld für neue Blusen her haben! Wie findest du das? Dabei hat die Elli gar keinen Bräutigam mehr! Ihrer ist doch längst weg – nach Bromberg!" Krach, Kampf mit dem zweiten Stock auf der ganzen Linie - Schlachtgetümmel. „Ich hab ja nichts gesagt … aber ich dachte so bei mir: Na – dacht ich, wo du deine seidenen Strümpfe her hast, das wissen wir ja auch! Weißt du, sie wird nämlich jeden zweiten Abend abgeholt, sie läßt immer das Auto eine Ecke weiter warten … aber wir haben das gleich rausgekriegt! Eine ganz unverschämte Person ist das!" Da drückt er ihren Arm und sagt: „Na sowas!" Und nun hat sie Recht.

So wandeln sie. So gehen sie dahin, die vielen, vielen Liebespaare im Tiergarten, erzählen sich gegenseitig, klagen sich ihr kleines Leid und haben alle Recht. Sie stellen das Gleichgewicht des Lebens wieder her. Es wäre einfach unhygienisch, so nach Hause zu gehen: mit dem gesamten aufgespeicherten Oppositionsärger der letzten neun Stunden. Es muß heraus. Falsche Abrechnungen, dumme Telephongespräche, verpaßte Antworten, verkniffene Grobheiten – es findet alles seinen Weg ins Freie. Es ist der Treppenwitz der Geschäftsgeschichte, der da seine Orgien feiert. Die blauen Schleier der Dämmerung senken sich auf Bäume und Sträucher und auf den Wegen gehen die eingeklammerten Liebespaare und töten die Chefs, vernichten den Konkurrenten, treffen die Feindin mitten ins falsche Herz. Das Auditorium ist dankbar, aufmerksam und grenzenlos gutgläubig. Es applaudiert unaufhörlich. Es ruft: „Nochmal!" an den schönen Stellen. Es tötet, vernichtet und trifft mit. Es ist Bundesgenosse, Freund, Bruder und Publikum zu gleicher Zeit. Es ist schön, vor ihm aufzutreten.

Abends nach sechs werden Geschäfte umorganisiert, Angestellte befördert, Chefs abgesetzt und, vor allem, die Gehälter fixiert. Wer würde die Tarife anders regeln? Wer die Gehaltszulagen gerecht bemessen? Wer Urlaub mit Gratifikation erteilen? Die Liebespaare, abends nach sechs.

Am nächsten Morgen geht alles von frischem an. Schön ausgeglichen geht man an die Arbeit, die Erregung von gestern ist verzittert und dahin, Hut und Mantel hängen im Schrank, die Bücher werden zurechtgerückt – wohlan! der Krach kann beginnen. Pünktlich um drei Uhr ist er da – dieselbe Geschichte wie gestern: Herr Winkler will die Post nicht ablegen, Fräulein Friedland zieht eine krause Nase, die Urlaubsliste hat ein Loch und die Gehaltszulage will nicht kommen. Ärger, dicker Kopf, spitze Unterhaltung am Telephon, dumpfes Schweigen im Bureau. Es wetterleuchtet gelb. Der Donner grollt. Der erfrischende Regen aber setzt erst abends ein – mit ihr, mit ihm, untergefaßt im Tiergarten.

Da ist Friede auf Erden und den Paaren ein Wohlgefallen, der Angeklagte hat das letzte Wort – und da haben sie alle, alle Recht.

„'n Augenblick mal –!"

Daß der Berliner, an welchem Ort auch immer allein gelassen, nachdenklich dasitzt, den Boden fixiert und plötzlich, wie von der Tarantella gestochen, aufspringt: „Wo kann man denn hier mal telephonieren?" – das ist bekannt. Wenn es keine Berliner gäbe: das Telephon hätte sie erfunden. Es ist ihnen über und sie sind seine Geschöpfe.

Man stelle sich einen kühnen jungen Mann vor, der einen ernsten Geschäftsmann während einer wichtigen Verhandlung stören will. Es wird ihm nicht gelingen. Hellebarden versperren den Weg, Privatsekretärinnen werfen sich vor die Schwelle, nur über ihre Weichteile geht der Weg und jeder Angriff des noch so kühnen jungen Mannes muß mißlingen. Wenn er nicht antelephoniert.

Wenn er nämlich antelephoniert, dann kann er den Präsidenten bei der Regierung, den Chefredakteur bei den Druckfehlern, die gnädige Frau bei der Anprobe stören. Denn das Berliner Telephon ist keine maschinelle Einrichtung: es ist eine Zwangsvorstellung.

Klopft das Volk drohend an die Türen, macht der Berliner noch lange nicht auf. Klingelt aber ein kleiner Apparat, so winkt er noch dem adligsten Besucher ab, murmelt mit jener Unterwürfigkeitsmiene, wie man sie sonst nur bei gläubigen Sektierern findet: „'n Augenblick mal –!" und wirft sich voll wilden Interesses in den schwarzen Trichter. Vergessen Geschäft, Hebamme, Börse und Vergleichsverhandlung. „Hallo? Ja, bitte? Hier da – wer dort –?"

Einen Berliner fünfzehn Minuten lang, ungestört von einem Telephon, zu sprechen, ist ein Ding der Unmöglichkeit. Wieviel Pointen verpuffen da! Wieviel angesammelte Energie raucht zum Fenster hinaus! Wie umsonst sind Verhandlungslist, Tücke und herrlich ausgeknobelte Hinterhältigkeit! Das Telephon ist keine Erfindung der Herren Bell und Reiß – der V-Vischer hat die ganze Tücke des Objekts in diesen Kasten gelegt. Es klingelt nur, wenn man das gar nicht haben will.

Wie oft habe ich nun schon erlebt, daß die kräftige Rede eines Besuchers den ganzen Raum überzeugt, gleich ist er auf der Höhe, der Sieg ist nahe, hurra, noch einen Schritt ... da klingelt das Telephon und alles ist aus. Der dicke Mann am Schreibtisch, der eben noch, dreiviertel hypnotisiert, schon das Doppelkinn auf die Krawatte hat sinken lassen und friedlich die Unterlippe vorgeschoben hat, läßt eine eisige Maske über das gleiten, was er als Gesicht ausgibt. Die nervöse Hand am Telephonhörer, vergißt er Partner, Geschäft und sich selbst. „Hier Dinkelsbühler – wer dort –?" Emsig strudelt er im fremden Gewässer, völlig gefangen vom Andern, untreu dem Partner der letzten Minute, ganz hingegeben in Betrug und Verrat.

Der andre ist der Dumme. Hohl und leer sitzt er dabei, das eben noch ausgesprochene pathetische Wort ragt ihm sinnlos aus dem Mund wie eine alte Fahne im Zeughaus, Flagge einer Truppe, die längst gestorben ist. Beschämt sitzt er da, haltlos und nackt und in ihm kocht dumpf der unerfüllte Wille. Was nun –?

Nun redet der dicke Mann am Schreibtisch so lange, wie man eben in Berlin am Telephon spricht und es gibt nur noch einen, der mehr redet: das ist der am andern Ende. Der muß wohl rauschen mit ein mittelgroßer Wasserfall: die Augen des Schreibtischmannes schauen gedankenvoll auf ein Löschpapier, wandern über das Tintenfaß, blicken irr und leer dem betrogenen Partner auf die Glatze, nun beginnt er gar Männerchen auf's Papier zu malen und Quadrate und der Andre scheint, wie die Membrane quakend verkündet, ganze Wörterbücher ins Telephon brausen zu lassen.

Schon ruckelt der Gast ungeduldig auf seinem Stühlchen, da nahen sich im unendlichen Gespräch die ersten Anzeichen des Schlusses. „Na denn …!" – „Also dann verbleiben wir so …" Dem Gast wird's freudig zumute: so eilt die Seele des Konzertbesuchers in die Garderobe vorauf, wenn es im Orchester bedrohlich laut wird, wenn das Flügelschlagen des Dirigenten Blech und immer mehr Blech ins Getöse wirft … aber es ist noch nicht so weit. Sie verbleiben noch eine ganze Weile so, setzen immer wieder zu Schlußwendungen an, der Schluß kommt nicht. Langsam steigt in dem Wartenden der

Wunsch auf, dem Telephonierenden das Handelsgesetzbuch auf den Kopf zu schlagen ... „Na dann – auf Wiedersehn!" sagt der endlich. Und legt den Hörer hin.

Und das ist der schlimmste Augenblick von allen. In den Augen des Schreibtischmannes wechselt die Beleuchtung, man hört es förmlich knacken, wie er sich umstellt; mit etwas schwachsinnigem Ausdruck wendet er sich zwinkernd dem alten, verratenen Partner wieder zu. „Ja, also – wo waren wir stehengeblieben ...?"

Nun fang du wieder von vorne an. Nun klaube die zerbrochenen Stücke deiner Rede wieder vom Boden zusammen, nun hole tief Atem, bemühe dich, wieder in Zug zu kommen ... Gute Nacht. Der Schwung ist dahin, der Witz ist dahin, der Wille ist dahin. Lahm geht die Unterredung zu Ende. Nichts hast du erreicht. Das hat mit ihrem Singen die Lorelei getan.

*

Nun legt der Leser das Buch still und freundlich aus der Hand und denkt einen Augenblick nach. Dann springt er wie ein gejagter Hirsch auf, die „Mona Lisa" lächelt am Boden ... Er eilt zum Telephon.

Was wäre, wenn ...

SCHLAGZEILE DER B.Z. Kommt die Prügelstrafe –?
Wie wir erfahren, ist soeben im Reichsjustizministerium ein Referentenentwurf fertiggestellt worden, der sich mit der Einführung der Prügelstrafe befaßt.

ALLE MORGENBLÄTTER. Die von einer hiesigen Mittagszeitung verbreitete Meldung von der Wiedereinführung der Prügelstrafe ist falsch. Im Reichsjustizministerium haben allerdings Erwägungen geschwebt über eine gewisse, natürlich partielle und nur für ganz bestimmte wenige Rückfallsdelikte zu verhängende körperliche Züchtigung; doch haben sich diese Erwägungen zu einem Referentenentwurf, wie das betreffende Mittagsblatt behauptet, noch nicht verdichtet.

14 Tage Pause

DIE NACHTAUSGABEN. Die Prügelstrafe ist da! – Der hauende Minister! - Schlagen Sie Ihre Kinder, Herr Minister? Endlich eine kräftige Maßnahme! – Immer feste druff! – Pfui! – Die Rohrstockregierung! - Rückkehr zur Ordnung!

SOZIALDEMOKRATISCHER LEITARTIKEL. ... sich tatsächlich bewahrheitet. Wir finden keine parlamentarischen Ausdrücke, um unsrer flammenden Entrüstung über diese neue Schandtat der Reaktion Ausdruck zu geben. Nicht genug damit, daß dieses Ministerium das Volk mit Steuern überlastet - nein, der deutsche Arbeiter soll nun auch noch, wie es unter dem Regime des Zaren üblich war, mit der Knute abgestraft werden. Die Reichstagsfraktion hat bereits schon jetzt zu verstehen gegeben, daß sie gegen diesen neuen Plan schärfsten Protest ...

ZENTRUMS-LEITARTIKEL. ... Jes. Sir. 12, 18. Diese bisher angeführten Bibelstellen scheinen allerdings dafür zu sprechen und so wird man dem Plan des Ministeriums christliche Gesinnung nicht ganz absprechen können ... umso mehr, als es den kirchlichen Interessen nicht in allen Punkten zuwiderlaufend ist.

KREUZ-ZEITUNG. ... immerhin nicht vergessen, daß auf dem Lande schon lange nach guter altpreußischer Art bei Ungehorsam und offener Widersetzlichkeit der Stock manches Gute getan hat. Wir vermögen nicht einzusehen, warum grade diese Strafe nun so besonders entehrend sein soll. Es ist selbstverständlich, daß ihre Anwendung auf solche Kreise beschränkt bleiben muß, die die Prügelstrafe gewissermaßen von Haus aus gewöhnt sind. Für eine Reinigung unsrer politisch verhetzten Atmosphäre ...

MÜNCHNER NEUESTE NACHRICHTEN. ... wir sagen müssen: der erste vernünftige Gedanke, der aus Berlin kommt.

5 Monate Pause

VOLKSVERSAMMLUNG. „Eine Schmach und eine Schande! Ich könnte es keinem der Geschlagenen verdenken, wenn sie nachher hingingen und ihren Quälern ihrerseits in die Fresse ..." (Ungeheure Aufregung im Saal. Die Leute stehen auf, schreien, werfen die Hüte in die Luft und winken mit Taschentüchern. Es werden 34 Portemonnaies geklaut. Redner steht in einer Pfütze von Schweiß.)

DEMOKRATISCHER LEITARTIKEL. ... natürlich absolute Gegner der Prügelstrafe sind und bleiben. Es ist allerdings bei der gegenwärtigen Konstellation zu erwägen, ob diese in der großen Politik doch immerhin nebensächliche Frage für die Deutsche Demokratische Partei ein Anlaß sein kann, die unbedingte Unterstützung, die sie der gegenwärtigen Regierungskoalition zugesagt hat, abzublasen - besonders wenn man bedenkt, das ihr durch die Zusicherung der Straflosigkeit des Tragens von republikanischen Abzeichen doch ein ganz gewaltiges Vorstoßen des republikanischen Gedankens gelungen ist. Andrerseits ...

PROTESTVERSAMMLUNG DER KOMMUNISTEN. (Verboten.)

TAGUNG DES REICHSVERBANDES DER MITTLEREN UNTERRICHTSBEAMTEN FÜR DIE OBERE LEERLAUFBAHN DER VOLLGYMNASIEN. „... οἱπαιδεύετει. Schon die alten Griechen, meine Herren ..."

TELEPHONZELLE IM REICHSTAG. „... Hallo! Hallo, Saarbrücken? Allô, Allô – Je cause, mais oui, Mademoiselle – aber bitte! Ne coupez-pas! Ja, deutsch! Sind Sie da? Also ... Zusatzantrag der Frau Gertrud Bäumer beraten, haben Sie? dem zufolge das Gesäß der Geprügelten vorher mit einem Lederschurz verhüllt – – hallo! Saarbrücken ...!"

TELEGRAMME AN DEN REICHSPRÄSIDENTEN. ... flammenden Protest! Nordwestdeutsche Arbeitsgemeinschaft höherer Volksschullehrer ... in zwölfter Stunde inständigst bitten. Reichsverband freidenkerischer Rohköstler. ... Ansehen Deutschlands im Auslande. Verein der linksgerichteten ziemlich entschiedenen Republikaner ...

aber auch die nationalen Belange der deutschen Wirtschaft nicht zu vergessen! Verband der Rohrstock-Fabrikanten.

ÜBERSCHRIFT EINES DEMOKRATISCHEN LEITARTIKELS.
„Jein –!"

REICHSTAGSBERICHT. Gestern wurde unter atemloser Spannung der Tribünen die 1. Lesung des neuen „Gesetzes zur Einführung der körperlichen Zwangserzüchtigung", wie sein amtlicher Titel lautet, durchberaten. Das Haus war bei der vorhergehenden Beratung der Schleusen-Gebühr-Reform für den Bezirk Havelland-Ost sehr gut gefüllt, weil diese Vorlage von allen Parteien als ein Angelpunkt für die drohende Belastung der jetzigen Koalition angesehen wird; ihre Annahme wurde rechts mit Händeklatschen, links mit Zischen begrüßt. Bei der Lesung des Erzüchtigungsgesetzes leerte sich das Haus langsam, aber zusehends. Als erster sprach der Senior der deutschen Kriminalistik, Professor Dr. D. Dr. Dr. hon. Kahl. Er führte aus, daß die Wiedereinführung der Prügelstrafe ihn mit schwerer Besorgnis erfülle, er aber andrerseits eine gewisse Befriedigung nicht zu unterdrücken vermocht habe. Sein alter Kollege Cramer habe ihm schon im Jahre 1684 gesagt ...

Der sozialdemokratische Abgeordnete Breitscheid verkündigte nach einer ausführlichen Ehrung des Abgeordneten Kahl in außerordentlich glänzender und ironischer Rede das klare Nein seiner Partei. (Siehe jedoch weiter unten: „Letzte Nachrichten".)

Unter dem Beifall der Linken bewies Abgeordneter Breitscheid ...

Es sprach dann, nach entsprechenden Ausführungen des Kommunisten Rothahn, für die Demokraten der Abgeordnete Fischbeck. Seine Partei, so führte er aus, stehe dem Gesetz sympathisch gegenüber. Allerdings hätten wir ja alle schon einmal als Kinder die Hosen stramm gezogen bekommen.

(Stürmische, minutenlang anhaltende Heiterkeit.)

INSERAT.

> ... von weitern Meldungen abzusehen, da die in Aussicht genommenen Stellen für Zuchtbeamte bereits heute achtundneunzigmal überzeichnet sind.
> J. A.
> Heindl, Ober-Regierungsrat.

SOZIALDEMOKRATISCHE PARTEIKORRESPONDENZ. ... Wasser auf die Mühle der Kommunisten. Der klassenbewußte Arbeiter ist ebenso diszipliniert, daß er weiß, wann es Opfer zu bringen gilt. Hier ist eine solche Gelegenheit! Schweren Herzens hat sich der Parteivorstand dem Gebot der Stunde gebeugt. Es ist eben leichter, vom Schreibtisch her gute Ratschläge zu erteilen, als selber, in hartem realpolitischen Kampf, die Verantwortung ...

INTERVIEW MIT DEM REICHSKANZLER. ... Dem Vertreter der „World" fast feierlich zugesagt, daß natürlich die Ausführungsbestimmungen der Humanität voll Genüge tun werden. Es wird, wie regierungsseitlicherseits bestimmt zugesagt werden kann, dafür gesorgt werden ...

8 Monate Pause

KLEINE NACHRICHTEN. Gestern ist im Reichstag das Gesetz für die Einführung der körperlichen Erzüchtigung mit den Stimmen der drei Rechtsparteien gegen die Stimmen der Kommunisten angenommen worden. Sozialdemokraten und Demokraten enthielten sich der Abstimmung.

DEMOKRATISCHER NACHRICHTENDIENST. ... Erwartungen, die sich an den Erlaß der Ausführungsbestimmungen knüpften, leider nicht erfüllt. Es ist zu hoffen, daß die den Ländern gegebene Ermächtigung doch noch zu humanitären Verbesserungen ... unbeugsame Forderung, als Reichserzüchtigungs-Kommissar wenigstens einen Demokraten zu ernennen.

W.T.B. Gestern ist in Celle die erste Prügelstrafe vollstreckt worden. Es handelte sich um einen Arbeiter, Ernst A., der der versuchten Tierquälerei an jungen Maikäfern bezichtigt war. Dem Verurteilten wurden 35 Hiebe verabfolgt. Das Züchtigungspersonal arbeitete einwandfrei; Oberpräsident Noske wohnte der Prozedur persönlich bei. A. ist Mitglied der K.P.D.

PRESSEKONFERENZ. ... Zahl der Schläge war ursprünglich auf 80 angesetzt. Dem Verurteilten sind indessen auf Grund der Amnestie, die zum 90. Geburtstag des Reichspräsidenten ergangen ist, zwei Hiebe geschenkt worden. Der Verurteilte weinte nach der Exekution, vor Rührung.

POMMERSCHER FRAUENBRIEF. „... Dir nicht denken, wie wir gelacht haben! Es war zu reizend! Das Wetter war herrlich und mit fuhren im Wagen vier Stunden nach Messenthien, wo wir alle kräftig zu Mittag aßen. Otto war auch da – er ist jetzt Oberzuchtmeister geworden und sieht in seiner neuen Uniform famos aus. Ich bin direkt stolz auf ihn und der Dienst bekommt ihm auch sehr gut. Wir haben gleich eine Photographie von ihm gemacht, die ich Dir beiliegend ...

ÄRZTLICHE MITTEILUNGEN. ... geradezu auffallende Steigerung der unter das Erzüchtigungsgesetz fallenden, meist politischen Delikte, wie Sinsheimer mitteilt, eine eigenartige Aufklärung gefunden. Ein Teil dieser Verurteilten wälzte sich nach Empfangnahme der Prügel verzückt am Boden, schrie: „Weiter! Mehr! Noch!" und konnte nur mit Mühe daran gehindert werden, Stock, Peitschen und Züchtigungsbeamte zu umarmen. Es handelt sich um notorische Masochisten, die auf diese Weise billig ihrer Libido gefrönt haben und denen nun wahrscheinlich der Prozeß wegen rechtswidriger Aneignung von Vermögensvorteilen gemacht werden wird.

*

8. MÄRZ 1956. „... auf die arbeitsreiche Zeit von 25 Jahren zurückblicken. Wenn das Reichserzüchtigungsamt bis heute nur Erfolge gehabt hat, so dankt es das in erster Linie seinem treuen Stab der im Dienst erhauten Beamten, der vollen Unterstützung aller Reichsbehörden sowie dem Reichsverband der Reichserzüchtigungsbeamten. Die bewährte Strafe ist heute nicht mehr wegzudenken. Sie ist eine politische Realität; ihre Einführung beruhte auf dem freien Willen des ganzen deutschen Volkes, dessen Vollstrecker wir sind. Das Gegebene,

meine Herren, ist immer vernünftig und niederreißen ist leichter als aufbauen. In hoc signo vinces! So daß wir also heute voller Stolz ausrufen können:

Das deutsche Volk und seine Prügelstrafe - sie sind untrennbar und ohne einander nicht zu denken!

Das walte Gott!"

Briefe an einen Fuchsmajor

> „Meningen hat ganz Recht. Wir kommen schon von selbst in unsre Positionen, die ein für allemal für uns da sind. Wir übernehmen dazu einfach die bewährten Grundsätze, die Verwaltungsmaximen unsrer Väter. Wir wollen von gar nichts anderm wissen. Wozu –?"
> ... Der junge Reisleben begann jetzt zu kotzen.
>
> *Leben und Treiben der Saxo-Borussen, aus Harry Domela „Der falsche Prinz"*

Im fröhlichen Herbst, als ich mit unserm Carl von Ossietzky in Würzburg bei schwerem Steinwein saß, fiel mein Blick auf eine kleine Broschüre „Briefe an einen Fuchsmajor, von einem alten Herrn". (Verlag Franz Scheiner, Graphische Kunstanstalt, Würzburg.) Ich habe das Heftchen erstanden und muß dem anonymen Verfasser danken: außer dem „Untertan" und den gar nicht genug zu empfehlenden Memoiren Domelas ist mir nichts bekannt, was so dicht, so klar herausgearbeitet, so sauber präpariert die studentische Erziehung der jungen Generation aufzeigt. Selbst für einen gelernten Weltbühnenleser muß ich hinzufügen, daß alle nun folgenden Zitate echt sind und daß ich, leider, keines erfunden habe.

*

Unter den Milieuromanen der letzten Jahrzehnte gibt es zwei, die besonders großen Erfolg gehabt haben, wenn ich von dem seligen Stilgebauer absehe, der butterweichen Liberalismus mit angenehm erregender Pornographie zu vereinigen gewußt hat. Das sind Walter Bloems „Krasser Fuchs" und Poperts „Hellmuth Harringa". Beide Bücher taugen nichts. Sie sind aber als sittengeschichtliche Dokumente nicht unbrauchbar. Bloem, ein überzeugungstreuer Mann, außer Walter Flex einer der ganz wenigen nationalen Literaten, die für ihre Idee im Kriege geradegestanden haben, gibt sanft Kritisches, das er für scharf hält. Popert, ein hamburgischer Richter, dessen sicherlich gute antialkoholische Absichten die Hamburger Arbeiter damit karikierten, daß sie in der Kneipe sagten: „Nu nehm wi noch 'n lütten Popert!" (statt Köhm) – ist im politischen Leben eine feine Nummer und als Schriftsteller ein dicker Dilettant. Der Erfolg seines Buches basierte auf dem angenehmen Lustgefühl, das es in dem nicht inkorporierten Wandervogel wachrief, der nach solchen Schilderungen studentischen Lebens getrost sagen durfte: „Seht, wir Wilden sind doch bessere Menschen!" Er hat mit seiner Sittenfibel so recht, daß man ihm nur wünschen möchte, er hätte es nicht: einer der nicht seltenen Fälle, in denen ein unsympathischer Anwalt eine sympathische Sache vertritt.

Die „Briefe an einen Fuchsmajor" sind nun kein Roman, sondern eine durchaus ernstgemeinte Anweisung, junge Füchse zu brauchbaren Burschen und damit zu Mitgliedern der herrschenden Kaste zu machen. Es ist wohl das Schlimmste, das jemals gegen die deutschen Korpsstudenten geschrieben worden ist.

Daß das Heft die Mensur verteidigt und damit das Duell, braucht nicht gesagt zu werden. Nun halte ich das zwar für wenig schön, jedoch kann ich mir kluge, gebildete und anständige Männer denken, die in der Billigung dieser Einrichtung aufgezogen sind. Der „Alte Herr" begründet seinen Standpunkt folgendermaßen:

> Wo Hunderte, gar Tausende von jungen, lebensfrohen, heißblütigen Männern eng und dicht nebeneinander leben, wie auf Universitäten, da kann es nie und nimmer stets und jederzeit friedlich zugehen; wollte da jeder wegen jedes kleinen und großen Wehwehchens zum Richter laufen, so gäb's eine Atmosphäre der Angeberei, des Denunziantentums und aller ekelhaften Nebenerscheinungen, die nicht zum Aushalten wäre. Die üblichen Verbitterungen und Feindschaften brächten letzten Endes den Knüppelkomment, das Recht des rein körperlich Stärkeren, der zahlenmäßig Mächtigeren mit sich.

Wem wäre das noch nicht in Paris, in Oxford und in deutschen Fabriken aufgefallen!

Was es wirklich mit dem Waffenstudententum auf sich hat, das sagt uns der „Alte Herr" besser, boshafter, radikaler, als ich es jemals zu tun vermöchte. Das hier ist zum Beispiel ein Argument für, nicht gegen das Duell:

Mit verhimmelnder Begeisterung werden lange Feuilletonspalten, geduldige Broschüren und gar dickleibige Bücher gefüllt, wenn irgendein deutscher Intellektueller bei irgendeinem fernen Volksstamm, seien es Ostasiaten, Südseeinsulaner oder Buschmänner, irgendwelche Überreste alter Gebräuche, alter Traditionen entdeckt. Aber daß bei uns noch mitten im Alltagsleben eine derartige Tradition voll hoher und idealer Ziele lebendig ist –

das zeigt allerdings, aus welcher Zeit sie stammt: aus der Steinzeit. Nur sehen die Schmucknarben der Maori hübscher aus als die zerhackten Fressen der deutschen Juristen und Mediziner.

Es ist selten, daß man so tief in das Wesen dieser Kaste hineinblicken kann, wie hier. In den Korpszeitungen geben sie sich offiziell; manchmal rutscht zwar das Bekenntnis einer schönen Seele heraus, aber es ist doch sehr viel Vereinsmeierei dabei, sehr viel nationale und völkische Politik, Wut gegen die Republik, die die Krippen bedrohen könnte und es leider nicht tut – kurz: jener Unfug, mit dem sich die jungen Herren an Stelle ihres Studiums beschäftigen. Hier aber liegt der Nerv klar zutage.

Man bedenke, was diese Knaben einmal werden und ermesse daran die Theorie von der Gruppenehre:

> Wenn Herr Wilhelm Müller schlaksig mit den Händen in der Hosentasche, Zigarette im Mund, mit einer Dame spricht, interessiert das keinen, wenn aber ein Fuchs von Guestphaliae dasselbe tut, so ist für alle, die das sehen, Guestphalia eine Horde ungezogner Rüpel.

Wie da das Motiv zum anständigen Betragen in die Gruppe verlegt wird; wie das Einzelwesen verschwindet, überhaupt nicht mehr da ist; wie da eine Fahne hochgehalten wird – wie unsicher muß so ein Einzelorganismus sein! Das sind noch genau die Vorstellungen von „Ritterehre", über die sich schon der alte, ewig junge Schopenhauer lustig gemacht hat. Noch heute liegt diese Ehre immer bei den andern.

> Wenn ohne Widerspruch erzählt werden kann, daß ein Waffenstudent oder gar einige Vertreter des Korporationslebens beschimpft oder verprügelt worden sind, so bleibt damit ein Fleck auf der Ehre des einzelnen und des Bundes.

Nach diesem Aberglauben kann also die Gruppe ihre Ehre nicht nur verlieren, indem sie schimpfliche Handlungen begeht, sondern vor allem einmal durch das Handeln andrer Leute. Diese Ehre hats nicht leicht.

> Die Ehre des Bundes steht bei jedem Gang der Mensur auf dem Spiel.

Dahin gehört sie auch. Der Kulturdichter Binding hat in seinen wenig lesenswerten Memoiren über die Korporationen mit jenem gutmütigen Spott des Liberalen geschmunzelt, der älteren Herren so wohl ansteht: billigend, mit einer leichten Rückversicherung der Ironie fürs Geistige und überhaupt fein heraus. Gefochten muß sein.

Gesoffen aber auch. Dieser Satz ist nicht von Heinrich Mann:

Ich schrieb einmal früher: Das Kommando „Rest weg" muß über der Kneipe schweben wie das „Knie beugt" über dem Kasernenhof.

In der Praxis sieht das dann so aus:

Unser gemeinsamer Freund R., der schon mehrere Semester herzkrank und schwer nervös studierte, wurde, eine unscheinbare, wenig repräsentative Erscheinung, nur auf Grund sehr dringlicher Empfehlungen aufgenommen, er fand Freunde und Kameraden im Bund, die ihn richtig leiteten, so daß er körperlich und geistig gesundend aufblühte, seine Mensuren focht, rezipiert und später sogar Chargierter werden konnte. Er hatte auf seiner Rezeptionskneipe, obwohl er sonst vom regulären Trinken wegen seiner schwächlichen Gesundheit dispensiert war, sehr kräftig seinen Mann gestanden. Bis in tiefster Nachtstunde hielt er sich in jeder Hinsicht so tadellos aufrecht, daß niemand ihm den schweren Grad seiner bereits herrschenden Trunkenheit anmerkte. Ich sehe noch den gespannten Blick, als gegen Morgen der letzte fremde Gast die Kneipe verließ. Im Augenblick, als die Tür zuging und mithin nur wir unter uns waren, brach er bewußtlos zusammen ... In ihm müssen wir das Musterbeispiel eines Menschen verehren, der in jeder Hinsicht den Sinn der waffenstudentischen Erziehung verstanden hatte.

Stets habe ich mich gewundert, warum die Engländer keine Erfolge in ihrer Politik aufzuweisen haben; warum es mit

Briand nichts ist; was an Goethe und Wilhelm Raabe und Tolstoi und Liebknecht eigentlich fehlt. Jetzt weiß ich es.

Die Luft, in der sich diese Erziehung abspielt, ist schwerer Gerüche voll. Man erfinde so etwas: Füchse haben, entgegen einem Verbot, nach der Kneipe noch ein Lokal aufgesucht. Da können sie von einem Angehörigen andrer Korporationen gesehen werden. Was wird der nun denken –?

> Wie leicht wird er bei einer gelegentlichen Frage über den Bund einmal äußern: „Fuchserziehung scheint nicht sehr straff zu sein."

Hört ihr den Tonfall dieser Stimme –?

Die Sexualfrage wird unauffällig gelöst:

> Soweit er es mit seinen früher schon besprochenen Pflichten als Aktiver unauffällig vereinbaren kann, ist dies letzten Endes Privatangelegenheit jedes einzelnen. Wenn wir auch den Grundsatz festhalten, daß ein ausschweifend vergnügtes Leben in sexueller Hinsicht, eben was wir burschikos als „Weiberbetrieb" zu bezeichnen pflegen, mit der Aktivität unvereinbar ist, so haben wir andrerseits keinesfalls mit unsrer Rezeption ein Keuschheitsgelübde abgelegt.

Wie recht er hat, das lese man in dem ausgezeichneten Aufsatz Friedrich Kuntzes nach, den die „Deutsche Rundschau" jüngst veröffentlicht hat: „Über den Werdegang des jungen Mannes aus guter Familie einst und jetzt." Sehr bezeichnend übrigens, wie auch an dieser Stelle, nach ungewollt vernichtenden Schilderungen der herrschenden Klasse der Vorkriegszeit, die Bilanz gezogen wird: „Seine äußerste Probe hat dieses System im Kriege bestanden. Er ist verloren gegangen, gewiß; aber wenn ein Chauffeur sein Automobil gegen einen Baum fährt - muß dann die Schuld am Konstrukteur liegen?"

Wofür, ihr Männer in den Kalkgruben Nordfrankreichs ... wofür –?

Zurück zum Alten Herrn, der ein feingebildeter Mann ist, besonders wenn es sich um die Frauen handelt, deren diese Gattung nur zwei Sorten kennt: Heilige und Huren.

> Denn Heinrich Heines „berühmtes" Verschen: „Blamier mich nicht, mein schönes Kind ..." ist nicht nur zierliche Spötterei, es ist zynische Gemeinheit.

Und nun wollen wir uns in die Politik begeben. Oder ist das am Ende gar nicht möglich? Sind denn diese Bünde überhaupt politisch? Die Korpszeitungen, die Akademikerzeitungen, die Broschüren brüllen: Ja! Der „Alte Herr" weiß zunächst von nichts. „Die waffenstudentischen Korporationen sind fast ausnahmslos im Prinzip unpolitisch." In welchem Prinzip?

Seid verträglich, sagt er, denn:

> Du weißt ja auch nicht, wie bald ihr in Ausschüssen und Ehrengerichten, vielleicht auch bei der Technischen Nothilfe oder gar unter Waffen mit ihnen allen zusammen am gleichen Strang zieht.

O ahnungsvoller Engel du –!

Es ist der Strang des Galgens: der Strang von Mechterstädt, wo unpolitische Studenten Arbeiter ermordet haben und nicht dafür bestraft worden sind – wahrscheinlich studieren sie noch fröhlich oder sind schon Referendare und Medizinalpraktikanten und Studienassessoren und werden nächstens auf die deutsche Menschheit losgelassen.

Die Protektionswirtschaft der Korporationen wird verklausuliert zugegeben. Im Übrigen ist der „Alte Herr" liberal und das, was man so in seinen Kreisen „aufgeklärt" und „modern" nennt. Man stelle sich so etwas unter gebildeten Menschen vor:

> Geh auch ruhig einmal mit den Füchsen „offiziell" ins Theater, ein gutes Konzert oder gar in ein Museum. Erschrick nicht über diese Ketzerei, probiere es einmal.

Wenn das nur gut ausgeht – diese stürmischen und überstürzten Reformen sind doch immerhin nicht unbedenklich: wie leicht können sie im Museum so einen gleich dabehalten!

Auch sollte man nicht Leute beschimpfen, spricht jener, wenn sie einer bürgerlichen Partei angehören – ja, dieser Revolutionär geht noch weiter. Füchse, geht mal raus – das ist noch nichts für euch. Nur Domela darf drin bleiben.

> Jeder einzelne von uns kann an der innern Gesundung der Sozialdemokratie mithelfen und mitwirken, wenn er auch nur einen einzigen ihrer Angehörigen von der fixen Idee internationaler Einstellung heilt. Mag er ...

Parteivorstand, hör zu!

> Mag er Sozialdemokrat sein und bleiben, wenn er nur in seiner Partei als ein Fünkchen mit daran wirkt und arbeitet, daß der Völkerverbrüderungs-

rummel, die Klassenkampfidee, die international gerichtete, zum großen Teil sogar landfremde Führerschaft an Boden verliert.

Dann mag er. „Alter Herr", du bist viel, viel näher an der Wahrheit, als du es wissen kannst. Und du bist doch nicht etwa Pazifist? Du scheinst so weich …

Stelle beispielsweise einmal zur Überlegung anheim, daß noch vor wenigen Jahrhunderten die Möglichkeit für den einzelnen, unbewaffnet und ohne Schutz von Stadt zu Stadt, von Land zu Land zu ziehen, eine Unmöglichkeit war und daß ein Prophet, der damals die persönliche Abrüstung vorausgesagt hätte, als Phantast und Narr verlacht, bei praktischer Ausübung seiner Ideale und Utopien verprügelt, ausgeraubt oder totgeschlagen worden wäre, sowie er die schützenden Mauern seiner Stadt, die Grenzpfähle seines Ländchens überschritt. Und doch reisen wir heute unbehelligt durch den größten Teil der Welt, gesichert und geschützt durch selbstverständlich gewordene Gesetze aller zivilisierten Völker. Wenn jemand also heute pazifistische Ideale vertritt, so ist er deswegen kein Schuft, Lump und ehrloser Vaterlandsverräter, sondern seine hohen Ideale allgemeiner Völkerversöhnung werden hoffentlich in ferner Zukunft auch einmal Wahrheit werden.

Ich denke: Nanu? Nanu? denk ich …

Aber er ist heute sicher ein Schädling, gegen den energisch-sachlich Front gemacht werden muß und dessen Anschauungen im Keime zu ersticken,

Notwendigkeit der Selbsterhaltung für unser gesundes, noch nicht degeneriertes Volk ist. Als Schwärmer und Phantasten müssen wir ihn und die praktischen Folgen seiner Ideen bekämpfen und seine Anschauungen unschädlich machen, als Person können wir ihn trotzdem hochschätzen und ehren.

Alles in Ordnung. Früh übt sich, was ein Reichsgerichtsrat werden will.

Hält man dergleichen für möglich? Ein Blick in die Gerichtssäle, in die Kliniken, in die Ministerien – und man hält es für möglich.

Und das hat Zuzug, stärker als vor dem Kriege - das blüht und gedeiht, nie waren die Korps zahlenmäßig so stark wie heute. Und muß das nicht so sein?

Hier ist nun die klarste Formulierung dessen, was seit dem Versailler Friedensvertrag in Deutschland vor sich gegangen ist. Hier ist sie:

> Denkt ... auch etwas daran, daß jeder junge Deutsche nach Abschaffung der allgemeinen Wehrpflicht sein eigner Unteroffizier sein, daß die Folge der Verödung der Kasernenhöfe das Entstehen von Hunderttausenden neuer, kleiner und kleinster idealster Kasernenhöfe sein muß, wenn das deutsche Volk noch nicht verfault ist bis ins Mark hinein.

Und nun will ich euch einmal etwas sagen:

Wenn man bedenkt, daß Zehntausende junger Leute so, sagen wir immerhin: denken wie das hier (und man sehe sich die Photographie an, die dem Buch voranprangt) – wenn man bedenkt, daß das unsre Richter von

1940, unsre Lehrer von 1940, unsre Verwaltungsbeamten, Polizeiräte, Studienräte, Diplomaten von 1940 sind, dann darf man wohl diesen Haufen von verhetzten, irregeleiteten, mäßig gebildeten, versoffnen und farbentragenden jungen Deutschen als das bezeichnen, was er ist: als einen Schandfleck der Nation, dessen sie sich zu schämen hat bis ins dritte und vierte Glied.

Die Professoren sind nicht schuld. Sie sind nicht so dumm, wie sie sich größtenteils stellen – sie sind feige. Denn der wüsteste Terror schwebt über ihnen; wehe, wenn sie sich auch nur für diese Republik betätigen! Was ihnen geschehen kann? Aber die gefährliche Vorschrift, daß ihre Einkünfte von den Kolleggeldern abhängen, besteht noch heute - und wenn selbst ein freiheitlicher akademischer Lehrer Mitglied einer Prüfungskommission ist: die Studenten boykottieren sein Kolleg, sie kaufen seine Bücher nicht, gehen an eine andre Universität und das riskiert ein verheirateter, mäßig besoldeter Mann nicht gern. Die Professoren sind nicht allein schuld.

Die Ministerien sind's schon mehr. Der preußische Kultusminister tut allerhand, mitunter sogar sehr viel. Aber in wie vielen Fällen läßt man diejenigen, die für ihre Republik eingetreten sind, glatt fallen - so daß sich also so ein armer Ausgelieferter mit Recht sagt: „Dann nicht!" und den Kampf aufgibt.

Der Formalsieg, den der Staat mit der Auflösung der Deutschen Studentenschaft errungen hat, ist noch gar nichts. Was es auszurotten gilt, ist nicht ein Verband oder dessen offizielle Rechte –: es ist eine Gesinnung und eine Geisteshaltung. Ich glaube, daß diese Studentenkämpfe das Wesen des Studierenden völlig verkennen; sie machen aus einem Lernenden einen Stand; tatsächlich ist etwa drei Viertel der Energie, mit der diese läppischen Vereinskämpfe geführt werden, vertan. Ihr sollt nicht verwalten – ihr sollt studieren.

Diese Melodie ist nicht aktuell. Sie war es im Jahre 1920 und sie wird es im Jahre 1940 wieder sein – wenn's so lange dauert. Es ist ein hohler Raum entstanden, in dem die Klagerufe einer Teiresias überlaut widerhallen; billig zu sagen: „Es wird halb so schlimm sein!" Es ist achtfach so schlimm.

Denn das Schauerliche an dieser Geistesformung ist doch, daß sie den Deutschen bei seinen schlechtesten Eigenschaften packt, nicht bei seinen guten; daß sie das anständige, humane Deutschland niedertrampelt; daß sie sich an das Niedrige im Menschen wendet, also immer Erfolg haben wird; daß sie mit Schmalz arbeitet und einem Zwerchfell, das sich atembeklemmend hebt, wenn das Massengefühl geweckt ist. Und daß sie kopiert wird.

Diese Studenten sind Vorbild für alle jungen Leute, die keinen sehnlicheren Wunsch haben, als an möglichst universitätsähnlichen Gebilden zu studieren und es denen da gleichzutun, mit hochgeröteten Köpfen den Korpsier zu markieren und einer im tiefsten Grunde feigen Roheit durch das Gruppenventil Luft zu schaffen. Der Abort als Vorbild der Nation.

Und der da soll im Jahre 1940 Arbeiter richten dürfen? Ein solches Biergehirn, in dem auch nicht ein Gedanke über den sauren Muff seiner Kneipe reicht, entscheidet über Leben und Tod? Über Jahre von Gefängnis und Zuchthaus? Das will Provinzen verwalten? Ein solch minderwertiges Gewächs vertritt Deutschland im Ausland? verhandelt mit fremden Staaten? wird gefragt, wenn's ernst wird? hat zu bestimmen, wenn's ernst wird?

Das ist der Boden, auf dem die Blüten des deutschen Richterstandes gedeihen, welche Blumenlese! Man wundert sich bei Gerichtsverhandlungen und bei der Lektüre von Urteilsbegründungen oft, woher nur diese abgestandenen Vorurteile, die unhonorige Art der Verhandlungsführung, die überholten Anschauungen einer kleinbürgerlichen Beamtenschaft stammen mögen. Hier, auf den Universitäten, ist der Boden, in dem eine Wurzel dieser Produkte steckt. Niemand reißt sie aus.

Denn diese setzen sich durch. Die herrschen. Die kommen dran. Ich kann beim besten Willen nicht sehen, wo die aufhebende Wirkung der vielgerühmten Jugendbewegung ist, die Ignorieren für Kampf hält; wo das Gegengewicht steckt, wo die andre Hälfte der Nation bleibt, jenes andre Deutschland, das es ja immerhin auch noch gibt. Wenn's zum Klappen kommt, ist es nicht vorhanden. Ungleichmäßig sind bei uns Gehirn und Wille verteilt: der eine hat den Kopf und der andre den Stiernacken. Es gibt kaum eine intelligente Energie. Sie haben nicht nur das größere Maul, die dickern Magenwände, die bessern Muskeln, die niedrigere und frechere Stirn: sie haben mehr Lebenskraft.

Kein Gegenzug hält sie in Schach. Keine deutsche Jugend steht auf und schüttelt diese ab. Keine Arbeiterschaft hat zur Zeit die Möglichkeit, die Herren dahin zu befördern, wohin Rußland sie befördert hat. Sie herrschen und sie werden unsre Kinder und Kindeskinder quälen, daß es nur so knackt. Diesem Land ist immer nur ein Heil widerfahren und was nicht von innen kommt, mag getrost von außen kommen. Niederlage auf Niederlage, Klammer auf Klammer – Napoleon hat mehr für die deutsche Freiheit getan als alle deutschen Saalrevolutionen zusammen. Aber manchmal tun's auch die Niederschläge nicht, kein fremder Imperialismus hilft gegen den eignen. So tief ist das Laster eingefressen, daß der begreifliche Wunsch derer, die ihre Heimat lieben und ihren Staat hassen, umsonst getan ist.

Deutschland ist im Aufstieg begriffen. Welches Deutschland? Das alte, formal gewandelte; eins, das mit Recht nach seinen bösen Handlungen und nicht nach seinen guten Büchern beurteilt wird und das bis ins republikanische Herz hinein frisch angestrichen ist, umgewandelt und ungewandelt: die wahrste Lüge unsrer Zeit. Das Deutschland jener jungen Leute, die schon so früh „Alte Herren" sind und die für ihr Land einen Fluch darstellen, einen Alpdruck und die Spirochäten der deutschen Krankheit.

Wie benehme ich mich als Mörder?

Wenn einer einen Mord begeht, so halte er sich stehts vor Augen, daß er später einmal nicht nur wegen Mordes abgeurteilt werden kann, sondern vor allem und hauptsächlich wegen seines Vorlebens sowie wegen der Begleitumstände, die seine Tat umgeben. Vor

Gott wird er sich für das vergossene Blut rechtfertigen müssen – der Vorsitzende einer deutschen Strafkammer aber mißt mit strengerem Maß. Soweit man das einem Mörder zumuten kann, wird derselbe also guttun, sich in die Seele eines Landgerichtsdirektors zu versetzen, damit es nachher keine strafverschärfenden Momente gibt.

Der dicke Chesterton hat entdeckt, daß man einem Mörder alles verzeiht, nur nicht, daß er nach der Tat eine Zigarre raucht – Mörder haben keine Zigarren zu rauchen, weil dies ein Zeichen übelster Seelenroheit darstellt. Chesterton kennt die deutschen Gerichte nicht, sonst hätte er schon längst vor Schreck dreißig Pfund abgenommen – mit der Zigarre allein ist die Sache nicht getan.

Der Mord ist, wie jedem gebildeten Staatsanwalt bekannt, eine Tat, die in der äußersten Ekstase und mit der kältesten Roheit begangen wird. Dabei hat der Mond durch das Gewölk zu brechen; auch haben Mörder bereits vor der Tat finster entschlossen herumzulaufen, deutliche Zeichen von innerer Unruhe von sich zu geben und mit den Augen zu funkeln. Unehelicher Geschlechtsverkehr vor dem Mord ist tunlichst zu meiden, da dies ein schlechtes Licht auf den Charakter des Mörders wirft und jeder Akt eine rhetorische Pointe im Plädoyer des Staatsanwalts oder, was dasselbe ist, in der Urteilsbegründung des Vorsitzenden abgibt. Mit seinem Leben kann man überhaupt nicht vorsichtig genug umgehen, weil es eines Tages ein Vorleben werden kann und dann erst wird man, vor den unerbittlichen Fischaugen des Gerichts, entdecken, was man da alles zusammengelebt hat.

Nach dem Mord meide der Mörder vor allem öffentliche Gaststätten, Sechs-Tage-Rennen, Dirnen, Spaziergänge auf der Straße sowie die eigene Wohnung, die er keinesfalls ruhig, als ob nichts geschehen sei, aufsuchen darf. Wie sich ein Mörder nach der Tat eigentlich benehmen soll, damit er vor Gericht keinen Anstoß erregt, ist schwer zu sagen: jedenfalls so nicht. Um bei einem Doppelmord eine der verwirkten Todesstrafen im Gnadenwege zu ersparen, stellt sich der Mörder dem nächsten Polizeirevier unter genauer Angabe der Einzelheiten seiner Tat, der Motive und der nötigen Indizien. Nach dem Geständnis bricht er am besten völlig zusammen, wie er sich überhaupt mit Vorteil nach der Literatur, die in den Kreisen der Juristen gelesen wird, richtet: sein Verhalten sei also psychologisch leicht anormal, wirr, aber dem Verständnis eines Zwei-Bänder-Mannes gerade noch angepaßt. Verstiegenheiten sind, wenn irgend angängig, zu meiden. Sehr günstig ist es, wenn den Mörder nach der Tat die vorgeschriebenen Gewissensbisse foltern; sollte sich eine mahnende Traumerscheinung des Opfers einlegen lassen, so ist dieselbe unbedingt zu empfehlen.

Auf diese Weise kann jeder, der in die traurige Lage versetzt ist, einen Zivilmord begehen zu müssen, damit also ein Monopol des Staates schwer verletzend, getrost vor einem deutschen Gericht erscheinen: er wird, wenn er sich nur vor, während und nach der Tat den Vorstellungen seiner Richter gemäß verhalten hat, auf die Milde und das

Verständnis derselben rechnen können und er wird dann, mit allen Tröstungen einer Reichsgerichtsentscheidung sowie seines seelsorgerischen Beistandes versehen, dem Nachrichter als ein guter Christ und Untertan übergeben werden.

Für die Herren Ordnungsstifter, Straßenkämpfer und Kinder vom Feldwebel aufwärts gelten diese Bestimmungen nicht. Der deutsche Mörder aber lasse sich gesagt sein, daß seine Tat ihn verpflichtet, durch und durch Mörder zu sein und nichts als das. Er richte sich darin nach seinen Richtern, die Richter sind und nichts als das.

Die Heinrich und der Zivilist

Neulich hat ein Reichswehrsoldat, der in Altdamm bei Stettin Posten schob, einen Arbeiter erschossen, den er in der Dunkelheit für einen Einbrecher gehalten hat. Die Waffen gehen immer noch reichlich schnell los in Deutschland – die niederträchtigen Schießerlasse aus den Jahren schlimmster Verkommenheit der Sozialdemokratie sind noch nicht alle beseitigt und ein Menschenleben ist noch genau so billig zu haben wie im Kriege. Während im Reichstag beschämend niveaulose Debatten über die Todesstrafe geführt werden, kann diese Todesstrafe leicht und gefahrlos von einem Kriminalbeamten, von einem Schutzpolizisten, von einem Reichswehrsoldaten verhängt werden, unter Umständen, die seine vorgesetzte Behörde prüft, was sehr objektiv vor sich geht. Also: jener Posten, der da Traindepots bewachte, mußte schießen. Auf wen –? Der Bericht sagt's.

Auf einen „Zivilisten".

Diese geistesschwache Terminologie stammt noch aus der Zeit Wilhelms von Abfundien; ein „Zivilist" ist einer, der merkwürdigerweise keine Uniform trägt – was es nicht alles gibt auf der Welt! Die Vokabel geht von der richtigen Vorstellung aus, daß der Mensch zunächst einmal eine Uniform zu tragen habe – und erst, wenn er diese primäre Voraussetzung nicht erfüllt, dann ist er ein „Zivilist". Wobei zu bemerken ist, daß auf diesem Gebiet Übergänge vorkommen: so war zum Beispiel der Kriegsminister Geßler ein militärischer Zivilist. Der Fall ist äußerst selten.

In die gleiche Kategorie dieser Kasernenwelt gehört die ständige Beflegelung von Zeugen und Angeklagten durch die deutschen Richter. Bei diesen Juristen gibt es das Prädikat „Herr" und „Frau" nicht. Beispiel:

Ein Hypnotiseur wird verurteilt, weil er sich an einem Stubenmädchen vergangen haben soll. Der Prozeß wird von der Staatsanwaltschaft geführt, um das Rechtsgut einer Verletzten zu schützen – also für die Hauptzeugin. Was aber die gesamte Besatzung nicht hindert, diese zu schützende Zeugin dauernd „die Heinrich" zu nennen.

„Gegen einen vollendeten Beischlaf spricht die vorhandene Intaktheit der Heinrich."

Nun sagt man wohl „die Justitia" und das mit Recht – aber man muß sich doch fragen, ob denn keine Aufsichtsbehörde da ist, die diesen Richtern, diesen Staatsanwälten und Untersuchungsrichtern die einfachsten Formen des Anstands beibringt. Für den Herrn Landgerichtsdirektor ist die Zeugin allemal Fräulein Heinrich – und weiter nichts.

Kein Talar berechtigt zu Umgangsformen, die einfach eine Ungezogenheit sind und eine Nichtachtung derer, die durch ihren Lohnabzug zum Gehalt der beamteten Juristen beitragen.

Unart der Richter

Eine der unangenehmsten Peinlichkeiten in deutschen Gerichtssälen ist die Überheblichkeit der Vorsitzenden im Ton den Angeklagten gegenüber. Diese Sechser-Ironie, verübt an Wehrlosen, diese banalen Belehrungen, diese Flut von provozierenden, beleidigenden und höhnischen Trivialitäten sind unerträglich.

Da haben sie neulich einige Fürsorgezöglinge am Kanthaken gehabt, weil die ihren Vorsteher verdroschen hatten und es ist natürlich ohne genaue Kenntnis der Vorgänge nicht möglich, über das Materiell-Rechtliche etwas auszusagen; wir wissen nicht, ob die Erziehungsanstalt Berlinchen anständig und sauber geleitet worden ist oder nicht. Was wir aber wissen, ist, wie sich deutsche Richter und besonders die Vorsitzenden im Gerichtssaal betragen. Dieser – ein Herr Barsch aus Landsberg an der Warthe – zum Beispiel so:

„Das Essen", so ungefähr sagt der Hauptangeklagte, „war unzureichend. Es gab zwar genug zu essen, aber es wurde sehr schlecht gekocht." Mit diesem Satz will sich der junge Mensch verteidigen und das ist sein Recht. Darauf der Vorsitzende:

„Es gab wohl nicht genügend Delikatessen?"

Dieser Satz ist eine Ungehörigkeit. Was soll das? Soll diese Bemerkung ein Witz sein? Für wen wird der gemacht? Für den beifällig lächelnden Beisitzer? Für die Presse? Für den Zuschauerraum? Nein, das charakterisiert nur die Dienstauffassung dieser Juristen, die einen unheilbaren Größenwahn in sich tragen. Sie sind das Maß aller Dinge, sie wissen alles, sie haben für alles Verständnis und sie belehren und erziehen mit solch ungezogenen Bemerkungen, die ihnen nicht zustehen, ein ganzes Volk, das sich zu viel gefallen läßt.

Ein Zeuge, der unmittelbar beteiligte Anstaltsleiter Hoffmann, der das größte Interesse daran hat, mit einer guten Nummer aus diesem für ihn peinlichen Prozeß herauszukommen, zählt auf, was es alles zu essen gegeben habe. Wir kennen diese offiziellen Küchenberichte vom Militär her, wo kein Diebstahl, begangen durch die Offizierskasinos, jemals ans Tageslicht gekommen ist. Der Zeuge verliest die Liste der Gerichte, die er angeblich hat kochen lassen.

Der Vorsitzende: „Nun hören Sie aber auf, sonst erlebt die Fürsorge noch einen Ansturm!"

Was soll das? Wozu auf den Angeklagten, die die Richter ja sowieso in ihrer Macht haben, herumtrommeln? Um sie zu ducken? Zweifellos.

Keine Verteidigung kann dagegen remonstrieren – es ist als sicher anzunehmen, daß sich eine Zurechtweisung des Richters wegen solcher Ungehörigkeiten bestimmt in einem Strafzuschlag bemerkbar machte. Also hält der Angeklagte den Kopf gesenkt und schweigt. Nur der einzige Max Hölz und ein paar andre tapfre Proletarier haben den Juristen die Meinung gegeigt.

Wenn der deutsche Richterstand sich das verlorne Vertrauen wieder erringen will, dann soll er, ganz abgesehen von den Sprüchen der Justiz, zunächst einmal darauf halten, daß die Vorsitzenden das elementare Gebot einfachsten Anstands beachten und einen Unglücklichen nicht noch durch Beleidigungen demütigen, die in ihren Kreisen prompt mit einer Forderung bedacht werden.

Gesicht

Für George Groß, der uns diese sehen lehrte

Ein ziemlich gedrungener Kopf, keine allzu hohe Stirn, kühle kleine Augen, eine Nase, die gern in Gläser sich senkt, ein Mund, der kalt befiehlt und eine unangenehme Zahnbürste, die den Schnurrbart macht: so sieht dieses Gesicht aus. Ein gut fundierter schwarzer Rock, eine mäßig geschlungene Krawatte mit einer Art Perle darin, ein immer sauberer Kragen – das ist auch noch zu sehen. Das Haar ist an den Ohren kurz geschnitten; der ganze Mann ist reinlich, putzt sich morgens die Fingernägel, rasiert sich oder läßt sich rasieren.

Schon als junger Mensch drängelte er sich, nicht allzu interessiert, durch die Türen der Kollegsäle; seine Mama sagte: „Hubert, wann kommst du heute nach Hause?" – und er gab nicht allzu freundlich Auskunft. Büffelte. Bestand Examina. Wurde aufgerufen: „Hubert Soundso ..." Und dann erhob er sich, ein bißchen unterwürfig, ein bißchen angstvoll, nicht sehr aufgeregt, kalt eigentlich. Trat in den Staatsdienst, rückte rasch auf.

Lange Vormittage mit schwierigen Aktenarbeiten, mit leeren Pausen, wo das Frühstück aus der Aktentasche genommen wurde – darin lag auch ein Brief, der ärgerlich war und einer, der für den Abend eine kleine außerdienstliche Freude verhieß. Im Übrigen: kalt bis ans Herz hinan. Ab und zu mal ein Buch gelesen, das nicht zur Sache gehörte, einmal Spengler versucht, dolles Zeugs –, mit der Briefschreiberin zu Hardts „Tantris" gegangen. Sehr poetisch. In der Pause: „Möglicherweise werde ich in diesen Tagen in die andre Abteilung versetzt. Na, Gott sei Dank ..."

Im Kriege Kompanieführer. Unerbittlich, kalt. Kalt zu den Kanzleidienern, die sich nicht wehren konnten, kalt zu den jungen Assessoren – „Habe das auch mal durchmachen müssen!" –, kalt zur Welt, kalt zu Gott. Verheiratet. Hat zwei Kinder. Liebt sie auf seine Weise. Lacht gern mal, abends, über einen dicken Witz, weiß noch drei Wirtinnenverse, die andern leider vergessen. Ist felsenfest von der Richtigkeit des Staatsgefüges, der Rechtsprechung, der Kirche und der allgemeinen sittlichen Grundlagen überzeugt. Hat auch weiter nicht darüber nachgedacht. Sieht gar nicht schlecht aus, wenn er am Schreibtisch sitzt und sich, beim Ordnen der vielen Aktenstücke, einmal kurz räuspert ... Ist doch wer. Fühlt sich in völliger Harmonie mit Land, Majorität und Volksgemeinschaft. Liebt den preußischen Adel nicht übermäßig –: ist ihm unangenehm. Ist aber tadellos korrekt und höflich, nach oben durchaus kleiner Bürgerlicher. Nach unten: selber Adel.

Repräsentiert. Macht Karriere. Wird wohl nächstens irgendein großes Tier werden, Gesandter, Ministerialdirektor, Staatssekretär, was weiß ich. Deutschland? Deutschland.

Die kleinen Parlamente

„Zur Geschäftsordnung!"

Achtzig intelligente Deutsche: das kann, wenn man sie einzeln vor sich hat, eine herrliche Sache sein. Sie sind nicht so sprunghaft gescheit, wie es wohl viele andere Rassen sind, in ihren Köpfen herrscht Ordnung, die Schubfächer sind aufgeräumt und es ist eine helle Freude, sich mit ihnen zu unterhalten. Wenn aber dieselben intelligenten achtzig Leute zu einer Sitzung zusammenkommen, dann geschieht etwas ganz Furchtbares.

Hat man einmal beobachtet, daß achtzig Leute, wenn sie vom Teufel der Kollektivität besessen sind, nicht mehr achtzig Leute sind? Daß sie zu einem neuen, unfaßbar schrecklichen Ding werden, das viele Köpfe, aber kein Gehirn hat, das ungestalt, schwerfällig, träge, sich und den andern das Leben schwer macht? Da müssen Sie hineingetreten sein – das müssen Sie gesehen haben.

Die achtzig Mann setzen sich also in einem mittelgroßen Raum zusammen und werden nun, denkt der Unbefangene, ihre Sache durch gemeinschaftliche Aussprache fördern und weitertreiben. Wie? Aber gar nicht.

Aber ganz im Gegenteil. Diese achtzig Leute bilden ein kleines Parlament und das ist der Anfang vom Ende.

Sie sind behext. Sie sind gar nicht mehr sie selbst. Sie sind verwandelt. Was vorher, noch eben, in einer kleinen klugen Privatunterhaltung, klar und faßlich erschien, das wird nun auf unerklärliche Weise verwirrt, wolkig, kompliziert und von einer unauflöslichen Verkettung. Hier ist ein Wunder, glaubet nur!

Der Vorsitzende erhebt sich, ein braver und guter Mann, sein Bauch liegt an einer Uhrkette; aber kaum hat er drei Sätze gesprochen, so erhebt sich eine dünne Fistel: „Zur Geschäftsordnung, zur Geschäftsordnung!" – Nein, die Fistel bekommt jetzt das Wort nicht. Aber dann wird sie eine Abstimmung darüber herbeiführen, ob nach § 17 Absatz 5 der Satzungen der Vorsitzende in der Lage sein dürfte – he? Über diese zu veranstaltende Abstimmung erhebt sich eine Debatte. Schlußantrag zur Debatte. Dringlichkeitsantrag vor dem Schlußantrag. Gegenantrag. Und wenn sie nicht gestorben sind, dann debattieren sie heute noch.

Und die Sache? Und die Sache, um derentwillen man doch immerhin, entschuldigen Sie, zusammengekommen ist? Aber pfeif doch auf die Sache! Aber wer denkt denn jetzt hier an die Sache! Hier gehts um wichtigere Dinge. Hier geht es darum, ob die Vorkommission, die damals von den Vertretern der Ausschußkommission gewählt worden war, auch wirklich legitimiert ist, der Vollversammlung diejenigen Vorschläge zu machen, die ... „Mir auch ein Bier! Der Herr Vorredner ..."

Meine Lieben, ihr lacht. Lacht nicht. Man muß das gesehen haben, wie Schornsteinfegermeister und Wäschefabrikanten und Schriftsteller und Kegelbrüder aller Arten – wie alle hierzulande in einen eigentümlichen, fast psychopathischen Zustand verfallen, wenn sie vom Parlamentsteufel besessen sind. Es muß da etwas ganz Eigenartiges in den Gehirnen vorgehen: der Stolz, nun einmal endlich nicht als Privatperson, sondern gewissermaßen als öffentliche Person zu sprechen, die kleine, rührende und unendlich gefährliche Freude, den schlichten Bürger auszuziehen und als Cicero, Mann des Staates und Bevollmächtigter dazustehen: das ist es wohl, was so viel positive Arbeit in einem lächerlichen Wust von Kleinkram untergehen läßt.

„Herr Kollege Karschunke hat das Wort!" – „Ich habe vorher zur Geschäftsordnung sprechen wollen!" – „Herr Kollege Karschunke …" – „Satzungsbruch! Unmöglich! Ja! Nein!" (Beifall rechts. Links Zischen. Zuruf aus der Mitte: „Falsche Fuffzijer!" Glocke des Präsidenten.)

Nun hat die Sache neben der komischen Seite eine verdammt ernste. Der gesamte Betrieb ist tief unehrlich und verlogen. Man sagt: „Zur Geschäftsordnung!" und meint: „Herr Pannemann ist ein Schweinehund!" Man sagt: „Der letzte Satz der Resolution enthält unseres Erachtens einen schweren Fehler" und meint: „Dem wollen wir mal eins auswischen!" Nirgends wird so viel persönliche Feindschaft unter so viel scheinbar sachlichen Argumenten versteckt, wie in den kleinen Parlamenten.

Diese scheinbar unbeirrbare Sachlichkeit, dieses ganze Drum und Dran, dieser eherne Apparat von Formeln und Formalitäten ist unwahr. Vor vielen Jahren erlebte ich einmal in einer solchen Versammlung, wie mitten in dem feierlichen Getriebe wegen der schlechten Luft im Lokal eine Resolution eingebracht wurde, die ein Rauchverbot enthielt. Die Resolution sollte gerade angenommen werden – da stand ein kleiner, hagerer Mann auf, bat um das Wort zur Geschäftsordnung und sagte mit Stimme Nummer drei: „Meine sehr verehrten Herren! Ich möchte doch dafür plädieren, daß denjenigen Herren, die eine Tabakspfeife rauchen, wenigstens erlaubt wird, dieselbe zu Ende zu rauchen!" – Er hatte nämlich eine in der Hand. „Zur Geschäftsordnung!" Und wenn dieser ominöse Ruf ertönt, dann muß ich immer an den kleinen Mann mit der Tabakspfeife denken. Ich sehe sie hinter vielen Anträgen brennen.

Aber da sind nicht nur die Fälle offener und versteckter Obstruktion oder persönlicher Interessenvertretung. Wie umständlich ist das alles! Wie humpelt so eine Verhandlung dahin! Wie zuckt jeder, der ein bißchen Blut in den Adern hat, auf seinem Stuhl, wenn er sieht, wie vierzig ernsthafte, ältere, mit Kindern gesegnete Familienväter und zwanzig nicht minder würdevolle Junggesellen in zwei Stunden um einen riesigen Tisch herum nichts als leeres Stroh dreschen! Muß das sein?

Aber sie platzen lieber, als daß sie ihrs nicht aufsagen. Sie müssen das alles sagen – auch wenn sie genau fühlen, daß es die Sache um keinen Zoll weiterbringt. Sie fühlens nicht. Der Drang, sich reden zu hören, die Sucht, unter allen Umständen nun auch noch einen Klacks Senf zu dem Gericht dazuzugeben, treibt sie, aufzustehen, den Männerarm in die Höhe zu recken und mit gewichtiger Stimme zu rufen: „Ich bitte ums Wort. Meine Herren – –"

Liebe Ehefrauen! Wenn ihr wüßtet, welchen Kohl eure Männer in den Versammlungen zu bauen pflegen, in die sie mit so sorgenschwerer Miene zu eilen pflegen, daß ihr denkt: „Ich will ihm lieber doch nicht abreden, es scheint etwas Wichtiges zu sein" – wenn ihr wüßtet, mit welchen Nichtigkeiten und Kleinlichkeiten da die Zeit vertrödelt wird: ihr würdet noch viel böser darüber sein, daß euer Anton abends nicht zu Hause bleibt.

Anton! Wo ist Anton? Generalvollversammlung, Abstimmung, Vorredner, Diskussion, Schluß der Debatte, namentliche Abstimmung, zur Geschäftsordnung, zur Geschäftsordnung!

Und das geht so siebenmal in der Woche in tausend deutschen Bierlokalen, damit wird die Zeit verbracht, damit beschäftigen sich erwachsene Männer und Frauen. Ist das Parlamentarismus? Oder seine Karikatur? Muß das so sein?

Ach, es sind nicht nur die kleinen Parlamente. Auch in den großen … Aber das ist ein weites Feld.

Persönlich

„Ich möchte Herrn Regierungsrat persönlich sprechen!"
„Herr Professor Gustav Roethe war persönlich anwe-

send." „Der Chef des Stabes der Reichswehr ist diesen Beschwerden persönlich nachgegangen."

Was ist denn das? Haben alle diese zwei Persönlichkeiten: eine einfache und eine persönliche? Was bedeutet das?

Das bedeutet eine Wichtigmacherei, die auf derselben Etage wie das deutsche Vorzimmer wohnt (am Telephon: „Hier Vorzimmer von Herrn Portier Knetschke!"); wie der Apparat, ohne den es keiner mehr tut („Ich werde das mit meinen Herren besprechen!" – hat aber nur einen); wie das ganze mißverstandene Brimborium des so gern kopierten überorganisierten Militärbetriebes, der es allen Deutschen zum ersten Mal vor die Augen geführt hat, wie man auf möglichst geräuschvolle und kostspielige Weise nichts tun kann. Der Divisionskommandeur arbeitete nicht allzuviel. Aber das Wenige, was er tat, tat er durch seinen Adjutanten, durch seine Unterorgane und nur Orden und Rotwein nahm er persönlich in Empfang. Die privaten Gruppen aller Sorten ahmen ihm selig nach. Der Chef des Betriebes hat den soziologisch umstrittenen Gedanken der Delegierung auf die Spitze getrieben und seine Machtvollkommenheiten so aufgeteilt, daß man ihn schon manchmal, wenn's unten gar zu dumm wird, „persönlich" in Anspruch nehmen muß. Die Männer der Öffentlichkeit kopieren es überglücklich. Sie kommen nicht selbst, sie telephonieren nicht selbst, sie unterschreiben nicht selbst. Daher denn keiner mehr sagt: Ich möchte den Herrn Reichstagsabgeordneten sprechen! – sondern: Ich möchte ihn persönlich sprechen! Immer voller Angst, daß sonst seine Waschfrau käme. Mit der sicherlich oft besser zu verhandeln wäre.

Diese aufgeblasene Eitelkeit, die immer und immer mehr bei uns einreißt, diese Sucht, dem gemeinen Haufen nur ja den Aspekt eines zu geben, der über den Wolken schwebt – wie dumm, wie hohl und vor allem: wie unpraktisch ist dies Theater! In Amerika hat jeder für jeden Zeit, solange sich der kurz faßt; in Frankreich ist es nicht gar so schwer, zu den maßgebenden Männern Zutritt zu bekommen; in England denken die Leute an ihre Sache und nicht immer an ihre Person und bestimmt nicht an eine Hahnenwürde; bei uns zu Lande ist es wunder was für eine Geschichte, mit einem besser bezahlten Mann „persönlich" zu sprechen. Ist die Audienz beendet, so bleibt ein Abglanz des Unerhörten auf dem Empfangenen haften, der strahlend nach Hause stelzt. „Ich habe heute früh mit dem Oberbürgermeister persönlich gesprochen ..." (Du armer Hund hast natürlich nur seinen Sekretär sprechen dürfen oder seinen Portier – ich aber habe ihn persönlich zu fassen bekommen!) Tief wurzelt der Knecht im Deutschen – leise kitzelt es im Rücken und tiefer: Kommt der Fußtritt? kommt er nicht? Er kommt nicht! Heil! Er hat mit mir persönlich gesprochen und nicht durch einen alten Trichter aus dem Nebenzimmer! Ich bin erhöht.

Es gibt Menschen, mit denen möchte ich um keinen Preis sprechen, dienstlich nicht und privat nicht und persönlich schon gar nicht: mit Strafkammervorsitzenden, alten Bataillonskommandeuren, Kriegsgerichtsräten und ähnlichen persönlichen Persönlichkeiten.

Lieber Gott! Nimm doch den deutschen Kaufleuten und Beamten diese dumme Sucht, sich als gar so kostbar hinzustellen und sich mit etwas dicke zu tun, was meist gar nicht da ist: mit einer Persönlichkeit! Den Soldaten kannst du es lassen, sie haben ja selten etwas anderes! Tu es doch, lieber Gott, ja –?

Dieses Gebet werde ich mal dem lieben Gott persönlich unterbreiten.

Der Mann mit der Mappe

Der Nationalökonom Alfons Goldschmidt hat mir neulich die Augen geöffnet. „Das Kennzeichen Berlins", sagte er, „ist der Mann mit der Mappe." Ich sah um mich und dies war es, was ich sah:

Alle Männer auf der Straße tragen eine Mappe. Es ist nicht auszudenken, was in Berlin täglich für Papier herumgetragen wird: die ganze Stadt schleppt emsig Ballen Schreib- und Druckpapiers von einem Fleck zum anderen. Was mag in den Mappen sein –?

Das Frühstück natürlich, dann Bindfaden, ein zerbrochener Füllfederhalter und etwas zum Lesen. Diese Lektüre wird kaum angefaßt, wie ja überhaupt alle Leute von dem Aberglauben besessen sind, gewisse Sachen „unterwegs erledigen zu können" – aber niemals wird etwas daraus. Abends zieht der Mappenmann seinen Kram genauso unberührt aus der Mappe, wie er ihn hineingelegt hat. Bei dem allgemein gültigen Bestreben, nicht unter acht Sachen zugleich zu tun, belastet diese Vorratsarbeit die Mappenträger, aber sie lassen nicht davon ab. Was ist aber noch in der Mappe?

In der Mappe ist das, was der Besucher nach den einleitenden Sätzen mit den Worten herauszieht: „Ich habe hier eine Sache …" und dann gehts los. Meist findet er sie nicht auf Anhieb, er sucht sie erst aus den Verträgen, Heiratspapieren, Korrespondenzen, Korrekturfahnen heraus, fischt im Papierteich, angelt – schwupp! Wenns gut geht, hat er sie zu Hause liegen lassen.

Mappe muß sein.

Die Mappe ziert den gemeinen Mann und deutet auf jeistige Arbeit – daher sie denn wohl auch der Schnorrer mit steifer Grandezza in der Hand baumeln läßt. Kümmerlich zusammengeschrumpft hängt die Verhungerte armselig neben seinem abgeschabten Überzieher … Es gibt aber auch wohlhabende Mappen; bis zum Platzen gefüllt, leuchten sie herrlich gelackt oder gewachst im Sonnenschein, die Nickelbeschläge protzen: „P! Wir! Uns kann keiner und uns können sie alle –!" So feine Mappen sind das.

Manche Menschen mit gestörtem Empfindungsleben tragen zwei Mappen mit sich herum, aber das ist selten: ein besserer Herr ist in dieser Sache monomapp.

Warum tragen aber alle diese die Mappe mit sich –?

Weil sie Dienst haben, den ganzen Tag. Weil die Arbeit sie auffrißt, täglich, stündlich, weil sie „ze tun" haben – etwa in dem Tempo, in dem der Komiker Otto Wallburg spricht. Ginge es logisch zu in der Welt, so müßte ja der Mann in der Mappe liegen und sich nur gelegentlich, zu dienstlichen Zwecken, ans Tageslicht ziehen. Ja, die Berliner Mappe hats in sich.

Sie regiert den Kerl, der sie trägt, sie bestimmt dessen Dasein, nicht umgekehrt. Er durchraschelt alle Papiere, die er schleppen muß – er durchstöbert ihren Wust, er rummelt darin umher und wenn es hochgekommen ist, dann ist es Mühe und Arbeit gewesen und es muß ja wohl Leute geben, die glauben, zu diesem Behufe auf der Welt zu sein. Mappe, du traurige Mappe, wie beschwerst du das Leben! Nie läßt du die Leute schlendern, mit den Händen in den Taschen, ohne dich, frei! Was einer nicht im Kopf hat, das muß er in der Mappe haben.

Nikolassee trägt seine Weisheit in die innere Stadt, Moabit transportiert das Jus nach dem Osten, der Alexanderplatz wedelt mit der Mappe nach dem Westen, kein Papier darf da bleiben, wo es geboren ist – trage, Liebchen, trage!

Dabei sind die meisten Mappen unvollständig: sie müßten eine kleine Kartothek eingebaut haben, etwas Wasserspülung und einen zusammenklappbaren Pokertisch ... Mappen sind lebensnotwendig: wie könnte die deutsche Wirtschaft funktionieren ohne die Mappe! In England sollen die Leute auch mit Mappen herumtraben, hat man mir erzählt; aber daß sie es in Paris nicht tun, das weiß ich ganz gewiß. Denn der Franzose ... also, was ist denn das überhaupt für ein Mensch! Der glaubt, daß man die Arbeit in seinem Geschäft tut und wenn er über die Schwelle hinausgetreten ist, dann ist es aus damit und selbst im Café de Commerce, wo die bessern Sachen abgeschlossen werden, geht das ohne Mappe zu. Aber er schreibt wohl nicht immer das Nötige ...

Wir schreiben. Denn sonst hätten wir nichts, was wir durch unsere Brillen ansehen können und wohin kämen wir wohl ohne das –! Wenn einer geboren wird und wenn einer stirbt, wenn ein Stück Drama von Unruh aus dem Fenster fällt und wenn ein Filmband zerreißt, wenn Frau Helen uns mit den großen blauen Augen Ja zuwinkt und Nein meint, wenn einer einen Verkehrsturm umfährt und wenn in einem nationalen Blatt eine Sicherung durchbrennt: wir schreiben. Und was wir geschrieben haben, das tun wir dann in die Mappe.

Und es ist nur schade, daß wir auf den Presseball ohne Mappe kommen – es würde das wesentlich zur Verschönerung des Bildes beitragen.

Schilt die Mappe nicht, Peter! Sie hat eine heilige Mission zu erfüllen hienieden – sie läßt ihren Träger an die Wichtigkeit seiner Arbeit glauben und das ist mitunter gar nicht so einfach. Gott segne sie, die gute, treue, rindslederne; schier dreißig Jahre ist sie alt, hat manchen Sturm erlebt ... Sieh, ihr gefältetes Gesicht! Die zerfurchten Züge, die morschen Nähte! Was barg sie nicht schon alles in ihrem Bauche ...?

Wenn aber einmal alles untergegangen ist von unserer Epoche, die Holzbarrieren auf den Straßen, die die Autos anlocken sollen, die Fußgänger zu hindern, den Fahrdamm zu passieren; wenn der Funkturm dahin ist und das letzte Sechs-Tage-Schieben und die Professorentitel unserer Theaterdirektoren: eines sollte übrigbleiben von dieser Zeit, als Denkmal *aere perennius*.

Ein Mann, aus Marmor, ordentlich in Stein ausgehauen, mit ernster Miene und sorgenvollen Naslöchern, eilig dahinschreitend, unter dem Arm sein geistiges Wickelkind, ganz der Papa aus Rindsleder.

Der Mann mit der Mappe.

Berliner Geschäfte

Berliner Geschäfte gehen so vor sich:

Eines Tages klingelt dich eine Herrenstimme an. „Ja – Halloh? Ja, hier ist die Internationale Union-Zentrale – wir möchten Sie möglichst bald sprechen – aber möglichst bald! Wann dürfen wir Sie erwarten?" – Du sagst, sie können dich und möglichst bald erwarten. Gut. Und dann gehst du hin.

Es empfängt dich, mit allen Zeichen des Entzückens, ein außerordentlich freundlicher, dicker Mann. Er sagt, er habe schon viel von dir gehört, er sei begeistert, deine persönliche Bekanntschaft ... ob du nicht Platz nehmen wollest, auch eine Zigarre ... wie? ... Ja, also zur Sache. Es handele sich da um etwas ganz Neues. Um etwas absolut und völlig Neues, bei dem man gleich an dich gedacht habe – weil es ohne dich erstens nicht gehe und weil du überhaupt der geeignetste Mann ... Man wolle nämlich – aber das sei noch ganz vertraulich – man wolle nämlich eine neue Zeitschrift aufmachen. Ach, um Gotteswillen! Aber du fällst nicht vom Stuhl, sondern siehst den kleinen, dicken Mann, gesellschaftlich wohl erzogen, wie man dich hat, freundlich an. Ja, sagt der, also eine neue Zeitschrift – und alle ersten Leute würden mitmachen und du als Zeichner, du müßtest auch. Aber gleich! Aber sofort! Es seien nur noch ein paar kleine Modalitäten, ein paar Formalitätchen … Kleinigkeiten, nicht wahr …? Im übrigen pressierte es sehr. Ob du wohl schon morgen abliefern könntest –? Oder vielleicht vorgestern? Aber sofort müßtest du liefern. Sofort. Du verbeugst dich sehr fein und versprichst: Sofort. Gut. Stühlerücken. Händedruck. Mich sehr gefreut. Aus.

Aus.

Nun hörst du nämlich vier geschlagene Wochen nichts mehr von der Internationalen Union-Zentrale. Du hast dich gleich am nächsten Morgen hingesetzt und hast das schönste Mädchenbein unter deinen Modellen abgekonterfeit, den grünsten Wald und den blausten Baldachin überm Himmelbett hast du gemalen – und das Ganze hast du fein säuberlich verpackt und an die I. U. Z. (wie das klingt! so kapitalkräftig!) abgeschickt. Und dann ist es aus.

Vier Wochen hörst du nichts. Dann schreibst du einen zagen Brief.

Nichts. Alle. Zerplatzt. Dann schreibst du einen etwas weniger zagen. Aber gar nichts. Dann telephonierst du. Es meldet sich eine quäkige Kleinmädchenstimme und sagt, als du dein langes Anerbieten heruntergebetet hast, das, was alle Berliner nach einem unerklärlichen Naturgesetz am Telephon sagen: „Einen Augenblick mal!" – Und verschwindet. Und inzwischen trennt dich das Amt und verbindet dich mit der Hebammenanstalt in Neukölln. Und schließlich wird es dir zu dumm und du machst hin. Zur I. U. Z.

Der kleine, dicke Herr empfängt dich und ist entzückt. Du bist es nicht, aber er ist es. Aber bitte! Und ob du eine Zigarre …? Nein, die Zigarre möchtest du nicht. Auskunft möchtest du. Auskunft, was aus deinen Bildern … und aus der Zeitschrift …? Ah – deine Bilder –? Und der kleine, dicke Mann zieht aus einem Wust verstaubter Akten deine hübschen Bilder mit dem entzückenden Baldachin hervor und mit dem schönen Modellmädchenbein und sagt: „Ja – ganz reizend! Genau das, was wir von Ihnen erwartet haben! Wissen Sie, ich muß noch mit meinem Sozius darüber sprechen – es sind da noch einige Schwierigkeiten – wir haben zur Zeit so viel zu tun – Nur noch mit meinem Sozius …!"

Soziusse kommen in Berlin wild vor. Socii sind ein gefährlicher Negerstamm. Man lernt immer nur einen kennen. Der andere ist stets der stärkere und die Seele vons Buttergeschäft. Immer beeinflußt der andere den einen. Deinen. Soziusse sind, was die Unruhe in der Uhr ist. Sie stoppen ab.

Derweil ist viel öliges Wasser den Landwehrkanal hinabgeflossen. Die Wochen schwinden. Du hast schon ganz vergessen, was mit deinen Bildern – Eines Tages gehst du wieder hin, zur I. U. Z. Eigentlich mehr aus Neugier. Weise lächelnd und unendlich abgeklärt. Fern von allem Feuer der Jugend, steigst du die teppichbelegten Treppen hinan. Und der kleine, dicke Mann empfängt dich strahlend.

Was mit der Zeitschrift …? Ach, diesen Gedanken habe man längst aufgegeben. „Wissen Sie, die Konjunktur für Zeitschriften ist ja momentan – wie?"

Nein, man wolle etwas ganz anders machen. Eine ganz große Sache. Aber eine ganz ungeheuer große Sache. Nämlich: eine Zentralmilchversorgungsanstalt. Und da ergreifst du resigniert deinen Deckel, gehst hinaus und weinest bitterlich.

Und denkst nach. Was ist das nur für eine Stadt? Jedermann läuft herum und ist voll großer Projekte und plant ganz große Dinge. Kein Theatermann, der nicht in der allernächsten Zeit – aber die Sache ist noch vertraulich! – eine neue große Theaterkiste aufziehen wird; kein Filmonkel, der nicht ein Riesenkonsortium an der Hand hat; kein Verleger, der nicht nächstens mal den Leuten zeigen wird, was eine Harke …

Und derweil geschieht gar nichts.

Berliner Geschäfte kommen nicht durch ihre Unternehmer, sondern trotz ihrer Unternehmer zustande.

*

Wird nicht wirklich in dieser gesegneten Stadt ein bißchen viel projektiert? Wird nicht ein bißchen viel hergemacht? Vorschußlorbeer? Wechsel auf die Zukunft? Wie –?

Wird nicht, überall, beim Theater, in den Zeitschriften, in der Kinobranche, etwas reichlich verschwenderisch mit der Kraft der andern, mit der Kraft junger Künstler umgegangen? Die älteren lassen sich das ja nicht gefallen – aber wenn einer muß? Wenn einer Geld braucht? Und ihr pumpt ihn voll Hoffnungen und er liefert Entwürfe … Was sind Hoffnungen, was sind Entwürfe –! Übermorgen haben sie alles vergessen: euer Projekt, den Künstler und die Skizzen. Und frohen Herzens stürzen sie sich auf das nächste Ding …

„Ihr Gedächtnis reicht nämlich nicht von einem Tage zum andern. Sie haben niemals die Absicht, wirklich ein Unternehmen zu Ende zu bringen. Sie prahlen und schwatzen und machen viel Geschrei, daß sie ein großes Volk sind und daß der ganze Dschungel demnächst von ihren Taten sprechen soll, aber das Fallen einer Nuß schreckt sie – sie brechen in ein dummes Gelächter aus oder rennen davon und alles andere ist wieder vergessen." Das sagt Kipling. Von den Affen.

Aber horch! Klingelts da nicht am Telephon? „Hier die Allgemeine Genossenschaftsvereinignng. Könnten Sie uns nicht vielleicht –?"

Und der Weise legt lächelnd den Hörer hin, hat alles schweigend mitangehört und glaubt kein Wort. Und denkt an Don Quichote, einen Ritter aus Spanien, der viele Heldentaten verrichten wollte.

Die Laternenanzünder

Schon mancher wird sich gefragt haben, wie denn die Laternen, die abends und nachts die Großstadt erhellen, in Betrieb gesetzt werden. Nun Komma die Antwort auf diese Frage ist nicht eben schwer. Hat doch der Frager sicherlich schon abends in unsrer Stadt Männer mit langen Stangen in Trupps von zweien oder dreien die Straße entlang ziehen sehen – Laternenanzünder sinds, die dort ihr schweres Amt ausüben. Wer sind diese Leute und was treiben sie zu so später Stunde auf den dunkeln Straßen, welches sind die Voraussetzungen ihres Berufes und wie ist ihre Vorbildung? Darüber den Leser aufzuklären, soll der Zweck der nachfolgenden Zeilen sein.

*

Der Trupp der Laternenanzünder setzt sich gewöhnlich aus drei Männern zusammen: dem Chef-Laternenanzünder, seinem Adjutanten und dem Hilfs-Laternenanzünder.
Der Chef-Laternenanzünder hat die Leitung der Abteilung. Er trägt die Verantwortung sowie eine lange Stange und bestimmt, welche Laternen zu entzünden sind. Nachdem er mit dem Lichtmesser in der Hand die Lichtstärke der betreffenden Straße „ausgeleuchtet" hat, wie der Fachausdruck heißt, setzt er seine Mannschaft an. Das geschieht folgendermaßen: Hält der Chef die Zeit für angemessen, so nähert sich der Trupp der Laterne, der Chef gibt erst den sogenannten „Vorbefehl": „Achtung!", der Adjutant nimmt die lange Stange in die Hand und wartet. Der Chef befiehlt „Anleuchten!" und der Adjutant reißt oben an der Laterne den Hebel mit sachkundigem Griff herum. Während dieser Zeit hat der Hilfs-Laternenanzünder ständig seine Geräte in Bereitschaft zu halten, denn dem Hilfs-Laternenanzünder untersteht der technische Dienst; er ist es, der die Geräte beaufsichtigt: Hammer, Zange, Bohrer, Kabel, Ersatzkohlen – alles das hat er unter sich.

Der Laie wird sich nur schwer in der Fülle der Fachausdrücke der Laternenanzünder zurechtfinden. Ist eine Straße ganz erleuchtet, so spricht man von „Voll-Licht"; beileibe „zündet" der Laternenanzünder keine Laterne „an", sondern er „gibt Licht" – gegen Morgen wird „abgelichtet", der betreffende Befehl heißt: „Ableuchten!" Werden die Leuchthebel, gewöhnlich gegen Ende des Monats, durchgeölt, so geschieht das aus einem Öltopf. Auch diesen Topf hat der Hilfs-Laternenanzünder unter sich.

Die Ausbildung der Laternenanzünder, mit Ausnahme des nur fachtechnisch geschulten Hilfspersonals, ist eine rein wissenschaftliche. Die Anforderungen an den Beruf sind hohe: der Mann, der sich als Aspirant vorstellt, muß über tadellose Papiere verfügen, aus politisch unbelasteter Familie stammen, eine freiwillige Übung bei einer Reichswehrbrigade mitgemacht haben und die Primareife eines Oberrealgymnasiums besitzen. Die Ausbildung erfolgt auf den Technischen Hochschulen, die Teilnahme an den dortigen Leibesübungen ist für den künftigen Verwaltungsbeamten absolut unerläßlich. (Rumpfbeugen, Geschmeidigkeit des Körpers.) Die Vorlesungen umfassen: Wesen und Begriff der Lichtwissenschaft; Geschichte des Beleuchtungswesens, unter besonderer Berücksichtigung des betreffenden Bundesstaates; Theorie der Lichtgebung; Ablicht und Anlicht; Zur Soziologie der Beleuchtungswissenschaft. Dem Studium folgt ein Staatsexamen. Nach zehn bis zwölf Jahren Wartezeit erfolgt gewöhnlich die Ernennung zum Laternenanzünder, nach weiteren zwanzig bis dreißig Jahren die Beförderung (nicht Ernennung) zum Chef-Laternenanzünder.

Man sieht: es sind alte, zünftige Beamte, die da in Wind und Wetter ihren schweren Dienst versehen. Es ist ihnen gelungen, sich in dem Halbjahrhundert ihrer Amtstätigkeit die allgemeine Achtung und Beachtung zu erwerben. Zusammengeschlossen sind sie in dem Reichsverband Deutscher Laternenanzünder (R. D. L. mit den selbständigen Sektionen: Bayern, Thüringen-Nord und Hamburg), sowie in Lokalgruppen; die bedeutendste davon ist der in Brandenburg zentralisierte Laternenverband Märkischer Anzünder (L. M. A.).

Die Beamten bilden sich dauernd fachwissenschaftlich, bevölkerungspolitisch, städtebautechnisch und verkehrshistorisch fort – in diesem Jahr ist es ihnen endlich gelungen, die Schaffung eines „Dr. lux" bei den Landesuniversitäten durchzusetzen. Die Fortbildung der Beamten geschieht auf den Laternenanzünder-Fortbildungsschulen und -Seminaren; die Lehrer sind zu einem „Reichsverband Deutscher Laternen-Anzünder-Fortbildungsschul-Fachlehrer" zusammengeschlossen. Ihr Dienst ist nicht ohne Gefahr; bei den praktischen Übungen kommt es wohl vor, daß eine zu heiße Laboratoriumslaterne platzt; sämtliche Lehrer sind versichert. (Das Nähere siehe in den „Mitteilungen Deutscher Laternen-Anzünder-Fortbildungsschul-Fachlehrer-Versicherungs-Gesellschaften".)

Die jetzigen Angehörigen der Lucifaktoren, wie sie sich gern nennen, gehören fast durchweg den bessern Gesellschaftsschichten an: 65% der Chef-Lucifaktoren bzw. 45% der Adjutanten sind ehemalige Reserveoffiziere. Damit allein schon ist ihre politische Zuverlässigkeit gewährleistet. In manchen Familien ist die Liebe zum Licht sozusagen erblich: es gibt Beamte, die bereits in der dritten und sogar vierten Generation ihr Amt innehaben. Die Mehrzahl der Hilfs-Laternenanzünder rekrutiert sich naturgemäß gleichfalls aus gedienten Leuten, da diesen die für den Lucifaktorenberuf notwendige „Sturheit", wie der Fachausdruck heißt, besonders eigen ist.

Die einzelnen Verwaltungszweige interessieren sich außerordentlich für die Dienstgepflogenheiten der Lucifaktoren: so hat erst jüngst Exzellenz Lewald vom Reichsausschuß für Leibesübungen dem Fünften Deutschen Reichs-Licht-Bund-Tag beigewohnt, obgleich ihn doch seine andern Verpflichtungen gegenüber allen in Deutschland stattfindenden Tagungen gewiß stark in Anspruch nehmen. Auch der Reichswehrminister hat in einem Erlaß auf den ganz ausgezeichneten Dienst der Laternenanzünder hingewiesen und ihnen den alten, guten Sedan-Geist gewünscht. Die Vertretung der Lucifaktoren im Parlament ist nunmehr auch gesichert; wie man sich erinnert, ist bei den letzten Wahlen der Abgeordnete Dr. Hohsen (Wahlkreis: Boden) von der Deutschen Volkspartei ins Parlament aufgerückt, ein Lucifaktor, der den Dienst von der Pike auf kennt und die Interessen seiner Kollegen im echten, rechten Laternenanzündergeist wahrnehmen wird. Er ist es auch, der zusammen mit einem Herrn vom Reichswehrministerium und dem Admiral Stenker von der Reichsmarineverwaltung die Einweihung des Laternenanzünder-Kriegerdenkmals vorgenommen hat; haben doch die Laternenanzünder ihren starken Anteil an den Opfern des Weltkrieges und somit an der Gesundung des Vaterlandes. Auch in die Literatur sind die Männer des Lichts bereits eingedrungen: wir erinnern hier nur an Rudolf Herzogs Roman „Mehr Licht!"

In der Dunkelmannstraße zu Berlin erhebt sich das schmucke Reichsverbandshaus des R. D. L. Nach der letzten großen Oppositionskrise im Verband ist Ordnung und Ruhe geschaffen; die damaligen Verbandsinteressen verwaltete ein Rechtsanwalt Löwenstein, jüdisch, aber dumm, also national – jetzt ist an seine Stelle als Syndikus Dr. v. Falkenhayn getreten, ein Großneffe des bekannten Siegers von Verdun. An dieser Stelle sei besonders der Presseabteilung und ihrem verdienten Pressechef, Herrn Karl Rosner, gedankt, der dem Schreiber dieses mit so liebenswürdigen Auskünften warm unter den Arm gegriffen hat.

Fürwahr, ein echtes Sinnbild deutscher Kraft und deutschen Fleißes, deutscher Tatkraft und deutscher Treue –: das kleine Trüpplein, das da, fast unbeachtet, abends durch die Straßen zieht, seinem harten Beruf entgegen. Hier und da kam es wohl einmal vor, daß die Beamten, besonders in den Arbeitergegenden, von halbwüchsigen, kommunistisch verhetzten Burschen mit dem Ruf „Nachtwächter! Nachtwächter!" belästigt wurden – doch ist da sofort scharf durchgegriffen worden. Polizei und Richter haben ihre Pflicht getan: die Übeltäter wurden stets mit hohen Strafen wegen Vergehens gegen das Gesetz zum Schutze der Republik bestraft; in alter Objektivität hat hier die deutsche Justiz wieder einmal gezeigt, wessen sie fähig ist.

Man siehts dem unscheinbaren Auftreten der schlichten Männer nicht an, wieviel deutsche Tätigkeit in ihnen und ihrem Werk steckt. Hoffen wir, daß sie, immer weiter aufstrebend, es zur Volkswohlfahrt und zum Nutzen des deutschen Staates ausüben, bis einmal bessere Zeiten kommen, da deutsches Licht auch in Straßburg, Danzig, Wien, Budapest und New York erstrahlen möge.

In diesem Sinne: „Gut Licht –!"

*

Man kann Laternen auch von der Zentrale aus einschalten.

Die Glaubenssätze der Bourgeoisie

Die Bourgeoisie ist in keinem Lande sehr erfreulich. Der Nationalcharakter kann ihre spezifischen Eigenschaften mildern oder noch mehr ans Licht treten lassen – es scheint, daß grade diese Vermögens- und Erwerbssphäre eine Geisteshaltung bedingt, die platt macht und hart, chauvinistisch aus Angst, herzlos aus Mangel an Horizont und roh aus Phantasielosigkeit. Darin unterscheidet sich der belgische Spießer nicht vom amerikanischen, der deutsche nicht vom französischen; Menschen, die mehr verdienen, als es die Notdurft erfordert und nicht genug, um Standesansprüchen zu genügen, die sie übernommen haben, ohne sie zu verstehen, sind ebenso.

Aus den verschiedenen Geschichten des Bürgertums heben sich mannigfaltige Typen ab, die gesondert zu betrachten sind. Niemand kann sie alle kennen, niemand alle beschreiben – sie sind schon in einem einzelnen Lande so zahlreich, daß ein Menschenleben nicht ausreicht, auch nur die Hälfte zu schildern. Das wäre zwar nicht die „Aufgabe" des Dichters, der kein Schüler ist, – aber eine Aufgabe wäre es schon und was mich angeht, so interessieren mich die kümmerlichen Visionen braver Schriftstellerknaben viel weniger als die Wirklichkeit, die einer so beschreibt, daß sie zum Greifen nahe gerückt ist.

Die verschiedenen Geschichten des Bürgertums kristallisieren bestimmte Axiome, deren sich die Axiomträger nicht immer bewußt sind; vielfach leben sie dumpf dahin, ihrer selbst nicht bewußt, wie ja überhaupt die leeren Räume im Denken des Menschen viel, viel größer sind, als man gemeinhin annimmt. Bei dem Satz: „Es gibt einen Gott" oder „Der Walfisch wirft lebendige Junge" denken sich die meisten Menschen überhaupt nichts; sie haben das in der Schule gelernt und so ist es ihnen verblieben. Die Axiome, von denen ich spreche, sind Glaubenssätze, hingenommen in absolutem Gehorsam, ehern errichtet, für das ganze Leben Geltung behaltend. Sie sind nicht zu allen Zeiten dieselben gewesen: der Panzer von Vorurteilen, mit denen sich ein Bremer Bürger aus dem Jahre 1874 umgeben hat, war aus andern Plättchen geschmiedet als der eines bayrischen Gymnasialdirektors aus dem Jahre 1928. Aber sie tragen diesen Kettenpanzer bis zum Tode und legen ihn nie ab. Sie haben ihre Vacua; sie teilen die Welt sehr streng in Groß- und Kleingedrucktes ein, was ferne ist, verschwimmt und aus den Niederungen ihrer trüben Erkenntnis kommen sie nicht heraus. Das ist immer so gewesen. Weil sie aber heutzutage vom Hochmutteufel besessen sind, der ihnen ins Ohr flüstert, wer die Technik habe, brauche keine Seele und habe sie außerdem schon –: deshalb verlohnt es, aus dem reichhaltigen Herbarium zwei Pflanzen herauszugreifen, die ich mir gepreßt habe. Charakteristisch für einen Menschen ist das, was ihm selbstverständlich ist. Wollen mal sehen.

Frau Emmi Pagel aus Guben (Niederlausitz). Ehefrau des Buchhalters Paul Pagel, der sich in seinen Papieren „Werkbeamter" nennt. Frau Pagel ist mittelgroß, hat um eine Kleinigkeit zu dicke Beine, breite Hüften, eine frische Gesichtsfarbe, ist gut gewaschen, aber nicht sehr gepflegt; sie hat manikürte dicke Finger, mit einem Siegelring und einem verzierten Ehering. Kurz geschnittenes Haar. Durchaus keine Kleinstädterin, sondern eben eine Frau, die in einer kleinen Stadt wohnt.

Dies sind ihre zehn Glaubenssätze:

I.
Unter dem Kaiser war alles besser.

II.
Ein Oberbuchhalter ist mehr als ein Buchhalter.

III.
Ein Brief darf nicht mit „Ich" anfangen; das ist unhöflich.

IV.
Schuld an dem ganzen Elend sind die Juden. Die Juden sind schmutzig, geldgierig, materiell, geil und schwarz. Sie haben alle solche Nasen und wollen Minister werden, soweit sie es nicht schon sind.

V.
Es gibt natürlich keine Gespenster. Immerhin ist es unheimlich, nachts auf einen Friedhof zu gehen oder allein in einem großen dunkeln Haus zu sein. (Mäuse.)

VI.

Dienstboten sind eine von den Besitzenden verschiedene Rasse; aber sie empfinden das nicht so.

VII.

Wenn man Rhabarber nachzuckert, wird er sauer. (Dieser Satz ist völlig unsinnig; er ist durch ein Mißverständnis entstanden, also unausrottbar.)

VIII.

Kommunismus ist, wenn alles kurz und klein geschlagen wird. In Rußland werden die Frauen vergewaltigt, sie haben eine Million Menschen ermordet. Die Kommunisten wollen uns alles wegnehmen.

IX.

Was allen und mir gefällt, ist hübsch; was allen, mir aber nicht gefällt, ist schön.

X

Alle Welt ist gegen Deutschland – aus Neid.

*

Soweit Frau Pagel. Frau Rechtsanwalt Margot Rosenthal hingegen ist ziemlich groß, eine Spur zu mager, um schlank zu sein, sehr gepflegt, sieht aber nicht immer so aus. Das Haar ist nicht fettig, man denkt aber, es sei fettig. Der Teint ... „Sie glauben nicht, was ich für den Teint schon alles ..."

I.

Christen sind dümmer als Juden und werden aus diesem Grunde „Gojim" genannt.

II.

Natürlich gibt es keine Gespenster. Immerhin muß man aber nicht grade nachts allein auf einen Kirchhof ... ich muß nicht von allem haben.

III.

Ein Mensch, der französische Stiche sammeln und kaufen kann, ist ein gebildeter Mensch.

IV.

Kommunismus ist, wenn alles kurz und klein geschlagen wird. Die Kommunisten wollen uns alles wegnehmen, wo man sich Stück für Stück so mühsam zusammengekauft hat. Arbeiter muß es natürlich geben und man soll sie auch anständig behandeln. Am besten ist es, wenn man sie nicht sieht.

V.

Alle Welt ist gegen die Juden – aus Neid.

VI.

Kunst darf nicht übertrieben sein.

VII.

Wenn man in einem eleganten Hotel sitzt, ist man selber elegant.

VIII.

Bei Gewitter muß man den Gashahn zudrehen. (Siehe Frau Pagel, Ziffer VII: Rhabarber.)

IX.

Nach Paris kann man keinen Mann allein schicken, meinen schon gar nicht. Die Axt im Haus ...

X.
Mein Mann ist zu gutmütig.

*

Soweit Frau Rosenthal.

Und wer pflückt die andern –?

Das Menschliche

„Oberes Bild. Von links nach rechts: Generalintendant T., künstlerischer Beirat L., Betriebsdirektor F., Komparseriechef M., Oberspielleiter P., Dramaturg M., Oberspielleiter S., Spielleiter D., Intendanzsekretär B."

Was ist das –?

Das ist das arbeitende Deutschland von heute. Anders können sies nicht – anders machts ihnen keinen Spaß. Diese Nummern des deutschen Alphabets mit den Metternich-Kanzleititeln vor ihren Namen halten in Wahrheit nur ein mittleres Stadttheater einer Provinzstadt in Ordnung, was immerhin nicht gar so welterschütternd ist. Aber weil es ja keine Angestellten mehr gibt, sondern ganz Deutschland einer Bodenkammer gleicht (vor lauter Leitern kommt man nicht vorwärts) – „leiten" sie alle und wenn es auch nur ein kleines Mädchen an der Schreibmaschine ist, die zusammen mit ihrem Kaffeetopf gern „Abteilung" genannt wird; die leiten sie dann. Es gibt eine „Vereinigung leitender Angestellter", offenbar eine Art Obersklaven, die gern bereit sind, unter der Bedingung, daß sie von oben her besser angesehen werden, kräftiger nach unten zu treten. Die Bezeichnung „Chefpilot" erspart einem Unternehmen etwa zweihundert Mark monatlich.

Im Gegensatz zu diesem Unfug, der jeden mittlern Angestellten zu einem Direktor aufbläst, steht, nach des Dienstes ewig falsch gestellter Uhr, eine süße Stunde. Abends, wenn sich die ersten Lautsprecher gurgelnd übergeben, flutet die Muße über das Land herein: der Betriebsdirektor glättet die Dienstfalte seiner Amtsstirn, der Oberspielleiter klopft dem Spielleiter huldvoll auf die Schultern und nun pladdert das „Menschliche" aus ihnen heraus.

Das „Menschliche" ist das, was sich anderswo von selbst versteht. Bei uns wird es umtrommelt und zitiert, hervorgehoben und angemalt … Wenn der kleinste Statist unter den weißen Jupiterlampen fünfundzwanzig Jahre lang die gebrochenen Ehrenworte der Filmindustrie aufgesammelt hat, dann gratulieren die Kollegen „dem Künstler und dem Menschen", was sie – Dienst ist Dienst und Schnaps ist Schnaps – sorgfältig zu trennen gelernt haben. Der Künstler ist eines und der Mensch ist ein andres.

Aus dem „Menschlichen" aber, das man nie mehr ohne Anführungsstriche schreiben sollte, ein eignes Ressort gemacht zu haben, ist den Deutschen vorbehalten geblieben, die sich so ziemlich im Gegensatz zur gesamten andern Welt einbilden, es gäbe etwas „rein Dienstliches", oder, noch schlimmer: „rein Sachliches". Wenn die Herren Philologen mir das freundlichst in eine andere Sprache übersetzen wollen – ich vermag's nicht.

Jede Anwendung dieses törichten Modewortes „menschlich" bedeutet das Eingeständnis an das „Dienstliche", das in Deutschland das „Menschliche" bewußt ausschließt oder es allenfalls, wenn der Vorgesetzte gerade nicht hinsieht, aus Gnade und Barmherzigkeit hier und da ins Amtszimmer hineinschlüpfen läßt. Zu suchen hat es da viel, aber es hat da nichts zu suchen.

Es ist ein deutscher Aberglaube, anzunehmen, jemand könne durch künstliche und äußerliche Ressorteinteilungen seine Verantwortung abwälzen; zu glauben, es genüge, eine Schweinerei als „dienstlich" zu bezeichnen, um auf einem neuen Blatt à conto „Menschlichkeit" eine neue Rechnung zu beginnen; zu glauben, es gebe überhaupt irgendetwas auf der Welt, in das sich das menschliche Gefühl, hundertmal verjagt, tausendmal wiederkommend, nicht einschleiche. „Es ist ein Irrtum," hat neulich in Stettin ein Unabsetzbarer im Talar gepredigt, „zu glauben, die Geschworenengerichte hätten nach dem Gefühl zu urteilen – sie haben lediglich nach dem Gesetz zu urteilen." So sehen diese Urteile auch aus, seit die Unabsetzbaren die Laien beeinflussen – denn ein Urteil „lediglich nach dem Gesetz" gibt es nicht und kann es nicht geben.

Aber das ist die deutsche Lebensauffassung, die die Verständigung mit andern Völkern so schwer macht. Das „Menschliche" steht hierzulande im leichten Ludergeruch der Unordnung, der Aufsässigkeit, des unkontrollierbaren Durcheinanders; der Herr Obergärtner liebt die scharfen Kanten und möchte am liebsten bis Dienstschluß alle Wolken auf Vorderwolke anfliegen lassen, bestrahlt von einer quadratischen Sonne ... Sie haben sich das genau eingeteilt: das „Dienstliche" ist hart, unerbittlich, scharf, rücksichtslos, immer nur ein allgemeines Interesse berücksichtigend, das sich dahin auswirkt, die Einzelinteressen schwer zu beschädigen – das „Menschliche" ist das leise, in Ausnahmefällen anzuwendende Korrektiv sowie jene Stimmung um den Skattisch, wenn alles vorbei ist. Das „Menschliche" ist das, was keinen Schaden mehr anrichtet.

Sie spielen Dienst. Eine junge Frau besucht ihren Mann, der ist Kellner in einem kleinen Café. In Frankreich, in England, in romanischen Ländern spielt sich das so ab, daß sie ihn in der Arbeit nicht stören wird, ihm aber natürlich herzhaft und vor allen Leuten Guten Tag sagt. Bei uns –? Bei uns spielen sie Dienst. „Denn er ist im Dienst und darf nicht aus der Rolle fallen, sonst gibt es Krach mit dem Chef, der hinter dem Kuchentisch steht." Er darf nicht aus der Rolle fallen ... Sie spielen alle, alle eine Rolle.

Sie sind Betriebsdirektoren und Kanzleiobersekretäre und Komparseriechefs und wenn sie es eine Weile gewesen sind, dann glauben sie es und sind es wirklich. Daß jedes ihrer Worte, jede ihrer Handlungen, ihr Betragen, ihre Ausflüchte und ihre Sauberkeit bei der Arbeit, ihre Trägheit des Herzens und ihr Fleiß des Gehirns vom „Menschlichen" herrühren, das sie, wie sollte es auch anders sein, nicht zu Hause gelassen haben, weil man ja seine moralischen Eingeweide nicht in der Garderobe abgeben kann –: davon ahnen sie nichts. Sie sind im

„Dienst"; wenn ich im Dienst bin, bin ich ein Viech und ich bin immer im Dienst.

Sie teilen, Schizophrenie eines unsichtbaren Parademarsches, ihr Ich auf. „Ich als Oberpostschaffner" … schreibt einer; denn wenn er seine Schachspielerqualitäten hervorheben will, dann schreibt er: „Ich als Mitglied des Schachklubs Emanuel Lasker." Der tiefe Denkfehler steckt darin, daß sie jedesmal mit der ganzen Person in einen künstlich konstruierten Teil kriechen; als ob der ganze Kerl Schachspieler wäre, durch und durch nichts als Schachspieler …! „In diesem Augenblick, wo ich zu Ihnen spreche, bin ich lediglich Vormundschaftsrichter" – das soll er uns mal vormachen! Und er macht es uns vor, denn es ist sehr bequem.

Daher alle die Ausreden: „Sehen Sie, ich bin ja menschlich durchaus Ihrer Ansicht" – daher die im tiefsten feige Verantwortungslosigkeit aller derer, die sich hinter ein Ressort verkriechen. Denn wer einem schlechten System dient, kann sich nicht in gewissen heiklen Situationen damit herausreden, daß er ja „eigentlich" und „menschlich" nicht mitspiele … Dient er? Dann trägt er einen Teil der Verantwortung.

Und so ist ihr deutscher Tag:

Morgens steht der Familienvater auf, drückt als Gatte einen Kuß auf die Stirn der lieben Gattin, küßt die Kinder als Vater und hat als Fahrgast Krach auf der Straßenbahn mit einem andern Fahrgast und mit dem Schaffner. Als Steuerzahler sieht er mißbilligend, wie die Straßen aufgerissen werden; als Intendanzsekretär betritt er das Bureau, wobei er sich in einen Vorgesetzten und in einen

Untergebenen spaltet; als Gast nimmt er in der Mittagspause ein Bier und eine Wurst zu sich und betrachtet als Mann wohlgefällig die Beine einer Wurstesserin. Er kehrt ins Bureau zurück, diskutiert beim Kaffee, den er holen läßt, als Kollege und Flachwassersportler mit einem Kollegen einige Vereinsfragen, schält einen Dienstapfel, beschwert sich als Telephonabonnent bei der Aufsicht, hat als Onkel ein Telephongespräch mit seinem Neffen und kehrt abends heim – als Mensch? „Il est arrivé!" sagte jemand von einer Berühmtheit. „*Oui*", antwortete Capus, „*mais dans quel état!*"

Der deutsche Mensch, der auch einmal „Mensch sein" will, eine Vorstellung, die mit aufgeknöpftem Kragen und Hemdsärmeln innig verknüpft ist – der deutsche Mensch ist ein geplagter Mensch. Nur im Grab ist Ruh ... wobei aber zu befürchten steht, daß er als Kirchshofsbenutzer einen regen Spektakel mit einem nicht konzessionierten Spuk haben wird ...

Statt guter Gefühle die Sentimentalität jaulender Dorfköter; statt des Herzens eine Registriermaschine: Herz; statt des roten Fadens „Menschlichkeit", der sich in Wahrheit durch alle Taue dieses Lebensschiffes zieht, die Gründung einer eignen Abteilung: Menschlichkeit – nicht einmal Entseelte sind es. Verseelt haben sie sich; die Todsünde am Leben begangen; mit groben Fingern Nervenenden verheddert, verknotet, falsch angeschlossen ... und noch der letzte Justizverbrecher im Talar ist nach der Untat, unter dem Tannenbaum und am Harmonium, in Filzpantoffeln, auf dem Sportplatz und im Paddelboot, rein menschlich ein menschlicher Mensch.

Was soll er denn einmal werden –?

Nämlich Ihr Sohn. Ja, wie ist er denn? Von leichter Trägheit? mehr schlau als klug? mehr Sitzfleisch als Charakter? etwas Intrigant?

Kaufmann ... nein, Sie haben recht: dazu gehört, trotz der Bureaukratisierung der deutschen Industrie, Initiative, wenn er nicht ewig ein Pultknecht bleiben will, Entschlußkraft, Fixigkeit: sonst wird es nichts. Kaufmann – das ist wohl nichts für ihn.

Zum Ingenieurberuf hat er keine Neigung? Arzt? Nein? Künstlerische Anlagen – nichts? Seien Sie froh. Aber was sagen Sie da? Es gibt nur eine Sache auf der Welt, die er scheut? Erzählen Sie bitte.

Ihr Junge ist der Mensch, der seit seiner frühesten Kindheit „nichts dafür kann"? Der ständig, immer und unter allen Umständen, ablehnt, die Folgerungen aus seinem Verhalten zu ziehen? der die Vase nicht zerbrochen hat, die ihm hingefallen ist? der die Tinte nicht umgegossen hat, die er umgegossen hat? der immer, immer Ausreden sucht, findet, erfindet ... kurz, der eine gewaltige Scheu vor der Verantwortung hat? Ja, dann gibt es nur eines.

Lassen Sie ihn Beamten werden. Da trägt er die Verantwortung, aber da hat er keine.

Nehmen wir einmal an, der Junge werde Lokomotivführer und da geschieht es ihm, daß er aus Übermüdung nach zehn Stunden Dienst, aus Unachtsamkeit, aus einem jener unerklärlichen Zufälle heraus ein Signal überfährt und seinen Zug auf einen andern setzt. Achtundzwanzig Tote, neununddreißig Schwerverletzte. Wie meinen Sie? Er kann sich auf den Nebel berufen, sich auszureden versuchen …? Ah, Sie kennen Ihr eigenes Land nicht! Es wird ihm alles nichts helfen. § 316 StGB – Gefängnis von einem Monat bis zu drei Jahren; und wenn er auf einen tüchtigen Staatsanwalt trifft, so wird der schon noch etwas andres für ihn herausfinden … haben Sie keine Sorge. Ja, es ist eben ein verantwortungsvoller Posten und den Letzten beißen die Hunde.

Als Arzt ist die Sache schon einfacher – eine Verurteilung bei Kunstfehlern ist nur auf Grund von Gutachten möglich und ehe da einer den andern hineinreitet … aber immerhin: möglich ist's schon.

Als Kaufmann … bedenken Sie bitte, was geschieht, wenn er in einem großen Betriebe ernsthaft patzt. Ist er ein kleiner Angestellter, fliegt er sofort hinaus – ist er ein großer, so kann er sich zwar drehen und wenden, aber die Börse hat ein wirklich Gutes: sie ist im besten Sinne wundervoll verklatscht und wer dort einmal als unzuverlässig ausgeschrien wird, der hats sehr schwer. Das Gesetz? Ach, das interessiert die Börsianer nicht so sehr. Sie machen sich ihr Gesetz allein und es ist besser als das geschriebene, das kann ich Ihnen versichern. Es gibt da so eine Art stillen Boykotts, ganz leise, fast unmerklich – auf einmal ist es mit dem Verfemten vorbei. Die Frage dieser Verantwortung regelt sich ganz von selbst.

Überall also, liebe Frau, wird Ihr Junge, wenn's hart auf hart geht, für das einstehen müssen, was er angerichtet hat. Das ist schon so im Leben.

Nur an einer Stelle nicht. Nur in einer Klasse Menschen nicht. Nur in einer einzigen Position nicht. Als Beamter.

Wie das gemacht wird? Und ob's auch keiner merkt? In welchem Erdteil leben Sie? Auf dem Mond?

Zunächst kommt es zur Erlangung einer Beamtenstellung in zweiter Linie auf die Kenntnisse an. In erster darauf, daß jener dem Beamtenkörper, in den er eintritt, auch paßt, daß er sich mühelos in den Organismus einfügt, der nicht etwa, wie Sie, liebe Frau, zu glauben scheinen, der Zusammensetzung der Bevölkerung entspricht. Dieser Körper hat vielmehr seine eigenen Gesetze, seine von ihm und für ihn erfundenen Tugenden und Fehler, er nimmt nur an, was ihn lebenstüchtiger macht und er stößt mit unfehlbarem Instinkt ab, was ihn schwächen könnte. Er führt ein Eigenleben. Er schwimmt oben wie Öl auf dem Wasser.

Ist es ihm nun gelungen, hier einzudringen, hat er die durchschnittlichen Kenntnisse und ist er dem Organismus genehm, dann sitzt er so ziemlich wie in Abrahams Schoß. Verstößt er nur nicht gegen die ungeschriebenen Regeln eines stillen Codex, poltert er nur nicht gegen die ehernen Pfeiler dieses unsichtbaren Doms –: dann wird ihm nichts geschehen.

Erleben Sie es oft, daß dieser Beamtenorganismus seine Angehörigen an die Strafbehörden ausliefert? Das geschieht fast nie. Also, so denken Sie, liebe Frau, wird da wohl auch nichts vorkommen. Es kommt aber genau so viel vor wie in allen andern Berufen – nur kräht kein Richter danach, weil eine Krähe … nehmen Sie nur einen Stuhl, liebe Frau und hören Sie gut zu.

Wenn zum Beispiel jemand, sehend oder blind, die Valuta seines Landes zugrunde richten läßt, so daß Millionen von Menschen ihr sauer erspartes Vermögen bis auf den letzten Pfennig verlieren; wenn einer die Arbeiter niederschießen läßt, wo sie nur stehen und wenn er sich brutaldumpf in der Sonne der Gunst uniformierter Verbrecher spiegelt; wenn einer ableugnet, daß es in seinem Bereich jemals Verstöße gegen das Gesetz gegeben hat, wenn seinetwegen die Leute in den Gefängnissen und Zuchthäusern zu Hunderten sitzen; wenn sich einer bei Vergebung von staatlichen Krediten von einem gerissenen litauischen Pferdejuden übers Ohr hauen läßt, weil seine in der Beamtenlaufbahn ersessenen Kenntnisse es ihm nicht gestatten, wie ein moderner Kaufmann zu disponieren; wenn einer aus Karrieresucht, aus falsch verstandener Schneidigkeit, aus Autoritätssadismus ein Todesurteil fahrlässig durchdrückt, dessen zugrunde liegende Indizien zusammengeschludert sind ... was meinen Sie, liebe Frau, geschieht mit solchen, wenn ihre Untaten bekannt und erkannt sind?

Dann machen sie Erholungsreisen, liebe Frau. Dann fahren sie um die Welt, liebe Frau. Von jenem Schreibersmann Michaelis an, der einer bereits geistesschwach gewordenen Umwelt als Reichskanzler präsentiert wurde, bis zum letzten Kriegsminister –: es ist immer dasselbe. Vorher, wenn sie am Werk sind, reißen sie das Maul auf und weisen auf die schwere Verantwortung hin, die sie tragen. Ja, worin besteht denn die –? Etwa, wie bei jedem Kaufmann und Chauffeur, in der Möglichkeit, bei fahrlässig herbeigeführtem Mißerfolg strafrechtlich zu büßen, was staatsrechtlich begangen wurde –? Daran kann sich kein

Deutscher gewöhnen. Das Äußerste, was sich diese verkorksten Revolutionäre abringen, sind, erschrecken Sie nicht, liebe Frau, „Untersuchungskommissionen"; die kommissionieren und untersuchen und fragen und lassen sich von den Zeugen anschnauzen und kuschen und lassen Protokolle drucken und sitzen dann wieder auf geduldigen Gesäßen ... Bestraft wird keiner. Mit seinem Vermögen zahlt keiner. Eingesperrt wird keiner. Ein Versuch, ein einziger und der deutsche Beamte täte überhaupt nichts mehr. Was? Er soll wirklich und wahrhaftig die Verantwortung tragen, wenn er etwas falsch gemacht hat? Er soll büßen, wenn er etwas ausgefressen hat? Während er doch nur, liebe Frau, ausführte, was ihm seine vorgesetzte Behörde befahl, oder während der Fehler doch nur bei der untergeordneten Behörde lag, oder während es sich nur um einen Kompetenzkonflikt handelte? Liebe Frau –!

Wenn Ihr Junge in der Schule nicht versetzt wird, dann darf er mit Ihnen nicht ins Theater gehen. Wenn ein Minister seine Aufgabe bis zum blamablen Zusammenbruch verfehlt hat, Fehler auf Fehler gehäuft, gelogen, aber schlecht gelogen, so schlecht gelogen, daß nicht einmal das Gegenteil von dem wahr war, was er sagte, geschoben, aber dumm geschoben, getäuscht, aber unvollkommen getäuscht –: dann geschieht was? Dann fährt er, unwiderruflich, liebe Frau, ins Ausland. Zur Erholung, liebe Frau.

Und so sieht sein Tag aus –:

Er erwacht in einem schönen sprungfedrigen Bett, in einem weiten, gut gelüfteten Raum, im Hotel etwa ... Er dehnt und streckt sich noch einmal, denn ins Amt braucht er heute nicht zu gehen, sacht erhebt er sich, wäscht sich mit wollüstiger Langsamkeit, so gründlich, wie es in der jeweiligen Familie üblich ist; er bindet sich den Stehkragen um, merkwürdig, welche Vorliebe deutsche Minister für Stehkragen am falschen Ort haben! – und dann wandelt er hinaus ins Freie. Etwa in die südamerikanische Landschaft oder in die asiatische; dort wird er festlich empfangen und hofiert und Diener machen Verbeugungen und er besichtigt irgendetwas: ein Nationaldenkmal oder eine Kinderwagenfabrik oder eine Universität für taubstumme Opernsänger ... Seine Landsleute umstehen ihn. Und dann wird es plötzlich still um ihn und er hält eine Rede und während auf seinem Herzen der Brief der Deutschen Republik knistert, die ihm mitteilt, daß die fällige Quote seiner Pension, wie verabredet, an die Disconto-Gesellschaft überwiesen worden ist, hält er seine Rede und beschimpft sehr vorsichtig, sehr fein, mit jener verschlagenen Dummdreistigkeit, die das hervorragende Kennzeichen seines Standes ist, eben diese Republik. Er weiß: sie wehrt sich nicht. Er war ja die Republik; er kennt sie.

Und dann, liebe Frau, fährt er im Auto umher oder in einer Dampfbarkasse und sieht mit seinen runden Brillenaugen die schöne Welt an, die ihm eine Staffage ist, er sieht sie an wie ein besichtigender General, mit jenem Blick, der vorgibt, alles zu sehen und der doch blind ist bis in den letzten Nerv hinein – und dann setzt er sich mit Muttern, denn Mutter hat er mitgenommen, aufs Schiff und fährt zurück in die liebe Heimat. Und da wird er dann Aufsichtsrat, wegen seiner guten Beziehungen zu den Behörden und weil er beamtisch sprechen kann; und intrigiert ein bißchen in den politischen Parteien und wenn er besonders wild ist, dann aspiriert er auf den Präsidentenposten ... liebe Frau, die Welt ist so reich.

Man nennt das: Studienfahrt.

Und währenddessen hocken seine Opfer in den Zellen; und währenddessen schuften die von ihm geschädigten alten Leute wieder in irgendeinem Papiergeschäft oder trappeln als Versicherungsagenten auf den Straßen; und währenddessen prozessieren Tausende seinetwegen und laufen Zehntausende auf ein Amt und klagen Hunderttausende, denen er durch seine Politik das Lebensglück abgeschnürt hat ... immer mit der Verantwortung. Die der Blitz aber verschont hat, stehen mit pfiffigen Mienen herum, nennen ihre charakterlose Schwäche Demokratie und wenn jener Geschichten macht, so sagen sie: „Die Geschichte wird richten." Das tut nicht weh.

Eher, liebe Frau, bricht sich einer, der auf einen Stuhl steigt, ein Bein, als daß einem deutschen Minister etwas passiert und wenn er noch so viel Bösen angerichtet hat. Es ist das gefahrloseste und das verantwortungsloseste Metier von der Welt.

Liebe Frau, lassen Sie Ihren Sohn Beamten werden.

Ozean der Schmerzen

Der Preußenhimmel

Petrus (vor einer Engelsfront): Brust raus, der rechte Flügelmann! Was ist das wieder für eine himmelschreiende Richtung! Wollt ihr die Heiligenscheine zusammennehmen! Der zweite Engel mehr nach hinten! So – so … Halt! Bei allen Heiligen! – Nicht mit den Flügeln wackeln! Ganze Abteilung – kitt! Ganze Abteilung – kitt!

DER LIEBE GOTT (von rechts)

PETRUS: Achtung! Augännnnnn – rechts! (Ruck) Ein Petrus – zwei Oberengel – siebenundachtzig Engel zum Exerzieren angetreten.

DER LIEBE GOTT: Danke. Mojn, Leute!

DIE ENGEL (in einer Silbe): Guten Morgen, lieber Gott (sprich: Bau!)

DER LIEBE GOTT: Na, gibts was Neues, lieber Petrus?

PETRUS: Nein, Exzellenz!

DER LIEBE GOTT: Sehn gut aus, die Leute! Kriegt ihr eure Löhnung auch pünktlich?

DIE ABTEILUNG: Zu Befehl, lieber Gott!

DER LIEBE GOTT: Lassen Sie die Leute wegtreten!

PETRUS: Weggetreten! (Abteilung ab)

DER LIEBE GOTT: Komm Sie mal mit in die Kanzlei, mein lieber Petrus! Wolln uns mal den Zugang ansehn!

PETRUS: Zu Befehl, Exellenz!

(In der Aufnahmekanzlei)

EIN ARBEITER (beschmutzter und aufgerissener Rock. Zerschlagenes Gesicht. Zerschlagene Hände. Hinkt.

Richtet sich mühsam auf, als er des lieben Gottes ansichtig wird): Guten Morgen!

PETRUS: Warten Sie gefälligst, bis Sie gefragt wern! Und nehm Sie mal hier 'ne stramme Haltung an, vastanden! Sie sind hier nicht in ihrem sozialdemokratischen Parteibureau! Heißen?

DER ARBEITER: Pettenkofer!

PETRUS: Ich bin Wachtmeister. Heißen?

DER ARBEITER: Pettenkofer.

PETRUS: Pettenkofer, Herr Wachtmeister, heißt das, du dußlige Sau! Wie heißt das?

DER ARBEITER: Pettenkofer, Herr Wachtm ... ach, entschuldigen Sie, bin ich hier richtig, im Himmel?

PETRUS: Halten Sies Maul, wenn Sie mit mir reden! Was willst du hier?

DER ARBEITER: Ich wurde bei Marburg ermordet. Mein Leib lag auf der Chaussee. Studenten erschossen mich. Mein Tod ist ungesühnt.

DER LIEBE GOTT (erhebt sich in seiner ganzen Größe. Gardemaß): Scheren Sie sich raus! Was glauben Sie denn eigentlich! Meinen Sie, wir sind hier in einem Kommunistennest? Wenn die braven Marburger kommen, werden wir sie aufnehmen! Sie nicht! Raus! Scher dich zum Teufel!

DER ARBEITER (stumm ab)

DER LIEBE GOTT (drin): Was sich diese Leute alles einbilden! Noch liegt Deutschland unter meinem Himmel und liegt mein Himmel über Deutschland!

PETRUS: Zu Befehl, Exzellenz!

DER ARBEITER (draußen): Wahrlich, so wie es drunten ist, so wird es auch droben sein! Die Hölle? Ich bin vier Jahr Soldat gewesen.

DER LIEBE GOTT (drin): Wissen Se – ist doch 'n janz anderer Zug im Himmel, seitdem mich Willem zum preußischen lieben Gott ernannt hat. Der hohe Alliierte droben, hat er immer jesagt... Schade, daß er den Krieg verloren hat! War doch alles so nett organisiert...! Hatn auch eijentlich gar nicht verloren... Die andern haben bloß jesiegt –! Petrus!

PETRUS: Exzellenz?

DER LIEBE GOTT: Noch jemand?

PETRUS: Werde gleich mal nachsehn, Exzellenz! (öffnet eine Tür) Zugang?

EINE STIMME: Jawohl.

PETRUS: Rein!

DER ZUGANG (preußische Leutnantsuniform. Knallt an der Tür die Hacken zusammen, daß der Kalk von den Wänden rieselt)

DER LIEBE GOTT: Bitte, Petrus.

PETRUS: Name?

DER ZUGANG: Arco-Valley.

PETRUS: Beruf?

DER ZUGANG: Bayerischer Nationalheld.

PETRUS: Zuletzt wohnhaft?

DER ZUGANG: Polizeilich gemeldet: Zuchthaus Straubing. Daselbst lebenslänglich verbüßt: einen Monat. Aufenthaltsort: München. Bin mit eijenem Fluchzeug hier raufjeflogen.

PETRUS: Himmlische Qualifikationen?

DER ZUGANG (hebt die rechte Hand. Es klebt Blut daran)

DER LIEBE GOTT (interessiert): Ah–?

DER ZUGANG (sehr stramm): Eisner, Exzellenz.

DER LIEBE GOTT (befriedigt): Soso – soso. Weiter, Petrus.

PETRUS: Na, Herr Baron, wissen doch aber ... Du sollst nicht ... Herr Baron sollen nicht töten?

DER ZUGANG (herunterrasselnd): Ich habe von meinem nationalen Recht der Notwehr Gebrauch gemacht, indem ich einen landfremden Schädling beseitigte, wie es mir mein Gewissen befahl. Der Dank aller Guten ist mir gewiß, von einer Prokuristenstellung gar nicht zu reden.

PETRUS: Bon. Schwere Arbeit jewesen, Herr Baron?

DER ZUGANG: Von hinten erschossen, Wachtmeister.

PETRUS (fragender Blick zum lieben Gott. Der nickt): Passiert!

DER ZUGANG: Danke gehorsamst. (ab)

DER LIEBE GOTT: Kolossal ordentlicher Mann. Und wir rüsten nicht ab und unsere himmlische Wehr behalten wir auch – und unsere Fahne ist schwarz-weiß-rot – und wenn ich alle guten Preußen und deutschen Soldaten erst bei mir hier oben habe –: dann wird mir ganz wohl sein!

PETRUS: Mir auch, Exzellenz!

DAS DEUTSCHE ARBEITERVOLK (von unten): Uns auch, Exzellenz! Uns auch –!

Am Grabe von Hans Paasche

Wir stehen am Grabe des Kommunisten und Pazifisten Hans Paasche, der uns nach Gottes und der Reichswehr unerforschlichen Ratschluß vorgestern ziemlich sanft entrissen worden ist, Korn, halblinks oben. Lobsinget, lobsinget Gott! Lobsinget, lobsinget unserm Könige! (Psalm 47, 7).

Wie man einen Knaben gewöhnet, so läßt er nicht davon, wenn er alt wird (Sprüche 22, 6). So hat auch unser lieber Verstorbener schon als junger Mensch Idealen nachgehangen, die nicht wohlgefällig waren der Obrigkeit und als der glorreiche Krieg beendet war, maßte er sich an, über seine Kameraden eine gar böse Zunge zu führen. Und was deines Amts nicht ist, davon laß deinen Vorwitz (Sirach 3, 24). Unser lieber Verstorbener tat aber nicht also und die Kriegsleute sprachen untereinander: „Wer mich ehret, den will ich auch ehren; wer mich aber verachtet, der soll wieder verachtet werden" (1. Samuel 2, 30).

Denn diese Beerdigung ist das Werk unsrer Kriegesmacht und sie tat wohl daran und sie reicht von einem Ende zum andern gewaltiglich und regiert alles wohl (Weisheit 8, 1). Jammer und Elend ist im Jahre 1918 nach Christi Geburt über die Kriegsleute hereingebrochen. Die große Zeit und das Kasino waren dahingefahren wie ein Strom; der Most verschwindet, der Weinstock verschmachtet und alle, die von Herzen fröhlich waren, seufzen (Jesaja 24, 7). Denn die Kriegsleute hatten geraubt, ein jeglicher für sich (4. Mose 31, 53); sie säen nicht, sie ernten nicht, sie sammeln nicht in die Scheuern und ihr himmlischer Vater nähret sie doch (Matthäus 6, 26). Und die Kriegsmacht hing noch immer dem rechtmäßigen Kaiser an, nach dem Spruche, der da lautet: Gib einen alten Freund nicht auf, denn du weißt nicht, ob du so viel am neuen kriegst. Und es hing die Kriegsmacht zum zweiten an dem Knecht im Herrn, Ludendorff; es war aber in ganz Israel kein Mann so schön als Absalom und hatte dieses Lob vor allen; von seiner Fußsohle an bis auf seinen Scheitel war nicht ein Fehl an ihm (2. Samuel 14, 25). Und der Herr sprach zu ihm: Tue deinen Mund weit auf (Psalm 81, 11). Und er tat den Mund weit auf und kehrte die Städte um und die ganze Gegend und alle Einwohner der Städte und was aus dem Lande gewachsen war (1. Mose 19, 25).

Und viel Volkes kam im Kriege um, nicht aber die Führer der Kriegsknechte; sie gingen trocken mitten durchs Meer und das Wasser war ihnen für Mauern zur Rechten und zur Linken (2. Mose 14, 29).

Und Gott sprach zu Noske: Meine Knechte sollen neu wiederhergestellt werden; und gib jedem einen neuen bunten Rock und unten an seinem Saum sollst du Granatäpfel machen von blauem und rotem Purpur und Scharlach um und um und zwischen dieselben güldne Schellen auch um und um (2. Mose 28, 33).

Da aber fuhr der Blitz des Herrn hernieder und traf den Aussätzigen und er traf gut und alles, was Odem hat, lobe den Herrn! (Psalm 150, 6).

Und wieder erhob sich der böse Feind, dem auch leider unser lieber Verstorbener angehört hat und fing an zu locken und sprach von Bestrafung und dem irdischen Gericht. Aber mein ist die Rache, spricht der Herr. Und wahrlich, ich sage euch, Kriegsknechte, seid ruhig. Denn ihr habt gehandelt nach dem Wort, das da gilt für die Pazifisten: Gib ihnen nach ihrer Tat und nach ihrem bösen Wesen, gib ihnen nach den Werken ihrer Hände, vergilt ihnen, was sie verdienet haben (Psalm 28, 4).

Und seid ohne Sorge vor dem gradezu himmlischen Reichsgericht; es handelt nicht immer mit uns nach unsern Sünden und vergilt uns nicht immer nach unserer Missetat (Psalm 103, 10). Und seid ohne Sorgen vor dem Knecht Gottes Geßler: denn der Herr verstößt nicht ewiglich; sondern er betrübt uns wohl und erbarmet sich wieder nach seiner großen Güte (Klagelieder 3, 32, 33). Und wahrlich, ich sage euch: Zur Seite stehet euch der Kriegsgerichtsrat; es ist mancher scharfsinnig, aber ein Schalk und kann die Sache drehen, wie ers haben will (Sirach 19, 22).

Der da aber ruhet im Grabe, daß man ihm in christlicher Vergebung seiner Sünden noch geschaufelt hat – ihm sei verziehen! Unendlich ist unsere Sanftmut und Milde; wenn wir erst einen hinübergebracht haben, dann verzeihen wir ihm! Ruhm und Preis aber denen, die den Willen Gottes und seinen Rachestrahl also gelenket und ausgeführt haben!

Ich entlasse euch, meine liebe Gemeinde, nach dem Wort des Evangelisten Lukas (10, 37): Gehet hin und tuet desgleichen! Und blicket auf zum Knecht Gottes, Bobby Weismann (Lützow 3859), der euch den Weg vorgezeichnet hat und den Gott erhalten möge. Amen –!

Justitia schwooft!

Für Berthold Jacob

Nachts im Treppenhaus des Berliner Kriminalgerichts

DIE JUSTITIA, die tagsüber in Stein gehauen dasteht, löst sich von der Wand und tappt, mit verbundenen Augen, einige Schritte vorwärts. Im Halbdunkel leuchtet auf dem Boden ein weißer Strich. Sie geht darauf.

DIE JUSTITIA: Diese verdammte Binde –! Fort mit dem Zeug – jetzt siehts ja keiner! Ratsch – da liegt die Wage – ich weiß doch, wie gewogen wird – und· – Bautsch! da das Schwert! Hol doch der Teufel diesen ganzen Betrieb! Ein netter Aufenthalt so weit – wo ist der Spiegel? (Sie spiegelt sich in einer Glastür. Ordnet ihr Haar. Legt Rot auf, Puder, Lippenstift.) Sie trällert leise vor sich hin:

Von vorne – von vorne – da ist er ganz von Horne –
von hinten – von hinten ...

DIE UHR: Bim – Bam – Bum!

DIE JUSTITIA: Hab ich mich erschrocken! Das ... das war nur die Uhr ...! Na, Uhr – wie gehts denn?

DIE UHR: Bum –

DIE JUSTITIA: Wir beide werden auch nicht jünger, wie? Na, wieviel schlägts denn jetzt bei dir, in der Republike?

DIE UHR: Bum – bim – bam – bum – bim – bam – bum – bam – baum – bim – baum – bum – bum!

DIE JUSTITIA: Dreizehn! Allerleihand! Und ich halte mich hier mit politischen Gesprächen auf! – Wo bleibt er denn? Ei, dort kommt er ja just –!

DER STAATSANWALT: (pfeift auf zwei Fingern)

DIE JUSTITIA: Ludwig! Wo bleibst du so lange!

DER STAATSANWALT: Meechen …! (Kuß) Wo ick solange bleibe? Akten ha'ck jeschmiert … Bolschewistensachen!

DIE JUSTITIA (an seiner Schulter): Du sorgst so nett für Kundschaft, Luichen!

DER STAATSANWALT: Allemal. Det du mir die Brieder bloß richtig behandelst! Die Feinen fein – und die Kerls, na: Reichsgericht.

DIE JUSTITIA: Luichen – mach ichs vielleicht nicht richtig? Marburg? Marloh? Frag mal in Leipzig, warum daß die Talare von meine Reichsgerichtsräte so rot sind –

DER STAATSANWALT: Dette mir den Ledebour freijesprochen hast – det kann ick da heute no nich vasseihn!

DIE JUSTITIA: Nich haun!

DER STAATSANWALT: Seh dir vor, Meechen! Treib ick dir dassu die Kundschaft zu? Watt ziehste dir aus? Zieh doch die Jungens aus! Wozu hab ick dir denn det Jeschäft lern lassn?

DIE JUSTITIA: Luichen! Wo machen wir denn heute ahmt hin?

DER STAATSANWALT: Heute nacht? Jehn wa schwoofn! Ins Auditorium Maximum von de Universität! Die janzen Rektoren sind da – lauter orntliche

Leute – Reserveoffiziere und so. Kannste was erben! Benimm dir!

DIE JUSTITIA: Ick wer dir schonst keine Schande machn! Ich will auch immer dein braves Mädchen sein … Mich sieht keiner nackt, aber ich seh sie alle. Du süßer Paragraphenlehrling!

DER STAATSANWALT: Streiker und Revoluzzer und Demokraten und Spartakisten und Unabhängige und Pennbrüder und Pazifisten und Schriftsteller und Kommunisten und all das Pack – wohin?

DIE JUSTITIA: Ins Kittchen, Luis!

DER STAATSANWALT: Und die Offiziere? Und die feinen Leute? Wohin?

DIE JUSTITIA: Raus aus die Anklagebank, Luis!

DER STAATSANWALT: Und wenn sie Republik spielen – was tun wir?

DIE JUSTITIA: Wir bleiben unserm Kaiser treu!

DER STAATSANWALT: Denn was haben wir?

DIE JUSTITIA: Wir haben die Unabhängigkeit der Justiz!

(Achtunddreißig Hühner treten auf, lachen und trippeln wieder ab.)

DER STAATSANWALT: Und die Wage?

DIE JUSTITIA: Hängt schief.

DER STAATSANWALT: Und die Binde?

DIE JUSTITIA: Hat Gucklöcher.

DER STAATSANWALT: Und das Schwert?

DIE JUSTITIA: Ist zweischneidig. Komm, Luis, gehen wir tanzen!

DER STAATSANWALT (mit Überzeugung): Du süße Sau –! (er pfeift auf zwei Fingern)
BEIDE: Justitia geht schwoofen! – Haste so was schon gesehn! – Sie biegt sich und schmiegt sich – man läßt es geschehn! – So tief duckt kein Knecht sich – wie diese Nation – Justitia, die rächt sich – für die Revolution! – Die Deutschen, die dofen – die geben schon Ruh – Justitia geht schwoofen – sie hats ja dazu –!
(Beide keß tanzend ab)

Der Sadist der Landwehr

Erschienen im „Vorwärts", am 6. Juli 1914

Wenn die alten Herren kriegswütig werden, ist das von je eine possierliche Sache gewesen. Der Bart sträubt sich, die Äuglein blitzen und da soll doch auf den Erbfeind gleich ein Hämorrhoidonnerwetter herunterfahren! „Weil wir nicht kriegsbereit sind!"

So heißt eine kleine Broschüre, die ein Medizinalrat und Stabsarzt der Landwehr außer Diensten geschrieben hat. Ich denke, daß Name und Verlag nichts zur Sache tun, denn ich möchte nicht, daß jemand für das Heftchen Geld ausgibt. Wenn der kleine Aufsatz wirklich, wie der Verfasser es nennt, ein Beitrag „zur Psychologie des Imperialismus" ist, dann kann einem diese Geistesrichtung nur leid tun.

Dieser Stabsarzt hat wohl nie in seinem Leben den mordenden Säbel, sondern immer nur das Hörrohr gezückt und er hat wohl nie geschossen, es sei denn daneben. Und nun greift er auf das Jahr 1813 zurück und beschreibt die Grausamkeiten und Schlächtereien dieser Jahre mit so intensivem Vergnügen, daß man ihm den Titel Medizinalsadist nicht mehr verweigern darf. Er spricht von der „Halalischlacht" von Waterloo und wälzt sich noch einmal freudig stöhnend im Blute der Gefallenen. Nach diesem Akt, in dem Blücher ein „titanischer Prolet" genannt wird, hat er genug. „Verschonen wir uns mit ferneren Details! Ich – es muß endlich heraus – ich kann diesen Leuten nicht böse sein! Im Gegenteil! Im allerschärfsten Gegenteil!" Und dann teilt er jedes Volk in zwei Klassen, in die geborenen Krieger und in die anderen (und die seien in der Mehrzahl): „Menschen, denen es mehr oder weniger Mühe macht, Courage aufzubringen." Früher, in der guten alten Zeit, hätten bei den Söldnertruppen wohl nur die geborenen Krieger gekämpft. „Heutzutage aber haben wir es mit der Majorität der Friedlichen, der Temperamentarmen zu tun. Leider kann man auf sie nicht verzichten der Übermacht wegen, die man braucht. Was soll man also im Ernstfall mit all diesen Phlegmatikern, verwöhnten Schlemmern, Muttersöhnchen, Interesselosen, Dickbäuchen, Gewohnheitsspießern, Bangbüxen und sanften Antönchen anfangen? Wir haben es nicht nötig, uns lange den Kopf zu zerbrechen, denn wir wissen sowieso, daß diesen Leuten sofort geholfen ist, wenn ihnen eine Leidenschaft eingeflößt wird. Diese Leidenschaft kann in unserem Falle nur der Haß sein."

Und dann folgt auf den nächsten Seiten eine Verherrlichung der Nationalbesoffenheit, der niedrigsten Stufe aller Leidenschaften: des patriotischen Hasses, die man denn doch bei einem Christen nicht für möglich gehalten hätte. Der Mann, der bestimmt ein friedlicher Bürger ist, läßt hier, wie aus einem Ventil, seine gefährlichen Emotionen auspuffen, die er sonst nicht ungestraft entladen dürfte. Dieses Material sind wir sonst nur als Erzieher in den Mädchenstiften zu sehen gewohnt; von Dippold bis zu den peitschenden Fürsorgeerziehern ist uns die Sorte wohl bekannt. Der Medizinalsadist der Landwehr außer Diensten bringt als Beleg Kriegslieder, die natürlich von Haß triefen und er ist der festen Überzeugung, der habe den Erfolg für sich, der am meisten Haß aufzuweisen habe. „Jener herrliche, niederrasende Haß ist der Beginn, die Hauptsache, der echte und erste Götterfunke. Wir heutigen Deutschen müßten wahrhaftig ganz von Gott verlassen sein, wenn wir aus alledem nicht die Nutzanwendung zögen!" Die ganze Innenpolitik paßt dem Landwehrsadisten nicht, das ist ihm alles zu weich und zu läppisch: „Erziehung zum Haß! Erziehung zur Liebe zum Haß! Organisation des Hasses! Fort mit der unreifen Scheu, mit der falschen Scham vor Brutalität und Fanatismus! Auch politisch gilt das Wort: ‚Mehr Backpfeifen, weniger Küsse!'"

In einem Verzeichnis der in der Zeit von 1903–1913 in Preußen verbotenen Bücher finde ich zwei, deren sorgfältige Lektüre dem Medizinalrat bestens empfohlen sei: „Rombach, Kurt. Meine grausame, süße Reitpeitsche. Preßburg, Hermann Hartleb" – und: „Das Tagebuch einer Masseuse. Deutsch von Klara M., Budapest, bei Grimm." Sagte ich Lektüre? Aber er soll selbst solche Bücher schreiben und nicht Patriotismus nennen, was eine krankhafte Gemütsart ist!

Wir alle wissen, daß ein gesunder Haß keine Schande ist, aber wir alle wissen auch, daß es das Streben jeder Zivilisation ist, tierische Instinkte im Interesse der Allgemeinheit möglichst einzudämmen. Ob das ganz und gar möglich sein wird, steht in Frage, aber versuchen soll man es doch. Auch daß einmal ein ganzes Volk in berechtigtem Haß gegen ein anderes aufflammt und zu den Waffen greift, ist psychologisch richtig und erklärlich, aber man muß nicht vergessen, daß moderne Kriege wesentlich auf kapitalistischer Grundlage beruhen und daß alles andere ein wohl angelegter Schwindel ist: die Volksbegeisterung und die flatternden Fahnen und die Orden und alles das.

In der altgermanischen Volkssage wird der edle Hödur von dem hinterhältigen Loki tückisch ermordet. Der Medizinalrat ist auf seiten Lokis, weil der zwar weniger Geist, aber doch mehr Körperkräfte hatte und fragt höhnisch: „Ist Hödur inoperabel?" Ich weiß das nicht. Daß aber der Medizinalrat operabel ist, steht fest. Er soll sich kastrieren lassen.

Die Kartoffeln

Erschienen 1913

Ich las eines dieser patriotischen Bücher, die das deutsche Heer einer genauern Betrachtung unterziehen. Da stand auch eine historische Erinnerung, die es wert ist, daß wir sie uns aus der Nähe ansehn.

Bei der Belagerung von Paris 1870, erzählt der Autor, haben sich die feindlichen Vorposten ganz gut gestanden. Man schoß durchaus nicht immer aufeinander, o nein! Es kam zum Beispiel vor, daß man sich mit Kartoffeln aushalf. Meistens werden es ja die Deutschen gewesen sein, die den Retter in der Not gemacht haben. Aber einmal näherte sich ein französischer Trupp von ein paar Mann, die Deutschen nahmen die Gewehre hoch, da sagte jemand auf Deutsch: „Nicht schießen! Wir schießen auch nicht!" und man begann sich wegen auszutauschender Getränke zu verständigen.

Man könnte da von „Landesverrat" sprechen und tatsächlich untersagte nachher ein Armeebefehl diese Annäherungen aufs schärfste. Aber was ging hier Wichtigeres vor sich?

Doch offenbar eine Diskreditierung des Krieges. Denn es ist nicht anzunehmen, daß Pflichtvergessene beider Parteien hier böse Dinge inszenierten. Es waren sicher Familienväter, Arbeiter, Landleute, die man in einen farbigen Rock gesteckt hatte, mit der Weisung, auf andersfarbige zu schießen.

Warum schossen sie nicht? Offenbar waren doch der Nationalhaß, der Zorn, der angeblich das ganze deutsche Volk auf die Beine rief, nicht mehr so groß, wie damals Unter den Linden, als es noch nicht galt, auf seine Mitmenschen zu schießen. Damals hatte mancher mitgebrüllt, weil alle brüllten und das verpflichtete zu nichts. Aber hier waren Leute, die einen Sommer und einen Winter lang an den eigenen Leibern erfahren hatten, was das heißt: Töten und was das heißt: Hungern. Und da verschwand der „tief eingewurzelte Haß" und man aß gemeinsam Kartoffeln ... Dieselben Kartoffeln; dieselben Kapitalisten. Aber andere Röcke. Das ist der Krieg.

Der Telegrammblock

Vor mir liegt ein Pack Blätter, durch zwei Kartonstücke zusammengehalten und auf sonderbare Weise geheftet: statt des dünnen Heftdrahtes hat man dicken Eisendraht genommen, etwa von der Art, wie er an den Kochgeschirren der Soldaten befestigt war.

Es sind blau gedruckte Formulare: „Station … angenommen am … aufgenommen am … befördert am …" Telegrammformulare. Telegramme der Station Neuflise, Fernsprüche vom 30. IX. 1918, 11.56 vormittags, bis 30. IX. 1918, 11.50 nachmittags.

*

Am 1. Oktober des Jahres 1918, nachmittags um fünf Uhr, erhielt ein französischer Offizier in der Gegend des Chemin des Dames den Befehl, zu erkunden, was sich in der Strohmiete zwischen den beiderseitigen Horchposten im Niemandslande befände. Die Horchposten lagen an dieser Stelle ungefähr dreißig Meter auseinander. Die Gräben an hundert. Es war schon dunkel, als die Patrouille ihren Weg antrat.

In der Miete stak ein deutscher Telegraphist. Er hob, als er der Fremden ansichtig wurde, den Revolver – der Franzose war schneller und schoß zuerst. „Es war ein großer, rothaariger Mensch," sagt der Offizier, der neben mir sitzt, „er trug eine Brille und war gleich tot. Diesen Block habe ich ihm abgenommen."

Der Block enthielt keine militärischen Geheimnisse – man hat ihn dem Franzosen als Andenken gelassen. Urlaubsgesuche, Ablehnung und Bewilligung von Urlaubsgesuchen, in der Mitte einer jener verlogenen Berichte der deutschen Obersten Heeresleitung, die durch viereinhalb Jahre unentwegt siegte, ununterbrochen, von der Marne-Schlacht an bis zum letzten Tage: bis zur Desertion ihres obersten Kriegsherrn und seines Sohnes. „Örtliche Einbruchsstellen wurden im Gegenstoß wieder gesäubert ..." Welche Reinmachefrauen –!

Dieser ganze Dienstkram ist, mit Ausnahme der mit Fernschreiber aufgenommenen Münchhauseniade des Hauptquartiers, fein säuberlich mit der Hand geschrieben.

„gefreiter brannhalter erbittet nachurlaub wegen todesfall bruder bürgermeister sprottau", steht da zu lesen. Irgendsoein uniformiertes Stück Unglück hatte zwar das Recht, seine Familie sterben zu sehen – aber zur Beerdigung hatte er doch erst auf ein Amtszimmer zu laufen und sich alles Mögliche bescheinigen zu lassen: daß es ihn gab, daß es das Amtszimmer gab, daß Tote tot sind und auch mitunter beerdigt werden ... Laufende Nummer, Name, Dienstgrad – es war alles in schönster Ordnung. Der Block ist musterhaft geführt: da fehlt kein Vermerk der Aufsicht, der Vorgesetzten ... Sogar der Gummistempel ist da, ohne den man heute keinen Krieg führen kann: 1. Batterie Fuß-Artl. Batl. 124. Und soweit wäre alles gut, wenn die letzte Seite nicht wäre.

Auf der letzten Seite sind noch alle Spalten genau ausgefüllt: die Zeit- und Ortsangaben, die Namen des Telephonisten, das Datum – unten steht noch: „An Absender zurück, mit Angabe, welches Wernow ..." Aber da ist kein Text mehr.

An Stelle des Textes finde ich viele mißgestaltete braune Flecke, Spuren einer Flüssigkeit, die auf das Blatt gespritzt sein muß. „Was ist das?" frage ich den Offizier. Er sagt es. Der Telegraphist muß den Block gerade in der Hand gehalten haben. Er fiel offenbar auf den Block. Da, wo der Text stehen müßte, sind nun die Flecke. Weiter hatte er an diesem Tage nichts mehr zu bemerken.

*

Der Mörder sitzt neben mir. Es ist ein honetter Mann, Leiter eines Textilunternehmens, ein anständiger Kaufmann von reputierlichem Äußern, ein Mann, dem niemand einen Mord zutraute. Er sich auch nicht. Er erzählt die Ereignisse des ersten Oktober durchaus nicht ruhmredig. „Es war einfach Notwehr", sagt er. „Er oder ich – einer war geliefert. Sie hätten an meiner Stelle geradeso gehandelt." Ja.

Es war ein anonymer Mord, ein Mord in der Kollektivität. Ein Massenmörder hat, wenn er acht Personen mordet, eine Idee – wahrscheinlich eine irrsinnige. Dies hier war die irrsinnig gewordene Ideenlosigkeit. Man kommt von der Patrouille zurück, bekommt ein Bändchen angeheftet, läßt sich entlausen und hat eine etwas trübe Erinnerung. Er oder ich.

Und wenn ich nun den Ermordeten kennte, wenn er vielleicht mein Freund gewesen wäre, so stände ich neben einem Mörder, dem ich nichts tun dürfte. Denn jetzt ist Friede – „der Mann hat seine Pflicht getan" – und es hätte nur einer kleinen Wendung durch Gottes Fügung bedurft, so säße ich jetzt vielleicht in Sprottau neben einem rotblonden, großen Burschen mit Brille, der mir erzählte: „Also – am 1.Oktober – nachmittags – da kommen drei Franzosen in die Strohmiete ..." Und eine Frau schleppte in Paris ihr zerbrochenes Leben weiter wie jetzt eine in Sprottau.

Vor vierzehn Jahren fing es an und ist doch schon halbvergessen. Nicht ganz: denn emsig probieren auf allen Seiten die Kommis des Krieges neue Apparate und schmieren die alte Gesinnung mit dem schmutzigen Öl des Patriotismus. Paraden, Orden, Gas, Wachtmeister mit den Generalsabzeichen: gefährliche, in Freiheit lebende Irre. Und so, wie sich ein Hexengericht im tiefsten verletzt gefühlt haben mag, als Friedrich von Spee jene Blutorgien bekämpfte, damit an den Grundlagen des Staates rüttelnd, so glauben heute nicht nur die Nutznießer der Abdeckereien, sondern Philosophen, Zeitungsleute, Dichter, Kaufleute, daß das so sein muß. Und es muß so sein, weil die Geschäfte daran hängen.

Keine illustrierte Zeitung, kein großes Blatt, kein Verlag wagt, gegen die Interessenten dieser Industrien zu sprechen: was weiß die junge Generation von den Schrecken des Krieges – wer sagts ihr so oft, wies nötig ist: also immer wieder? Wunderschön ausgeklügelte Resolutionen bezeugen das taktische Verständnis der Klugschnacker – das Triviale, das Wirksam-Banale ist fast nur auf der andern Seite.

Es gibt ein geistiges Mittel, es ist das Rezept Victor Hugos: „Déshonorons la guerre!"

Dienstunterricht für den Infanteristen

> „Und ruft das Vaterland mich wieder
> Als Reservist und Landwehrmann,
> So lege ich die Arbeit nieder
> Und folge Deutschlands Fahnen dann!"

Der Musketier Pietsch von der 8. Kompanie, mit dem ich neulich wieder einmal beim schäumenden Pilsner alte Erinnerungen aus unsrer Dienstzeit ausgetauscht habe, erzählt noch heute gern von den Jahren, da es ihm vergönnt gewesen ist, einen von des Kaisers Röcken zu tragen. Pietsch, ein hochgewachsener und breitschultriger deutscher Mann, der mit dem Vertrieb von Abziehbildern sein gutes Auskommen hat, pflegt gern leuchtenden Auges von den Kaisermanövern zu berichten, wo er am Horizont den Staub sah, den Majestät da aufwirbelte – von den Putzstunden und von den freudigen Vormittagen auf dem Kasernenhof, da er seine Knie rollen ließ, daß es nur so eine Art hatte. Pietsch gibt an, daß er erst durch seine Dienstzeit zum brauchbaren Mann geworden sei und seine Frau, eine echte deutsche Hausfrau von deutschem Schrot und Korn, bestätigt es. „Siehst du," sagte er zu mir und ging auf das kleine Nußbaumschränkchen zu, das ihm seit Jahr und Tag zur Aufbewahrung seiner kleinen Bibliothek dient, „siehst du, hier habe ich sozusagen den Schlüssel zu meinen Erfolgen." Und damit überreichte er mit ein grünes Heftchen, in dem ich staunend blätterte, während er schmunzelnd dabeistand und an seiner Reservistenpfeife zog. „Transfeld" las ich. „Dienstunterricht für den Infanteristen des Deutschen Heeres." Unwillkürlich nahm ich Haltung an. „Ja," sagte Pietsch und stieß eine riesige Wolke aromatischen Tabaks aus, so daß der Kanarienvogel in seinem Bauer tot von der Stange fiel, „das war also sozusagen meine Bibel. Und ich kann dir sagen, mein Junge, wir haben gut gebetet, damals! Wenn ich noch dran denke …" Pietsch versank in süße Träumerei, während derer ich ins Nebenzimmer ging, um mit seiner Gattin ein Stündchen die Ehe zu brechen. Als wir wieder herauskamen, erhob sich Pietsch zu seiner ganzen imposanten Höhe. „Nimm's mit, mein Junge!" sagte er. „Sollst auch was lernen!" Und ich nahm es mit.

Ich muß wohl sagen: dies ist ein wahrhaft humoristisches Buch – man kommt aus dem Lachen gar nicht heraus. Möchtest auch du, lieber Leser, aus dem Büchlein Belehrung und Unterhaltung ziehen?

*

Das Ding beginnt mit einer Darstellung der preußischen Geschichte, an der auch nicht ein Komma wahr ist. Das verlogenste Zeug war offenbar gerade gut genug, um Millionen von Deutschen als Leitfaden für die Geschichte ihres Landes zu dienen. Folgt eine Tabelle der „wichtigsten Kriegsgedenktage 1914–16", die aus einer Kette von deutschen Siegen besteht. Von der Marne-Schlacht war damals nur den Beteiligten etwas bekannt – jedenfalls findet sich in der Tabelle von ihr kein Wort. Dazwischen die Bilder des Herrscherhauses; auch der von Oels ist da, hält seinen Helm auf den Knien, die schon so manches geschaukelt haben und sieht genau so aus, wie er war. Auch eine Dame ist zu sehen, die deutsche Kaiserin genannt wird – aber da sie nicht Hermine heißt, muß es sich wohl um einen Irrtum handeln.

Zweiter Abschnitt: „Wehrpflicht, Fahneneid und Kriegsartikel."

„Wohl gibt es viele, die von allgemeinem Völkerfrieden und Abrüsten sprechen; aber die Geschichte lehrt, daß kriegerische Zusammenstöße der Völker unvermeidlich sind." Das ist ja eine schöne Geschichte! „Wir Deutschen brauchen ein besonders starkes Heer, da wir keine natürlichen Grenzen haben und da wir Nachbarvölker haben, die uns unsre Weltstellung, die ständige Aufwärtsbewegung unsres Volkes in Industrie und Handel, in Kunst und Wissenschaft und unsern Wohlstand nicht gönnen." Für diesen Satz verdient der Verfasser, an eine solide Laterne gehängt zu werden. Ist es denkbar, daß man, nur, um seinen Machtgelüsten eine Position zu schaffen, vernünftigen Menschen einredet, es gebe auf Gottes weiter Erde auch nur ein vollsinniges Wesen, das „aus Neid" in den Krieg zieht? In Deutschland war so etwas denkbar und mit Erfolg.

Folgt der Fahneneid, bei dem die kleingedruckten Israeliten nur: „So wahr mir Gott helfe!" zu murmeln hatten und wenn sie es gar nicht murmelten, machte es auch nichts. (Wer sitzt denn hier dauernd herum und schreibt mit? Es ist der Presse-Referent der Reichswehr, der wie ein Schießhund aufpaßt, ob auch keine Beleidigung seines Ladens wie ein Haken herausragt, an dem er seinen Helm und mich aufhängen kann ... Stellen Sie sich bequem. Sie werden nachher gerufen, wenn's so weit ist.) Ja, also die Fahne.

„Die Fahne vertritt fortan für den Soldaten die Person des obersten Kriegsherrn." Das ist nicht auszudenken. Der oberste Kriegsherr zusammengerollt auf der Kammer; der oberste Kriegsherr eingemottet – und doch ist etwas Wahres daran: Fahnen wurden niemals in das Gefecht mitgenommen, sie spielten nur nachher, bei den Besichtigungen in tiefster Etappe, eine große und wehende Rolle.

Der zweite Kriegsartikel aber befaßt sich mit der Treue. Ja, das ist nun so eine Sache … „Von jeher ist die Treue eine der vornehmsten Tugenden unsres Volkes gewesen …" Das ist, von jeher, eine Lüge, aber laßt uns doch sehen, welche Vergehen gegen die Treue möglich sind. Da ist zum Beispiel die Fahnenflucht. „Die eidlich gelobte Treue bricht, wer sich der Fahnenflucht schuldig macht …" Davon steht nun nichts in der „Geschichte des Herrscherhauses", wohin es doch gehörte. „Das schwerste Vergehen gegen Mut und Tapferkeit", heißt es in einem Deutsch, das das ewige Geheimnis des Gamaschenknopfes ist, der es gedichtet hat, „ist die Feigheit." Da hätten wir einen Kaiser, der auskniff, als er in die einzig prekäre Situation seines Lebens kam; da hätten wir den Feldherrn Ludendorff, den sie aus Dänemark und Schweden erst hinausjagen mußten, weil sie ihn auch da nicht haben wollten – da hätten wir den ganzen Stall voller Würdenträger, die nicht da waren, als es ein wenig, ein ganz klein wenig gefährlich zu werden versprach. Sind aber heute noch sehr geehrt und auf allen kameradschaftlichen Veranstaltungen gern gesehen.

Wir kommen nunmehr zum Gehorsam. Da sind eine Reihe schrecklicher militärischer Vergehen aufgezählt und es ist sehr amüsant, zu sehen, wie in den „Beispielen" die Opfer niemals Offiziere sind; der Verfasser hat dabei das sehr richtige Gefühl gehabt, es sei besser, den deutschen Soldaten gar nicht erst auf den Gedanken zu bringen, daß man auch einem Offizier seinen Deckel vom Kopf schlagen könne. Die angenommenen Vergehen richten sich alle gegen Unteroffiziere.

Was die „ehrenhafte Führung" anbelangt, so ist von diesem Kapitel etwas zu sagen, was für das ganze Buch gilt: es ist in einem Fibelstil geschrieben, der sich an komplette Idioten wendet. Der Standpunkt des Herrn Transfeld ist durchaus der einen lieben Gottes auf dem Gutshof, wo er weit und breit der einzige ist, der halbwegs lesen und schreiben kann – und der so viel „Kultua" hat, daß er weiß, wie man jemandem Feuer anbietet. Die „Kerls" wußten das nicht.

Ernsthaft lehrreich ist ein andres.

Die „Ehre" des Soldaten wird stabilisiert, als sei sie etwas Vorhandenes, etwas, das eben a priori da ist. Da ist es eine „Ehre", einen Schießprügel tragen zu dürfen; da ist es eine andre, diesem oder jenem Bataillon anzugehören, da hat jede Korporalschaft eine „Ehre", kurz: man findet sich unter so viel Ehren gar nicht heraus. Sehr typisch ist auch dieser wahnwitzige Standpunkt, daß die eigne Ehre durch das Verhalten andrer verletzt werden könne … o du mein Preußen!

Was hingegen die Reinlichkeit des Körpers betrifft, „so wäscht sich der Soldat nach dem Aufstehen mit kaltem Wasser und Seife Gesicht, Hals, Ohren, Brust und Achselhöhle, reinigt die Hände im Seifenwasser mit einer Handbürste und entfernt den Schmutz unter den Fingernägeln mit einer Nagelschere oder einem Nagelreiniger (aber nicht mit dem Taschenmesser, mit dem er auch Eßwaren schneidet.)" Wobei einem der Gedanke kommt: wie kommt es, daß man sich so oft die Hände wäscht und niemals nicht die Füße? Jedoch: „Im Winter muß sich der Soldat mindestens einmal wöchentlich, im Sommer öfter die Füße waschen." Das Brausebad scheint der Kaisersgeburtstagsfeier vorbehalten gewesen zu sein.

In der Tat: wer diese Anleitung liest und weiß, daß es nirgends größere Schweine gegeben hat als beim Militär; wer einmal gesehen hat, wie sich ein Unteroffizier Sonntags zum Ausgehen fertigmachte: was sich das Ferkel da alles nicht wusch, wenn es nur seine Bartbinde trug –: der freut sich der Gediegenheit solcher Erziehung und sehnt sie sogar bald wieder herbei. (Herr Presse-Referent sind immer noch nicht dran.)

Folgt die Behandlung von Anzug und Vorgesetzten. Der Anzug muß gründlich ausgeklopft werden. Hingegen dem Vorgesetzten gegenüber „hat der Soldat ein bescheidenes, militärisch strammes, offnes und unbefangenes Benehmen zu beobachten." Tritt also zum Beispiel der Herr Vorgesetzte den Soldaten in den hierzu angebrachten Hintern, so hat derselbe demselben militärisch stramm und unbefangen ins Auge zu sehen.

Dieser Affendrill war gut organisiert.

Die blödsinnige Anrede in der dritten Person (Molnar: „Das muß ich Herrn Doktor aber sagen – wie Herr

Doktor mit der Gesundheit von Herrn Doktor umgehen …!"), die dauernd an den Tag zu legende Hundedemut, das Abtöten jedes Willens in den Untergebenen: da war die ganze deutsche Armee. Niemand konnte dafür auch einen Menschen so als eine Sache ansehen, wie das deutsche Vorgesetzte mit Untergebenen fertigbekamen, die es sich gefallen ließen.

Urlaub. „Rauchen im Ordonnanzanzuge auf der Straße ist verboten. Das Rauchen ist sämtlichen Militärpersonen bei Tage auf folgenden Straßen und Wegen verboten:

Unter den Linden vom Königlichen Schloß bis zum

> Brandenburger Tor,
> Hofjäger-Allee,
> Sieges-Allee,
> Leipziger Straße von Wilhelm-Straße bis einschließlich Potsdamer Platz …"

Das gab's. Und es gab auch eine schöne Analogie solcher Vorschriften: das waren die Polizeibestimmungen für Prostituierte: die durften an keiner Kirche wohnen und nicht um die Schulen herumstreichen und nichts und gar nichts. Nur auf offner Straße Männchen machen: das durften gerade sie nicht.

Worauf man den ständigen Aufenthaltsort des kaiserlichen Hofschauspielers sieht: seinen Hofwagen, in dem er seine Eitelkeit umherhetzte und wieder und wieder wird darauf hingewiesen, wie die „Ehre" des Soldaten, des Truppenteils, der Garnison und der umliegenden kleinen Ortschaften auch auf Urlaub in seine nicht mit dem Taschenmesser gereinigten Hände gelegt war.

Beschwerden. Der Soldat durfte sich beschweren.

Aber nicht nur die Beschwerde, auch das Gewehr 98 hatte seine hohen Reize. Das konnte man auseinandernehmen und reinigen und damit präsentieren und einfetten konnte man es … Richtig: auch schießen. Nun darf man natürlich die minutiösen Vorschriften über „Reinigen des Gewehres mit dem Wischstock", an die sich später kein Mensch mehr kehrte, nicht belächeln. So dumm waren die Offiziere nun wieder nicht. Es waren das lediglich pädagogische Übungen – man hätte den Soldaten geradeso gut eine Puppe in die Hand geben können. Gehorchen sollten sie. Kuschen. Und das Maul halten.

Das zeigt sich deutlich an den Vorschriften über den Wachtdienst. Wie da die absolute Vorherrschaft des Militärs gepredigt wurde; wie die Wachtposten gegen das „Zivil" immer recht hatten; wie da mitten im Frieden Krieg im Frieden gespielt wurde; wie in den Beispielen feindliche „Kerls" umherwimmeln, die natürlich, nach Lage der Dinge, wohl nur Arbeiter oder so ein Pack sein konnten –, das atmet die Luft der preußischen Kinderstube, in der der Soldat lernte, auf Vater und Mutter zu schießen, wenn der oberste Kriegsherr, so er nicht gerade auskniff, es befahl. Es ist nicht anders geworden.

Folgen die Vorschriften für das Gefecht. Das ist nun schwachsinnig ganz und gar und hier sind die Offiziere auf ihrem eignen Felde zu schlagen. Ich weiß nicht, wie man am besten Menschen totschlägt. Daß es aber nicht mit Kindereien, wie diese eine ist, geschieht, ist klar: „Der Angreifer ist von vornherein dem Verteidiger überlegen, denn seine Kraft und Entschlossenheit schüchtern diesen ein und er kann sich die Stelle, wo er angreifen will, auswählen, so daß dem Verteidiger die Vorteile seiner Stellung nicht zugute kommen." Aber: „In der Verteidigung muß jeder Mann den festen Willen haben, nicht von dem Platze zu weichen, den er halten soll. Er darf dies mit vollem Vertrauen, denn je näher der Feind herandrängt, desto vernichtender für ihn wird unsere Feuerwirkung. Mit guter Feuerzucht vermag eine gut ausgebildete Infanterie jeden Angriff zurückzuweisen." Und einen solchen Unfug hat ein ganzer Generalstab drucken lassen! Für die Kerls war das Dümmste gerade gut genug.

Folgt ein ungemein heiteres Kapitel des kleinen Moritz über „Zweck und Wesen der fremden Spionage", dessen Wirkungen sich in der Psychose der Augusttage 1914 herrlich gezeigt haben, sowie ein herzbewegendes über die französische Fremdenlegion, in der es die Soldaten so schlecht haben: sie müssen für ein paar Pfennige in der größten Hitze marschieren, sie dürfen nicht einmal desertieren, die Armen und jeder Mann ist ja nur „eine namenlose Nummer, wie im Zuchthause"! Schrecklich, schrecklich, was es alles gibt! In Frankreich.

Ein Abschiedswort an die Reservisten": „Denkt daran, daß Ihr fürs ganze Leben Euerm Kaiser Treue geschworen habt. Ein deutscher Mann hält aber seinen Eid (denk mal, Wilhelm!); nur mit dem Tode löst er ihn ein." In Doorn. Mit einem Vermögen, das ihm seine Völker noch nachgeworfen haben ...

    Allezeit
    Treu bereit
    Für des Reiches Herrlichkeit!

*

Und nun, o Presse-Referent der Reichswehr, dürfen Sie wieder hereinkommen! Und schön zuhören, was Ihnen erzählt wird:

Ihre Dienstvorschriften sind heute ein wenig intelligenter. Sie haben nicht mehr die Masse des Volkes hinter sich, sondern einen Stamm von hunderttausend Unteroffizieren mit andern Zielen, mit andern Ausbildungsmöglichkeiten, als sie damals bestanden haben. Einen solchen Bockmist verzapfen Sie nicht mehr, obgleich das, was Ihr Herr Hube an Hohn und politischer Torheit ungestraft zusammenschreiben darf, auch schon ganz hübsch ist. Sehr viel besser als Transfeld ist er auch nicht und seid ihr auch nicht. Denn was Sie in Parlamentsreden und Verfügungen, in der Praxis und in der Theorie auch weiterhin verzapfen, ist dies:

Daß Menschenmord eine Ehre sei. Daß Soldaten in ihren Forderungen, in ihrer Stellung, in ihrer Denkart jeden andern Stand überragten. Daß Gesetze und Zivilforderungen für dieses Militär nicht gälten. Daß der Soldat tabu sei. Und Sie sollen wissen, daß ein militanter Pazifismus diese Forderungen für falsch hält, für nicht vereinbar mit moralischen Forderungen, die Sie übrigens, wenn's Ihnen paßt, in der Kirche bejahen lassen. Diese Forderungen und ihre Moral gelten für uns nicht. Sie dürfen gehn.

Wir andern aber sind uns wohl über eines klar:

Die geistige Militarisierung Deutschlands macht Fortschritte wie nie zuvor – nur die Form hat gewechselt. Was früher dümmlich und dickfäustig für Bauernjungen zurechtgehauen wird, ist heute aus bestem Stahl, biegsam und wesentlich moderner. Diese geistige Militarisierung, der fast alle Parteien hemmungslos unterliegen, ist unsittlich, verabscheuenswert und infam. Sie wird ihre blutigen Früchte tragen – und auch das nächste Mal wird niemand, niemand schuld sein. Was deutsche Richter über den Wert und Unwert des Militarismus in ihren Urteilen sagen, ist gleichgültig. Militarismus im Dienst einer hochstehenden Idee ist schon keine Freude. Militarismus für die niedere Idee des Patriotismus ist ein Verbrechen an der Menschheit, auch dann, wenn er Individuen in Bewegung setzt, die das Joch masochistisch auf sich nehmen, um die letzten Gelüste zu befriedigen, die das Menschentier in sich trägt: sich rauschartig an eine Gruppe zu verlieren und unter Mißbrauch der Gruppengewalt Macht über andre auszuüben.

Das „Vaterland" ist der Alpdruck der Heimat.

Wenn es in jedem Lande eine Schicht Männer gibt, deren sexuelles, seelisches und ökonomisches Bedürfnis die Schaffung von Armeen verlangt, so soll uns das gleich sein. Es liegt aber keine Veranlassung vor, diese Männer anders ernst zu nehmen, als sie lachend zu bekämpfen.

Vision

Heute haben wir den 28. Juli, der Pariser Autobusführer sitzt vorn am Steuerrad und wendet den schweren, langen Wagen, als ob es ein kleiner Zweisitzer wäre. „AX" steht vorn dran. Ich weiß doch nicht genau ... und frage den Schaffner. Der Schaffner sagt nett und höflich Bescheid: Nein, nach der *rue de Grenelle* muß ich mit dem andern Wagen abfahren. Danke.

Das wäre also heute. Und was hätte der Omnibusschaffner, auf diesem Pariser Omnibus, mit mir gemacht, wenn wir uns in jenen Jahren begegnet wären?

Der Omnibusschaffner hätte, vor Angst, aus Pflichtbewußtsein, nach Kommando, auf mich geschossen. Sein Fahrer wäre, um mich zu fangen, vorsichtig den Graben entlanggekrochen, wäre alle paar Minuten regungslos auf dem Bauch liegengeblieben, hätte gewartet – und dann, an der nächsten Biegung, wäre er vorgesprungen und hätte mir sein Bajonett in den Magen gestoßen, da, wo ich jetzt meinen Spiegel trage. Der Mann aus der Metro, der mir vorhin das Billett geknipst hat, hätte befriedigt das Gewehr abgesetzt, wenn ich drüben die Arme hochgeworfen hätte und hinter dem deutschen Graben verschwunden wäre ... In jenen Jahren.

Und ich: ich war verpflichtet, meinem Milchhändler, der mir morgens immer so nett auseinandersetzt, was es Neues gibt, den Kolben auf den Kopf zu schlagen, wenn ich ihn erwischt hätte; ich mußte meinem Kollegen vom „Oeuvre" das Seitengewehr durchs Gesicht ziehen und ich hatte dafür zu sorgen, daß die schöne Frau Landrieu ihren Mann nicht mehr zu sehen bekam. In jenen Jahren.

Das war meine Pflicht, das war ihre Pflicht.

Aber jetzt sind wir alle wieder friedlich, sagen uns freundlich Guten Tag, unsere Minister besuchen sich; sie zeigen mir den Weg, ich drücke ihnen die Hand, grüße und unterhalte mich, werde ins Theater begleitet und führe nette Unterhaltungen über alles mögliche. Nur über diese eine Sache nicht. Nur über diese eine einzige Lebensfrage sprechen die Menschen fast gar nicht, ungern, zögernd:

Ob sie sich morgen wieder Messer in die Köpfe jagen, morgen wieder Granaten (mit Aufschlagzünder) in die Wohnstuben schießen, Herrn Haber konsultieren, damit er ein neues Gas erfinde, eines, das die Leute, wenn irgend möglich, Professor, total erblinden läßt ... Und darüber, daß sich morgen Alle: Omnibusschaffner, Metrokontrolleur, Universitätslehrer und Milchhändler, in eine tobende, heulende Masse verwandeln, die nur den einen Wunsch hat, aus den Berufsgenossen der andern Seite einen stinkenden Brei zu machen, der in den Sandtrichtern verfault ...

Morgen wieder? Morgen wieder –?

Dänische Felder

Da liegen sie: sonnenüberglänzter Wind geht drüber hin, die Grasbüschel werden hin- und hergerissen, pflaumenblau ziehen sich da hinten die Wälder entlang. Die Chaussee läuft ein Stückchen bergan, dann ist sie von der Kuppe gerade abgeschnitten und führt in den Himmel. Zwei solcher Treppen gibt es in Versailles...

So hat doch diese dänische Landschaft auch im Jahre 1917 hier gestanden? Natürlich – warum denn nicht? Die da führten keinen Krieg.

Diese Bäume durften Bäume sein – niemand schoß sie zusammen. Über diese Grasflächen stampfte keine lange Schlange von Marschierenden. Die Wege wurden nicht von ratternder, schimpfender, polternder Artillerie aufgeweicht und verdorben. Diese Landschaft war reklamiert.

Herrgott in Dänemark, welch ein Wahnsinn! Hier war Mord Mord; dort war Mord ein von den Schmöcken, den Generälen und den Feldpredigern besungenes Pflichtereignis. Hier durfte man nicht – dort mußte man.

Und so selbstverständlich wie die Mücken tanzen, so selbstverständlich ist den Mördern und ihren Kindern Untat, Fortsetzung der Untat und Propagierung der Untat. Es geschieht so wenig gegen den nächsten Krieg, bei dem euch die Gedärme, so zu hoffen steht, auch in den Städten über der Stuhllehne hängen werden. Jeden Abend müßte in den Kinos zu sehen sein, wie sie wirklich gestorben sind.

Möge das Gas in die Spielstuben eurer Kinder schleichen. Mögen sie langsam umsinken, die Püppchen. Ich wünsche der Frau des Kirchenrats und des Chefredakteurs und der Mutter des Bildhauers und der Schwester des Bankiers, daß sie einen bittern qualvollen Tod finden, alle zusammen. Weil sie es so wollen, ohne es zu wollen. Weil sie herzensträge sind. Weil sie nicht hören und nicht sehen und nicht fühlen. Leider trifft es immer die Falschen.

Wer aber sein Vaterland im Stich läßt in dieser Stunde, der sei gesegnet. Er habe seine schönsten Stunden in einer dänischen Landschaft.

Nebenan

Im Schankzimmer einer Berliner Kneipe. Nach der Polizeistunde. Der Wirt döst hinter der Theke. Aus den Zapfhähnen fallen monoton Tropfen auf das Blech. Im spärlichen Licht der zwei trüben Gasflammen kauert eine dunkle Gestalt an einem Tisch. Aus dem Extrazimmer tönen Stimmen.

DER WIRT (fährt auf): Na, Willem – nu jeh man nach Hause –! Feierahmt!

DIE GESTALT: Laß mir noch 'n bisken, Paul! Bei mir zu Hause frier ick zu Puppenlappen. Wir ham keene Kohlen. Du sitzt ja hier doch noch ... Wejen die da ... Wie lange kann 'n diß noch dauern?

DER WIRT: Na, die machen noch lange! Wat 'n richtja Kriejerverein is, der hört nich vor morjens sechsen uff. Uah ...

DIE GESTALT: Sei ma stille! Hör ma –!

(Im Extrazimmer klopft jemand an ein Glas. Es wird still.)

EINE STIMME: Karaden! Im Andenken an das zweite Garderement zu Fuß bitte ich Sie, mit mir unsres allerhöchsten Kriegsherrn und seiner Paladine zu gedenken. Wer wie wir vier Jahre lang Schulter an Schulter im Felde gestanden hat, wer wie wir die gleichen Gefahren, die gleichen Entbehrungen ausgehalten hat – der hat die Pflicht, die über das Reich hereingebrochene rote Gefahr ...

DIE GESTALT (ist aufgestanden. Alter Mantel mit weiten Ärmeln, abgeschabt und ärmlich): Watn? Wer issn det –?

DIE STIMME: ... auch fürderhin die Säulen von deutscher Sitte und deutscher Art zu vertreten die Ehre haben. Von hinten erdolcht, hat unser tapferes Heer, die ungeheuren Opfer nicht scheuend, bis zum letzten Hauch von Mann und Roß ...

DIE GESTALT: Nanu? Die Stimme kenn ick doch ... Det is doch ... Paule ...!

DER WIRT: Wat hastn?

DIE STIMME: Wir Offiziere voran, hat das zweite Garderement zu Fuß immer seinen Mann gestanden, wenn es galt, die Fahnen unsres allerhöchsten Kriegsherrn ...

DIE GESTALT: Paul!

DER WIRT: Schnauze! Wat machste hier sonnen Krach?

DIE GESTALT (nähert sich der Tür): Det is er! Det is er! Und wenn ick hunnert Jahr alt wer, die Stimme vajeß ick nich! Det is er!

DER WIRT: Wißte leise sein! Wer is det –?

DIE GESTALT: Unsa olla Kompanieführer! Is det son kleena Dicka?

DER WIRT: Ja doch – mit Jlupschoogen!

DIE GESTALT: Det is er! Natürlich is er det! Wat saacht er da?

DIE STIMME: Folgen Sie auch weiterhin meinem Vorbild, unserm Vorbild und seien Sie eingedenk ...

DIE GESTALT: Paul – er hat se alle in Kasten jesteckt! Wer eenen Fußlappen zu wenig hatte: rin in Kasten! Paul, er hat se anbinden lassen, vastehste ... die Beljier immer munter drum rum ... die ham jelacht, die Äster ... er hat ooch jelacht. Wir hatten ihn in Jarneson ..., ick ha damals Wache jeschohm. Jede Nacht kam er mit 'ne andre Sau ruff – ick hab imma missen präsentieren! Wat saacht er?

DIE STIMME: Solange Deutschland solche Männer hat wie Ludendorff und seine Offiziere, kann es nicht untergehn –!

DIE GESTALT: Ick han ...!

DER WIRT: Willem! Jeh von de Dhiere wech! Mach dir nich unjlicklich!

DIE GESTALt: Ick habe zweendreißich Mark Rente – un Der?

DER WIRT: Wißte von de Dhiere wech!

DIE STIMME: Un so bitte ich Sie, mit mir anzustoßen, auf das Wohl ...

DIE GESTALT: Hab keene Angst, Paule. Ick kann ja die Dhiere janich uffkriejen. Ick ...

(er schwenkt seine weiten Ärmel. Sie sind leer.)

DAS NEBENZIMMER: Hurra! Ra! Rra –!

Die Flecke

In der Dorotheenstraße zu Berlin steht das Gebäude der ehemaligen Kriegsakademie. Unten, in guter Mannshöhe, läuft eine Granitlage um das Haus herum, Platte an Platte.

Diese Platten sehen seltsam aus; sie sind weißlich gefleckt, der braune Granit ist hell an vielen Stellen ... was mag das sein?

Ist er weißlich gefleckt? Aber er sollte rötlich gefleckt sein. Hier hingen, während der großen Zeit, die deutschen Verlustlisten.

Hier hingen, fast alle Tage gewechselt, die schrecklichen Zettel, die endlosen Listen mit Namen, Namen, Namen ... Ich besitze die Nr. 1 dieser Dokumente: da sind noch sorgfältig die Truppenteile angegeben, wenig Tote stehen auf der ersten Liste, sie war sehr kurz, diese Nr. 1. Ich weiß nicht, wie viele dann erschienen sind – aber sie gingen hoch hinauf, bis über die Nummer tausend. Namen an Namen – und jedesmal hieß das, daß ein Menschenleben ausgelöscht war oder „vermißt", für die nächste Zukunft ausgestrichen, oder verstümmelt, leicht oder schwer.

Da hingen sie, da, wo jetzt die weißen Flecke sind. Da hingen sie, und vor ihnen drängten sich die Hunderte schweigender Menschen, die ihr Liebstes draußen hatten und die zitterten, daß sie diesen einzigen Namen unter allen den Tausenden hier läsen. Was kümmerten sie die Müllers und Schulzes und Lehmanns, die hier aushingen! Mochten Tausende und Tausende verrecken – wenn er nur nicht dabei war! Und an dieser Gesinnung ertüchtigte der Krieg.

Und an dieser Gesinnung hat es gelegen, daß es vier lange Jahre so gehen konnte. Wären wir alle für einen aufgestanden, alle wie ein Mann –: wer weiß, ob es so lange gedauert hätte. Man hat mir gesagt, ich wisse nicht, wie der deutsche Mann sterben könne. Ich weiß es wohl. Ich weiß aber auch, wie die deutsche Frau weinen kann – und ich weiß, wie sie heute weint, da sie langsam, qualvoll langsam erkennt, wofür er gestorben ist. Wofür ...

Streue ich Salz in Wunden: Aber ich möchte das himmlische Feuer in Wunden brennen, ich möchte den Trauernden zurufen: Für nichts ist er gestorben, für einen Wahnsinn, für nichts, für nichts, für nichts.

Im Laufe der Jahre werden ja diese weißen Flecke allmählich vom Regen abgewaschen werden und schwinden. Aber diese andern da, die kann man nicht tilgen. In unsern Herzen sind Spuren eingekratzt, die nicht vergehen. Und jedesmal, wenn ich an der Kriegsakademie mit ihrem braunen Granit und den weißen Flecken vorbeikomme, sage ich mir im stillen: Versprich es dir. Lege ein Gelöbnis ab. Wirke. Arbeite. Sags den Leuten. Befreie sie von dem Nationalwahn, du mit deinen kleinen Kräften. Du bist es den Toten schuldig. Die Flecke schreien. Hörst du sie?

Sie rufen: Nie wieder Krieg –!

Der letzte Ruf

In Dünkirchen haben sie einen Mann hingerichtet, der hieß Lucien Beyen und war einundzwanzig Jahre alt; er hatte einen Raubmord begangen und deswegen war er dran. Der Zeitungsbericht sagt:

„Die Hinrichtung Beyens ging ohne Zwischenfälle vor sich. Der Mörder wurde geweckt; es wurde ihm mitgeteilt, daß sein Gnadengesuch abschlägig beschieden sei, er beichtete, nahm die heilige Kommunion und ging gleichmütig auf das Schafott. Sein letzter Ruf war: „Vive la Belgique –!"

Früher hieß das: „Mutter!", aber das hat sich geändert, denn so sentimental sind wir nicht mehr. Auch der völlig abwegige Schrei: „Mein Gott" oder einer dieser Appelle an die diesbezüglich gesetzlich geschützte Familie ist ganz aus der Mode gekommen. Unser letzter Ruf heißt, wie blutende Figura zeigt, anders. Und das ist auch recht erklärlich.

Denn so, wie die Nerven des Auges nur Lichtempfindungen produzieren; so, wie nach der Entdeckung Gustav Meyrinks, die Pastorentöchter der vorigen Generation auf alle Reizungen entweder Kinder kriegten oder häkelten, so wie ein Kuckuck nur „Kuckuck" schreien kann und wie die Funktionen der Harnblase und der Strafkammern eindeutig bestimmt sind –: so erwacht im Europäer, wenn ein heftiges Erlebnis ihn aufrührt, das Nationalgefühl.

Es ist ziemlich gleichgültig, was ihn aufrüttelt. Flieger fliegen über den Ozean; einer entdeckt ein neues Element; einer erfindet einen Apparat zur Beseitigung des Geschlechtslebens in Gefängnissen; einer läuft schnell, einer reitet noch schneller, einer boxt am schnellsten –: was auch immer geschieht, der Europäer ruft: Hurra! und läßt, auch wenn er stirbt, gerade wenn er stirbt, seine Nation leben. So sterben wir alle Tage.

Es ist der Ur-Instinkt, der tiefste, der roheste, der gewalttätigste und der gewaltigste. Es ist jener, in dessen unterirdischer Wurzel Wollust und Blutlust zusammenlaufen, es ist der Solarplexus, der schreit, das Hodengefühl antwortet und der ganze Kerl wird zusammengeschüttelt. Die Frau ist in diesem Fall ein einziger schwingender Nerv und haben die verzückten Nonnen in jenem Moment, der vor dem Himmel und ihrer Vorstellung ein Jahr war, geflüstert: „Der Gott kommt!" – so rufen wir, peitscht man uns aus: „Es lebe die Nation!"

Es gibt bekanntlich drei wahrhaft internationale Mächte: die katholische Kirche, die Homosexuellen und Standard Oil. Zu ihnen gesellt die Nation als die vierte und nichts ist so groß wie die Solidarität der Klassenlehrer, die ihre Schulhöfe beaufsichtigen. Offiziere feindlicher Armeen stehen einander näher als Offizier und Mann desselben Landes; ordnungsliebende Staatsmänner schätzen ordnungsliebende Staatsmänner und hätten ein abgrundtiefes Mißtrauen, wenn etwa aus dem Nachbarlande eine Horde Radikaler mit Palmenzweigen in den Händen über die Grenze käme – wo brächte uns das hin! Einmal ist diese Grenze der Rhein gewesen und dieser verpaßte Augenblick wird für Frankreich sobald nicht wiederkommen; es hat damals nicht begriffen, wo seine wahren Freunde gestanden haben, denn es hielt den Rhein für breiter als den Kanal. Es wird das eines Tages bereuen. Die Köpfe der nationalen Bandwürmer aber blinzeln sich zu und lassen die Sauggefäße aufschwellen – sie sind sich so gut … Ministerpräsidenten verstehen im Zank einander noch immer besser als die durch verkommene Sozialdemokraten verführten Arbeiter; Diplomaten verstehen einander; Polizeipräsidenten, die Kommunisten jagen, verstehen einander – Proletarier aber kennen einander gar nicht. Sie lernen sich erst gelegentlich eines Sturmangriffs oder einer Patrouille kennen und schätzen.

„Vive la Belgique!" hatte der Todeskandidat gerufen. Es war das, was er auf der Schwelle des Lebens dem Tode ins Gesicht zu sagen hatte, damit der doch wüßte, wen er da empfinge. Es war Ankündigung beim Tod, der seine Patrioten kennt und Dank an das Leben. Denn was hatte dem morgens frühzeitig geweckten, beichtenden und kommunizierten Mörder die schönsten Emotionen im Leben verschafft –?

Die Kirche tut, was sie kann. Der Sport hat sie fast überholt. Das Kino liegt an der Spitze. Aber was sind sie alle drei gegen das Vaterland, das den einzelnen so schön vergessen läßt, was er für ein Staubkorn in der Nase des Allmächtigen ist und das ihn emporhebt über sich selbst, so daß seine Individualität zerschmilzt wie sonst nur noch, wenn er mordet oder zeugt. Und wie bequem ist dieses Gefühl! Begeht der Landsmann Lumpereien, so schüttelt man ihn ab und kennt ihn nicht mehr; bekommt er den Nobelpreis, so ist die ganze Nation mit ihm und in ihm geehrt. Es lebe Nikaragua –!

Und je kleiner das Land, desto größer und stärker das Nationalgefühl. Man muß die erhitzten Köpfe der Elsässer sehen, für die bekanntlich ein besonderer Kosmos geschaffen werden muß, damit sie endlich Ruhe geben und auch der zerschellte noch an ihren dicken Schädeln. Wird so eine Gruppe aber selbständig, dann entfalten sich im Winde neue Fahnen, die noch eine halbe Stunde vorher nicht dagewesen sind und es ist zu fragen, woher nur plötzlich – nach Versailles – alle die Wappen, Marken, Embleme, Farben und Titel gekommen sind. Wer erfindet das? Wer stellt das so schnell her? Gibt es ein Warenhaus für kleine Staaten?

Ja, es gibt eines. Seine Direktricen sind die Dummheit und die Kollektiveitelkeit der Menschen und was wäre der kleine Angestellte, wenn er nicht auf etwas stolz sein könnte, das sowieso sein eigen ist und das auf ihm lastet! Er nimmt das Gefühl, das ihm das Nationalbewußtsein verschafft, als Abschlagszahlung aufs Gehalt an und ist sehr glücklich. Der ihn bezahlende Chef auch.

Für die Massen ist die Nation der Inbegriff alles Mystischen, Imponderablen, schlechthin Unbegreiflichen – auf diesem Gebiet ist alles erlaubt und kann alles verboten sein, hier wachsen die großen Männer, deren Größe an der Kleinheit der Umstehenden gemessen wird. Die Nation ist der Abfalleimer aller Gefühle, die man anderswo nicht unterbringen kann.

Daher hat jener Mörder vor seinem Tode so gerufen. Da stand das Schafott, auf dem er in einer Minute, ein blutiger Sack, zurückgesunken sein wird – hier stand er; es war ein großer Moment und wie hätte er den besser feiern können als durch jenen Ruf, der an sein Innerstes rührte: durch den brüllenden Schrei der Kollektivität! Rief er um Hilfe? Wollte er ausdrücken, daß er zum Ruhme Belgiens falle? Wagte er es, sich den Kriegshämmeln gleichzuwähnen, die gefallen waren, ohne gemordet zu haben? Nichts davon: er ging in der alleinseligmachenden Nation auf, wie der Gläubige in seiner Kirche.

Man wird in ein paar hundert Jahren nicht mehr verstehen, was die wasserspülende Rolle des Staates mit den Gefühlen zu tun gehabt hat – so, wie man sich umgekehrt heute sehr gut eine Kirche ohne weltliche Macht vorstellen kann.

Einmal werden Völker unter einer gemeinsamen Rechtsordnung nebeneinander leben, wie heute die Individuen eines Staates; diese Völker werden sich entzweien und versöhnen, hier und da ihre Rechtsordnung blutig durchbrechen – aber es wird eine internationale Rechtsordnung da sein, wie heute für die Individuen eine nationale *DA IST, DIE NICHT DADURCH AD ABSURDUM GEFÜHRT IST, DAß SIE GEBROCHEN WERDEN KANN*. Und die niedern Interessen des Patriotismus, heute zur Religion erhoben, werden einmal nicht mehr bestehen. Aber bis dahin wird noch viel Blut die Hälse herunterlaufen.

Sei gegrüßt, Lucien Beyen –! Du hast, aus blinder Nacht, den letzten Ruf einer irren und geistesschwach gemachten Menschheit ausgestoßen; jenen Ruf, den sie hervorgurgelt, wenn ihr nichts mehr einfällt, wenn sie Schändliches zu tun im Begriffe ist, oder wenn an ihr schändlich gehandelt wird – den Ruf der Lämmer und der Schlächter, der Feldprediger und der Generale, der verkleideten Bankiers und der verkleideten Proletarier:

„Hurra! – Evviva! – Vive! – Three cheers! – Hip hip! – Es lebe die Nation!"

Nabelschau

Banger Moment bei reichen Leuten

Wenn ich bei den reichen Leuten eingeladen bin, also bei so reichen, daß es einen vor lauter Reichtum schon graust, dann ist da immer ein Augenblick, wo mir heiß wird und wo ich denke, daß mir nun gleich der Kragen platzt. Es ist alles so fein und so wunderbar herrlich: die Katzen sind noch hochmütiger als anderswo, die Hunde sind gut gezogen wie artig gebadete Kinder, das Stubenmädchen funktioniert lautlos wie der Teetisch auf Rollen, den sie wie auf der Bühne vor sich herschiebt, die gnädige Frau spricht leise und fast halblaut, diskret, fein – alles ist selbstverständlich und gewiß nicht snobistisch, es klappt wie geölt: und ich habe das lebhafteste Bedürfnis, einmal in die Vorhalle zu gehen, mich in eine Ecke zu stellen und ganz laut: „Scheibenkleister!" zu rufen, nur, damit das innere Gleichgewicht wieder hergestellt ist. So fein gebt es da manchmal zu. Was ist es –?

Also es ist zunächst und zu allerunterst: der Neid. Daran darf man nicht zweifeln. Nicht Mißgunst. Es ist die stille Wut, es nicht so weit im Leben gebracht zu haben wie jene – der tiefe Glaube, ohne den man sich ja selbstmorden müßte: genau so viel wert zu sein wie jene; die Ablehnung der Rangordnung, nach der diese den höheren Platz einnehmen und ihre tiefste Anerkennung. Aber es ist doch noch etwas anderes.

Wenn es bei den reichen Leuten so fein zugeht, dann habe ich immer den Herzenswunsch, mir den Rock auszuziehen und zu der feinen gnädigen Frau und zu dem gnädigen Herrn zu sagen: „Kinder, nun laßt das mal alles beiseite – nun wollen wir uns einmal erzählen, wie es im menschlichen Leben wirklich zugeht –!" Aber das darf man doch nicht. („Man sieht, Herr Hauser, das Sie noch nicht –" Komm raus in die Vorhalle.)

Sie leben wattiert. Es ist da etwas Anämisches, etwas von einem luftleeren Raum. Sie sind von der Erdkruste durch eine Schicht Geld getrennt – sie sind, media in vita, lebensfremd, unserm Leben fremd. Es gibt doch gewiß alte, reiche Familien, die es schon gewohnt sind, viel Geld zu haben, es zu verwalten, es verdienen zu lassen, solche, die sich höchlich wunderten, als selbstverständliche Geste etwa nicht zur Bank zu schicken: aber auch bei denen, gerade bei denen fühle ich schärfstens, daß ihre Natürlichkeit so oft nicht natürlich ist, daß sie einen zu engen weiten Anzug tragen, der ihnen übrigens ausgezeichnet sitzt, daß ihre Gelockertheit anerzogen ist, daß sich unter dem ganzen Gehabe von Selbstverständlichkeit etwas regt, das gar nicht reich ist. Ein Dickdarm ist nicht reich. Ein Herzmuskel ist nicht reich. Ein Oberschenkel ist nicht reich. Die Natur fühlt sich wohl im Reichtum – aber sie spielt das Spiel nicht mit; sie ist. Reich ist sie nicht.

Und darum dehne und strecke ich mich auf der kühlen Straße, wenn ich von den ganz reichen Leuten komme und sage zu Paul: „Paule, wo jehn wir denn jetzt hin –?" Und dann gehn wir noch wohin und trinken einen Topf irgendeiner nassen Sache und bereden es alles miteinander und sind heilfroh, dem Backofen des Reichtums entronnen zu sein. Und für wen bin nun ich: ein Reicher? Wer beneidet mich?

Und dennoch hab ich harter Mann es immerdar gefühlt: mir ist ganz kannibalisch wohl, wenn ich wieder draußen bin.

Klavierspiel nach dem Essen

Manchmal, nach dem Essen, setzt sich ein Gast oder eine Gästin hin und spielt etwas auf dem Pianino. Die Dame streift sich die Armbänder ab, der Herr zieht die Halshaut aus dem Kragen – aber habt ihr schon einmal, ein einziges Mal erlebt, daß euch dieses Spiel Vergnügen und Freude gemacht hätte? Kuchen.

Sie „spielen vor", die Affen. Sie produzieren sich. Sie geben ein kleines Konzert. Sie machen etwas vor. Sie wollen angestaunt sein, bewundert, beglückwünscht. Die Mitgäste dürfen dabeisitzen und das tun sie auch. Sie blicken gelangweilt zur Decke auf, verzweiflungsvoll an den Fußboden, sie bestarren ihre Nägel und sondern viel Innenleben ab. Nachher pritscheln sie diskret in die Handflächen …

Wie schön wäre das, wenn einer einmal, nur ein einziges Mal, so spielte:

Eine Erinnerung an Mozart; ein Stück Symphonie, die aus irgendeinem Grunde dem Freundeskreis ans Herz gewachsen ist, Erinnerung auch sie; ein altes spanisches Volkslied, auf einer Reise gehört; einen dummen Schlager, in Moll und in Dur, als Boston und als Charleston; ein paar Töne aus malayischen Tempelgesängen – und noch ein Häppchen Mozart. Und eine Arie. Und einen alten dunkelgebeizten Walzer von Chopin.

Das befriedigte unsern musikalischen Appetit. Das wäre erst Musik – an Stelle jenes dummen Jahrmarkts der Eitelkeiten. Aber darauf können wir wohl lange warten … „Wollen Sie uns nicht die Freude machen, lieber Meister, uns zu erfreuen …? Ach, bitte, bitte! – Ich weiß, daß es für Sie ein Opfer … Wir haben uns so gefreut … Herr Professor Klotzekuchen wird sich erlauben – darf ich bitten, meine Herrschaften, vielleicht hier Platz zu nehmen, Emmi, sei doch still! …"

Aber nun nichts wie raus.

Regenschwere Pause

Bezogen ist der Himmel und ich nähere mich dem Hühnerzaun, der das Geviert abschließt, wo sie wohnen. Es ist ganz still in der Luft, die schwarzen Balken der Häuser stehen so naß da, noch regnet es nicht. Es blinkt von alten Pfützen. Die Hühner stehen regungslos und sehen mich an. Keines pickt.

Da ist der Hahn, der, wie Jules Renard entdeckt hat, uns immer so ansieht, als sei er im Begriff zu sagen: „Ja, wollen Sie nicht grüßen –?"

Sein rundes, kleines Auge rollt wie ein Flammenkreis; wenn man lange hineinguckt, kann man vielleicht Buchstaben lesen: NUR PERMA-PUDER! Eine Pfote hat er angehoben und nun wartet er, um zu erfahren, worauf er wartet. Die Hennen wenden kaum die Köpfe; sie warten alle mit ihm. Die Küken stehen; die halbjungen Hennen, die gerade anfangen, es zu sein, stehen. Der ganze Hühnerhof sieht mich an.

Futter wartet in den Näpfen, Wasser in der Tonröhre, die Steine am Wege und wir sehen uns alle an, untertan einem gemeinschaftlichen Bann, Teilhaber einer akuten Verzauberung, regungslos. Die Hühner sehen jetzt aus, als seien sie aus Seife, manchmal wedelt ein Kamm und fällt lasch nach der einen Seite herunter, da schämt er sich und hängt nun auch still, ganz still… ein Tropfen fällt vom Dach und versickert im Maisfutter, kein Huhn beachtet es, wir stehn und warten…

Da sprüht es plötzlich von oben herunter, dann rauscht der Regen schnell, in dicken Schnüren. Wir gehen alle in unsre Häuser, erlöst, wir dürfen wieder gehen, jetzt haben wir gar nichts mehr miteinander zu schaffen.

Als wir uns von neuem sehen, scheint die Sonne – es ist heiterster Tag. Niemand spricht mehr von der Pause, in der wir uns so nahe gewesen sind. Wir sagen wieder Sie zueinander.

Der andere

Für wen bin ich eigentlich unglücklich? Für wen verpasse ich alle Gelegenheiten, alle großen Lose, alle günstigen Zuganschlüsse? Wenn es eine Wahrscheinlichkeitsrechnung gibt, dann muß doch auch eine andre Seite da sein; ich werfe die schwarzen Scheiben, gut, aber einer muß doch dann auch die weißen werfen … „Unter 2786 Würfen sind nur 2 …" Ich bin unter den 2784 – die helfe ich auffüllen, Komparse fremden Glücks, Hintergrund glatter Aktschlüsse des andern.

Muß der ein Glück haben –!

Wir sind, denke ich, miteinander verbunden wie die Figuren an den alten Wetterhäuschen: wir stehn auf einem drehbaren Brettchen und wenn ich ins Haus zurücktrete, tritt er hinaus ... Immer ist er draußen, das Luder.

In den letzten Jahren, zum Beispiel, wohnt er stets auf der Sonnenseite, hat von morgens elf Uhr bis abends sechs Uhr Sonne in seinem Arbeitszimmer; er arbeitet in der äußersten Stille, manchmal macht er Krach, läßt das Grammophon laufen, liest sich laut etwas von Edschmid vor, spült sich dann den Mund aus ... nur um etwas Leben in die Bude zu bringen. Wenn er einen Untergrundbahnhof betritt, zischt, kaum hat man sein Billett geknipst, der Zug herein, den er benötigt – keine Sekunde wartet er. Die Damen fliegen ihm zu und, worum ich ihn besonders beneide, sie fliegen auch wieder davon; wenn er sich Geld wünscht, bekommt er es nicht in drei Monaten, wo es ihm nichts mehr nützt, sondern er hat es dann, wann er es braucht; seine Verleger tun etwas für seine Bücher – daß dem Kerl nicht ganz unheimlich wird! So viel Glück hat er in den letzten Jahren.

Ich bin es, der es ihm gibt. Er hat es nur durch mich. Damit die göttliche Wahrscheinlichkeitsrechnung aufgehe, verpasse ich die Züge, die er erwischt; horche ich den Lärm auf, um den er herumwohnt; gewähren sich mir plappernde und bunte Frauen und versagen sich zur Unzeit wie kann man so undelikat sein dergleichen aufzuschreiben; für mich geht alles schief, damit es ihm gerade gehe. Bedankt er sich –?

Weiß er überhaupt etwas von meiner Existenz? von meiner unendlichen Arbeit, mit der ich ihm das Unglück abnehme und mir aufbuckle? Ahnt er denn, daß ich ihm Hilfsstellung leiste, daß ich die punktierte Linie bin, mit der man in der Quarta geometrische Sätze bewies, nachher wurde sie wieder wegradiert und siegreich stand der Pythagoras da? Weiß er das?

Er geht herum, dieser Großprotz und sagt: „Mein Instinkt, müssen Sie wissen ..." Du Affe. Du Prahlhans. Du Luftballon des Glücks. Ich trage dich, ich stütze dich, ich ermögliche dich – ohne mich wärst du nicht da, ohne mich wärst du eine Null, ein Krümel, hör doch! Meine Stimme dringt aus einem tiefen Brunnenschacht; tief unten, wo der vom Fremdenführer geworfene angezündete Fidibus verlöscht, hocke ich, rufe dumpf herauf, aber der Hall dringt zu keinem Glücklichen.

Ein Totengespräch

„Kennen Sie das Entzücken an der erotischen Häßlichkeit?" fragte der Dritte. Er war plötzlich da, hatte kaum Guten Wolkentag gesagt, er saß mit uns, neben uns, aber die Beine ließ er nicht baumeln, das hätten wir uns auch schön verbeten. Mit den Beinen baumelten nur wir. Wir warfen beide mit einem Ruck die Köpfe herum und starrten ihn an.

„Die Freude an der Häßlichkeit? von Frauen?" sagte der Dritte noch einmal.

Darüber war hier noch nie gesprochen worden; eine fast asketische Scham hatte uns gehindert, uns über das Allerselbstverständlichste auszusprechen. „Zeig mal, wie ist das bei dir –?" sagen die Kinder, als sei der andre ein fremder Erdteil.

Warten stand in der Luft; wir mußten etwas sagen; wir konnten nichts sagen. Der Dritte ignorierte eine Antwort, die nicht gegeben worden war und fuhr fort:

„In Gerichtsverhandlungen haben sie oft dem fein gebildeten Angeklagten vorgehalten, er habe mit der eignen Reinmachefrau ein Verhältnis gehabt, es hörte sich an wie Vorwurf der Blutschande; habe er sich denn nicht geekelt? mit einem so tiefstehenden Geschöpf? so unter ihm? wie? Sie hatten das wohl nie gespürt, sonst hätten sie nicht so dumm gefragt. Daß plötzlich eine Figur aus der einen Sphäre in die andere gezogen wurde, was Freude am Spiel bedeutet: so, wie wenn einer auf einer Flasche bläst oder mit einem Violinbogen ficht oder – spaßeshalber – Hanfgras raucht. Man kann Hanfgras rauchen, dazu ist es unter anderm auch da, wenn Sie wollen, man tut es nur gemeinhin nicht. Aber auf einmal zuckt in einem das Spiel."

Wir sahen uns an, mit jenem unausgesprochenen Tadel im Blick, der blitzschnell den andern verrät, die Einheitsfront von zweien gegen den Dritten herstellt, einig, einig, einig. Ich gab ein vorsichtiges Räuspern von mir, wie die Einleitung zu einer Einleitung ... Der Dritte ließ es nicht dazu kommen.

„Man fällt so tief," sagte er, – „oh, so tief. Schlaffe Brüste, graue Wäsche, ein dummes Lachen, meliertes Haar, eine kommune Bemerkung, weit unter allem möglichen; verbildeter Körper, geweiteter Nabel, glitzernde Augen, die das Glitzern nicht gewohnt sind ... so tief sinkt man. Man wühlt sich in das Unterste hinein, man verachtet sich und ist stolz auf diese Verachtung und böse auf diesen Stolz. Nägel sitzen im Fleisch, die man immer tiefer hereintreibt, wissen Sie. Es ist, wie wenn einer Pfützen aufleckt. Noch tiefer hinab, noch schmieriger, ja, ich gehöre zur Vorhölle, ich kann gar nicht tief genug fallen, da habt ihr mich ganz und gar, streck dem Kosmos die Zunge heraus, so, die breite, gereckte, dicke Zunge –"

Der Dritte schwieg.

Da sprachen wir zum erstenmal. Ich sagte: „Und nachher?" Auch er, mit dem ich dergleichen nie besprochen hatte, war mit von der Partie. „Armer", sagte er. „Und nachher?" Der Dritte sah uns voll an, er schaffte es, wir waren gegen ihn nur einer.

„Nachher –", sagte der Dritte. „Ich bin kein Armer. Ich bin reich – mir konnte nichts geschehen, nachher. Ich ging wieder im Licht, war emporgetaucht, die Scham hatte ich heruntergeschluckt und abgewaschen, sie war nicht mehr da. Ich brauchte nicht zu beichten, jeder meiner Blicke beichtete, aber sie sahen es nicht. Ich fühlte mich sicher, weil ich den moorigen Untergrund kannte, ich strauchelte nicht, ich fiel nicht, ich nicht. Ich war wie eine Bank: das war mein Aktienkapital für die Reserve, damit arbeitet man nicht alle Tage, aber es steht hinter einem und es ist da. Man kann darauf zurückgreifen, wenn es not tut. Und es tut manchmal not und wenn es soweit ist, dann ist da wieder dieser ungeheuerliche Sturz zwischen fünf Minuten vor acht, wo du telephonierst, bis um dreiviertelzehn – du fällst und steigst: mit eingezogenen Schwingen, die Süßigkeit der Säure auskostend, das Licht des Drecks, die tausend Tasten einer

Orgel, von der nun die untersten, selten benutzten Bässe anklingen, so dumpf, daß das Ohr sie kaum noch hören kann. Herauf und herunter, herauf und herunter: ein Luzifer und ein Dunkelheitsbringer, ein Adler und ein Wischlappen, ein Höhenflieger und ein Tauchervogel. Man fällt so tief. Womit ich Ihnen einen schönen guten Abend zu wünschen die Ehre habe." Weg war der Dritte.

Ich sah ihn an ... „Man muß sich", sagte er, „die Zelle weit träumen, in die man eingesperrt wird. Sonst hält man es nicht aus. Wissen Sie, was er uns beschrieben hat?" – „Nein", sagte ich; „was?"

„Dauerlauf an Ort", sagte er. „Eine sehr gesunde Übung."

Gruß nach vorn

Lieber Leser 1985 –!

Durch irgendeinen Zufall kramst du in der Bibliothek, findest die „Mona Lisa", stutzt und liest. Guten Tag.

Ich bin sehr befangen: du hast einen Anzug an, dessen Mode von meinem damaligen sehr absticht, auch dein Gehirn trägst du ganz anders ... Ich setze dreimal an: jedesmal mit einem andern Thema, man muß doch in Berührung kommen ... Jedesmal muß ich es wieder aufgeben – wir verstehen einander gar nicht. Ich bin wohl zu klein; meine Zeit steht mir bis zum Halse, kaum gucke ich mit dem Kopf ein bißchen über den Zeitpegel ... da, ich wußte es: du lächelst mich aus.

Alles an mir erscheint dir altmodisch: meine Art, zu schreiben und meine Grammatik und meine Haltung ...

ah, klopf mir nicht auf die Schulter, das habe ich nicht gerne. Vergeblich will ich dir sagen, wie wir es gehabt haben und wie es gewesen ist ... nichts. Du lächelst, ohnmächtig hallt meine Stimme aus der Vergangenheit und du weißt alles besser. Soll ich dir erzählen, was die Leute in meinem Zeitdorf bewegt? Genf? Shaw-Premiere? Thomas Mann? Das Fernsehen? Eine Stahlinsel im Ozean als Halteplatz für die Flugzeuge? Du bläst auf alles und der Staub fliegt meterhoch, du kannst gar nichts erkennen vor lauter Staub.

Soll ich dir Schmeicheleien sagen? Ich kann es nicht. Selbstverständlich habt ihr die Frage: „Völkerbund oder Paneuropa?" nicht gelöst; Fragen werden ja von der Menschheit nicht gelöst, sondern liegen gelassen. Selbstverständlich habt ihr fürs tägliche Leben dreihundert nichtige Maschinen mehr als wir und im übrigen seid ihr genau so dumm, genau so klug, genau so wie wir. Was von uns ist geblieben? Wühle nicht in deinem Gedächtnis nach, in dem, was du in der Schule gelernt hast. Geblieben ist, was zufällig blieb; was so neutral war, daß es hinüberkam; was wirklich groß ist, davon ungefähr die Hälfte und um die kümmert sich kein Mensch – nur am Sonntagvormittag ein bißchen, im Museum. Es ist so, wie wenn ich heute mit einem Mann aus dem Dreißigjährigen Krieg reden sollte. „Ja? gehts gut? Bei der Belagerung Magdeburgs hat es wohl sehr gezogen ...?" und was man so sagt.

Ich kann nicht einmal über die Köpfe meiner Zeitgenossen hinweg ein erhabenes Gespräch mit dir führen, so nach der Melodie: wir beide verstehen uns schon, denn du bist ein Fortgeschrittener, gleich mir. Ach, mein Lieber: auch du bist ein Zeitgenosse. Höchstens, wenn ich „Bismarck" sage und du dich erst erinnern mußt, wer das gewesen ist, grinse ich schon heute vor mich hin: du kannst dir gar nicht denken, wie stolz die Leute um mich herum auf dessen Unsterblichkeit sind ... Na, lassen wir das. Außerdem wirst du jetzt frühstücken gehen wollen.

Guten Tag. Dies Papier ist schon ganz gelb geworden, gelb wie die Zähne unsrer Landrichter, da, jetzt zerbröckelt dir das Blatt unter den Fingern ... nun, es ist auch schon so alt. Geh mit Gott, oder wie ihr das Ding dann nennt. Wir haben uns wohl nicht allzuviel mitzuteilen, wir Mittelmäßigen. Wir sind zerlebt, unser Inhalt ist mit uns dahingegangen. Die Form war alles.

Ja, die Hand will ich dir noch geben. Wegen Anstand.

Und jetzt gehst du.

Aber das rufe ich dir noch nach: Besser seid Ihr auch nicht als wir und die vorigen. Aber keine Spur, aber gar keine –

Zeugung

Die biochemischen Vorgänge sind bekannt.

Äußerlich sah es so aus, daß das nackte, gardinenlose Fenster erst hellgrau, dann graublau schien, schließlich wurde der Himmel weißlich. Die Frau wachte zuerst auf – in einem schmutzigen Hemd, mit zerzausten, ins Gesicht hängenden Haaren blickte sie trübe umher. Das Rumpeldurcheinander des Zimmers sah sie an. Durch die verklebten, zusammengekniffenen Augen erblickte sie: den Herd mit Töpfen und Papier, auf dem Tisch die leeren zwei Flaschen und eine halbvolle, ihren Unterrock auf einem Stuhl, seine Sachen über eine Stuhllehne geworfen, Stiefel, Körbe, Brocken, unabgewaschenes Geschirr, Zeitungsbogen, einen Hammer. Je weniger die Leute besitzen, desto voller sind ihre Stuben. Diese hatten nur eine: Küche, Eß- und Schlafzimmer zugleich. Darin hatten sie gestern das Kind gezeugt.

Daß es ein Sohn werden würde, wußte die Frau noch nicht. Sie sah auf den Mann; der schlief mit halboffnem Mund, schlecht rasiert, schwitzig um die Nase herum. Der Blick weckte ihn. „Koch Kaffee!" sagte er halblaut. Sie wollte zärtlich sein, in der Fortsetzung. Er küßte sie und schob sie, nicht unfreundlich, fort. Sie stand auf. Er sah sie vom Bett aus hantieren und mit den Töpfen klappern, der Vater.

Das Zimmer sah aus wie eine Tatbestandsaufnahme, wie die Photographie einer Mordstube. Der Mann richtete sich hoch und langte sich das Wollunterzeug herüber. Dann schlurrte er in Pantoffeln auf den Gang, auf den Abtritt.

Die künftige Mutter legte Brotkanten, ein Messer auf eine Tischecke, setzte zwei Kaffeetöpfe daneben. Er kehrte zurück und sie aßen. Sie sprachen nicht. Es war nichts zu sagen. Er sah kauend aus dem Fenster. Da lag die Stadt.

Er sah über die Dachschornsteine, ohne sie zu sehen. Weil der Mensch nur hinter sich sehen kann und nicht vor sich, sah er nichts. Zwei Höfe weiter stand ein Pferd, ein junges Tier, das würde ihm in zwei Jahren einen Tritt gegen den Unterleib versetzen, an dem er lange Monate krank liegen würde, arbeitslos und krank. Um die Ecke saß ein Schreiber in einem Bureau, der spitzte seinen Bleistift – mit ihm würde die Frau weglaufen, einem jungen, käsigbleichen Burschen, finnig. Hinten, weit am Horizont, wohnte der Arzt, der auch nichts für ihn tun konnte – und weiter, im Westen sein Fabrikant, der ihn dann entließ. Vorläufig kaute er noch stumpf vor sich hin.

Das, was in der Mutter war, wurde ein Sohn, die weiße Flocke. Er verreckte bei Verdun, an demselben Tage, an dem der General Falkenhayn den Orden Pour le Mérite bekam.

Die Herren Eltern erhoben sich.

Traktat über den Hund, sowie über Lärm und Geräusch

1.Scherz

a) Das Tier

„Wie dem Hund, dem auf dem Wege vom Herzen zum Maule alles zum Gebell wird."
Alfred Polgar

Der Hund ist ein von Flöhen bewohnter Organismus, der bellt (Leibniz). Dieser Definition wäre einiges hinzuzufügen.

Im Hund hat sich der bäuerische Eigentumstrieb des Menschen selbständig gemacht; der Hund ist ein monomaner Kapitalist. Er bewacht das Eigentum, das er nicht verwerten kann, um des Eigentums willen und behandelt das seines Herrn, als gebe es daneben nichts auf der Welt. Er ist auch treu um der Treue willen, ohne viel zu fragen, wem er eigentlich die Treue hält: eine Eigenschaft, die in manchen Ländern hoch geschätzt wird. Sie ist für den Betreuten recht bequem.

Einem Hund, der etwas bewacht, zuzusehen, kommt dem Erlebnis gleich, einen Urmenschen zu beobachten. Er ist stets unsicher, unruhig und macht sich mit Lärm Mut – er greift an, weil ihn seine Angst nach vorn treibt.

Der Hund ist ein anachronistisches Wesen.

Der Hund lebt ständig im Dreißigjährigen Krieg. In jedem Briefträger wittert er den fahrenden Landsknecht, im Milchmann die schwedische Vorhut, im Freund, der uns besucht, den Gottseibeiuns. Er bewacht nicht nur den Hof seines Herrn, sondern auch den Weg, der daran vorbeiführt und versteht niemals, daß die Leute, die dort gehen, neutral sind – diesen Begriff kennt er nicht. Seine Welt zerfällt in Freunde (seines Futternapfes) und in gefährliche Feinde. Undressierte Hunde leben noch im Urzustand der Erde.

Der Hund bellt immer.

Er bellt, wenn jemand kommt, sowie auch, wenn jemand geht – er bellt zwischendurch und wenn er keinen Anlaß hat, erbellt er sich einen. Er hört auch so bald nicht wieder auf, ja, es scheint, als besäßen die Hunde eine Bellblase, die man nur anzustechen braucht, damit sie sich entleere. Ein besserer Hund bellt seine vier, fünf Stunden täglich. (Weltrekord: Hund Peschke aus Königswusterhausen; bellte am 4.

Oktober 1927 zweiundfünfzigtausendvierhundertachtundsiebzigmal in sechzehn Stunden. Als das vorbei war, sprach sein Herr: „Ich weiß gar nicht, was der Hund hat – er ist so still?")

Wenn ein Hund sehr lange bellt, hört es sich an, als übergebe sich einer.

Ein Hund bellt, wenn er mit den Sinnen etwas wahrgenommen hat; daraufhin, weil ihn sein Bellen erschreckt und aufregt und des weiteren, weil sich das wahrgenommene Objekt um ihn kümmert, nicht um ihn kümmert oder davonläuft. Dieses Geschrei wird von vielen Leuten als Wachsamkeit ausgelegt; schon der französische Kynologe Hispa sagt: „Der Hund ist ein wachsames Tier, das mit seinem Gebell den Herrn nachts aufweckt, damit der aufsteht und ruft: ‚Halt die Schnauze!'" Da Hunde immer bellen, so dient ihr Gebrüll lediglich dazu, daß sich die Einbrecher vor ihrem Geschäft Gift besorgen und es dem Hundchen streuen.

Niemanden haßt der Hund so wie den Wolf; er erinnert ihn an seinen Verrat, sich dem Menschen verkauft zu haben – daher er dem Wolf seine Freiheit neidet, ihn hassend fürchtet und sich durch doppelten Verrat beim Menschen lieb Hund zu machen sucht.

Hunde blaffen mit Vorliebe schlecht gekleidete Menschen an, wie sie überhaupt die mindern Eigenschaften des Besitzers personifizieren. Nachts, wenn kein Fremder da ist, machen sie eine alte Familienfehde mit dem Mond aus. Der Mond, den das nächtliche Gebell auf der Erde stört, kehrt ihr darum seit Jahr und Tag sein blankes Hinterteil zu. Wir kommen nunmehr zu dem Tierhalter.

b) Der Tierhalter

Hundebesitzer sind die rücksichtslosesten Menschen auf der Welt.

Hier soll nicht einmal von jenen gesprochen werden, die ihrem Mistbatzen das Fressen aus Restaurationsschüsseln reichen; der Hund, frisch aus dem Popo einer Hundedame entronnen, steckt seine feuchte Nase in deinen Teller ... Aber auch sonst können Hundebesitzer zum Beispiel nicht begreifen, daß der Lärm, den ihr Liebling macht, andern Leuten nicht angenehm ist. Kein grünes Rasenstück, das er nicht verbellt.

Die Ausdehnung einer Lärmglocke, die ein bellender Hund seinen Nachbarn über den Kopf stülpt, beträgt etwa 1800 Kubikfuß; auf diese Entfernung hin hat alles an den Entzückungen, Anfällen und Aufregungen eines mittleren Hundes teilzunehmen. Es ist also unsre Pflicht, uns mit ihm zu erheben, sein Vormittagsgeschrei sowie sein Nachmittagsgebell mit ihm zu teilen und nachts zu lauschen, wie er, wenn Nachtigallen fehlen, das Mondgesäß beschimpft.

Auf diese Weise sind Villen-Vororte großer Städte fast unbewohnbar geworden, weil sich jeder gegen jeden mit einer Bellmaschine gesichert hat, die angeblich gegen Einbrecher gut ist. Es muß danach angenommen werden, daß in Vororten niemals mehr eingebrochen werden kann. Wird aber.

Ich habe mich schon so an das Gebell gewöhnt, daß ich es hier, am Kap der Roten Grütze, sehr entbehre. Kunstschriftsteller Hasenclever hat sich jedoch erboten, jeden Morgen zum Frühstück zu kommen und ein Stündchen zu bellen.

Es ist nunmehr die Stelle des Aufsatzes gekommen, wo der Hundebesitzer seinem Flohtier über die Nase streicht, mit der jener die kleinen Hundewürstchen und den Urin der Verwandten aufriecht und spricht: „Was schreiben sie denn da alles von dir! Jaa! Nicht wahr, du bellst nicht? – nein!" Und zu mir, fortfahrend: „Sie sind aber nerfeehs!"

Hätte einer im Zeitalter Ludwigs des Quecksilbernen bemerkt: „Nun wollen wir uns einmal alle jeden Morgen die Füße waschen!" – so hätte er sich mit einem hohen katholischen Heiligen entschuldigen müssen, sonst hätten sie ihn verbrannt. Hätte er für frische Luft plädiert, für Hygiene der Säuglinge – er wäre genau so ausgelacht worden wie einer, der heute für Stille plädiert. Was Stille bedeutet, wissen sie noch nicht.

„Ich höre das gar nicht!" sagen sie. Es ist nicht wahr; sie hören es doch. Davon wissen ihre Untergebenen zu sagen, die Lärm, Geratter, Wagenstöße, Klavierspiel und Hundegebell ausbaden müssen. „Was der Alte nur hat?" sagen sie dann. Es ist der Lärm. Seine schlechte Laune ist der Lärm, der aus ihm herausbrodelt und der wieder ans Licht will; er hat ihn von den Ohren her nach innen gesogen; es hilft ihm aber nichts, er kommt wieder hochgegurgelt. Um es „nicht zu hören", verbrauchen sie so viel unnötig vertane Kraft, die man besser anwenden könnte. Der Beweis dafür ist die Steigerung aller Lebenskräfte, wenn es einem gelingt, in das Reich der ungebrochenen Stille einzudringen; in den Bergen, im

Luftballon über dem Meer, auf dem Segelboot, am windstillen Tag im Wald. Da lassen die Nervenstränge nach, da entspannt sich der Wille, da ruht der Mensch. In der vollkommenen Stille hört man die ganze Welt. Nur so ist wahre Erholung möglich; sie ist aber fast unerreichbar. Gegen diese wohltuende Wirkung der Stille auf den Intellekt gibt es nur ein einziges Gegenargument: das sind die Regierungsgebäude, die gewöhnlich in stillen Parks liegen.

Menschen, die sich lebende Hunde in Mietwohnungen halten, sollten mitsamt ihrem Köter aus der Wohnung gejagt werden.

Menschen, die einen Hund anbinden oder einsperren, verdienen, ihrerseits angebunden zu werden. Es ist das äußerste an Quälerei, ein jagendes, laufendes und unruhiges Tier zu fesseln und in seiner Freiheit zu beschränken. Diese Leute haben gar keinen Hund – sie haben nur ein Stückchen Hund; der Rest ist unterdrückt und rächt sich mit flammendem Gebell.

Ich habe noch nie gesehen, daß Hundebesitzer mit Erfolg ihren Hunden, wenn sie unnütz kläffen, zu schweigen befehlen. Weil jene stumpfohrig sind, hören sie das Gebelfer nicht und bürden nun andern die Plage auf.

Dafür haben Hundebesitzer den Tick, als „bessere Menschen" durchs Leben zu gehen. Sie haben erfunden, daß es ein Zeichen von Seele sei, Hunde zu lieben, ihren schmutzigen Geruch zu ertragen, ihr lästiges Geschrei mitanzuhören. Ihre Persönlichkeit kriecht in den Hund, wo sie den Kampf ums Dasein noch einmal mitkämpft:

„Mein Hund läuft aber schneller als Ihrer!" Das ist ein großer Sieg.

Etwas gegen den Hund zu sagen, heißt für viele, am Heiligsten rühren, wo der Mensch hat. Die Hundenarren sind häufig ganz erbarmungslose Menschen; Leute, die einen Kommunisten vor ihrer Tür verbluten ließen, nicht eine Mark für entlassene Gefangene geben, überhaupt nichts Gutes tun – ihren Hund lieben sie mit jener stummen Aggressivität, die das beste Zeichen eines hohlen Affekts ist. Der Hund ist ihnen nicht nur Schutz, sondern auch Selbstbetätigung.

Nie legt ein Hundebesitzer in das Tun der Menschen a priori so viel Gutes wie in den Blick seines Hundes. Wenn ihn der ansieht, zerschmilzt er vor Lyrik. Ein Bettler wird ihn vergebens so ansehen. Der sentimentalitätstriefende Blick jenes aber heischt mit Erfolg verschmiertes Mitleid.

So ist der treue Hund so recht ein Ausdruck für die menschliche Seele. Allerseits geschätzt; nur selten in der Jugend ersäuft; gehalten, weil sich der Nachbar einen hält; von feineren Herrschaften auch als Schimpfwort benutzt – so bellt er sich durchs Leben. Und ich will nicht länger murren, wenn es kaum noch einen Fleck gibt, den er nicht verunreinigt: mit Unrat, nassem Geruch und mit nimmer endendem Lärm. Seiner Gnade ist unsre Ruhe ausgeliefert.

Eine fortgeschrittene Zivilisation wird ihn als barbarisch abschaffen.

2. Satire

Die Wahrheiten müssen Akrobaten werden, damit wir sie erkennen. O. W.

„Über Lärm und Geräusch." So schrieb Schopenhauer: „Lärm" — mit einem E; plattköpfig und stumpf kroch das um ihn herum, was er, außer Hegeln, am meisten haßte. Den Lärmempfindlichen hat er Komplimente gemacht, die wir bescheiden ablehnen ...

Da habe ich über die Hunde traktiert, eigentlich mehr über das nervenabtötende Gebell dieser Tiere und man muß schon das Vaterland, das teure und was an Generalen, Zeitungen und deutschen Männern drum und dran hängt, beleidigen, um einen solchen Lärm zu erleben. Die Aufregung, die aus Prag herüberkam, kann ich mir nur so erklären, daß Schwejk dort mit herrlich gefälschten Hunden gehandelt hat; was ich daselbst gedruckt zu hören bekommen habe, war allerdings freundlich und ging noch an. Aber die Briefe, die die Hundefreunde geschrieben haben, die kann man nicht erfinden. „Ich bin noch nie von einem Hund verbellt worden – der Hund bellt nur schlechtgekleidete Sujets an" und: „Wollte mal fragen, ob Sie keine Würstchen unter sich lassen – erfinden Sie doch mal einen Nachttopf für Hunde!" und ein „Reichsbund zur Wahrung der Hundebelange" schloß seinen Brief: „Wir zeichnen, weil es so üblich ist, mit Hochachtung" – da haben wir Glück gehabt und so in infinitum zur Morgen- und zur Abendsuppe. Wenn ich ein Hund wäre: solche Freunde möchte ich nicht haben.

Abgesehen von der triefäugigen Sentimentalität, die alle Vorwürfe akkordiert, wenn sie gegen menschliche

Säuglinge gerichtet sind, die ohne Grund brüllten, sich einmachten und überhaupt, im Gegensatz zu den süßen Hündlein, abscheulich seien – abgesehen von der göttlichen Liebe, die sich da verklemmt hat: ich habe keine leichte Zeit hinter mir. Wilhelm Speyer, der etwas von Tieren versteht, hat mir in mein hochfein möbliertes Haus geschrieben, ich sei wohl vom wilden Strindberg gebissen – ein Mann in meinen Jahren! Kurz: keiner der obbezeichneten Hunde möchte hinfürder noch ein Stück Brot von mir nehmen, wenn er eins bekäme. Lasset uns beten. Und ernsthaft untersuchen, was es denn da gegeben hat.

Durch nichts, aber auch durch nichts kann man Menschen so aus dem Häuschen bringen als dadurch, daß man ihnen verbietet, gewohnten Lärm zu machen. Du kannst eine Monarchie durch eine gleich minderwertige Republik ablösen – darüber läßt sich reden. Aber der Lärm ist geheiligt.

Der Städter ist ein armes Luder.

Zu essen bekommt er, was ihm die Händler geben, es wird nicht sauberer durch die Hände, die es passiert; vom Grund und Boden weiß er nur, daß er den andern, immer den andern gehört und widerstandslos erduldet er die satanische Komik von Grundstücksspekulanten, die mit der Haut der Erde handeln, unter die man sie – sechs Fuß tief – herunterläßt, wenn alles vorbei ist und in deren wahre Tiefen niemand dringt; unfrei ist der Städter, gebunden an Händen, Füßen, Valuta, Schullesebuch und Vaterland. Aber eine Freiheit hat er, nimmt er sich, mißbraucht er – einmal besauft sich der Sklave und spielt torkelnd den Herrn. Er macht Radau.

Daß einer eng am andern wohnt, weiß der eine; daß man nicht Feuer im Hof anzünden, nicht nachts in einer Wohnung, dem überzahlten castle, Pferde zureiten darf; daß man nicht aus dem Fenster schießt: das hat sich allmählich herumgesprochen. Belästigungen durch Rauch, durch Geschosse, durch Rohr- und Drahtleitungen, ja, durch Aufstellung von Reklametafeln sind Gegenstand braver bürgerlicher Prozesse.

Lärm aber darf gemacht werden.

Die Hundefreunde, denen man untersagt, ihren Köter zu quälen, ihn einzusperren, ihn stundenlang bellen zu lassen, fühlen sich im Heiligsten getroffen: in ihrer, verzeihen Sie das harte Wort, Freiheit.

Hat der Parzellenmensch eine Prärie um sich? Er ist in Schubladen wohnend untergebracht und richtet sich auch in allem danach – nur das Ohr des Schubladennachbarn ist Freigut; die Gehörsphäre braucht nicht geschont zu werden. Alles, was an Einfluß auf Krieg und Frieden, auf Verwendung der Steuern nicht vorhanden ist, tobt sich im Hause aus. Darin nähern sich besonders Frauen dem Urzustand der Primitiven.

Als ich das letzte Mal in Berlin wohnte, da rollte jeden Morgen eine Stunde lang eine reitende Artillerie-Brigade über die Decke dahin: eine deutsche Hausfrau (E. V.) ackerte dort ihr Schlafzimmer, anders war der Lärm nicht zu erklären.

Nun sind aber die Lebensgewohnheiten im bürgerlichen Haushalt keinem Wechsel der Geschichte unterworfen;

"der bürgerliche Haushalt wird nur deshalb betrieben, damit der archäologische Forscher dort noch heute die Arbeitsmethoden der Steinzeit studieren kann" (Sir Galahad). Hier eingreifen stößt auf Mord. Keine Zeitung, die es wagen könnte, in diesen Muff eine wettersichere Grubenlampe hinunterzulassen – das Geschrei von Hausfrauen, klavierübenden und gesangsheulenden Damen beiderlei Geschlechts, von organisierten Tierfreunden und reinmachewahnsinnigen Besessenen dampfte ihr entgegen. In meiner Wohnung kann ich machen, was ich will – das wäre ja gelacht.

Es ist zum Weinen.

Denn da und nur da sind die Wurzeln ihrer Kraft. Das ändere du mal. Da zeig mal, was du kannst. Sie machen sich das Leben schwer, den andern zur Hölle – und sie sind so stolz darauf! Die Reinmachenden machen nicht rein: sie unterliegen gewissen Zwangsvorstellungen, einen Hausgott ehrend, der unerhörte Opfer verlangt – mit Sauberkeit hat das wenig zu tun. Es ist Recht, Pflicht und göttliches Gebot, dem Nachbarn den Teppichstaub in den Suppentopf zu schlagen; wie Kanonenschläge hallt das durch die steilen Steinhöfe. Ordnung muß sein. Der schwarze Hals des Lautsprechers gurgelt im schweren Übelsein heraus, was er zuviel an Lärm gefressen hat – dazu öffnet man füglich die Fenster, damit der Nachbar auch etwas davon habe und wenn Ihnen det nich paßt, denn missen Se ehm inne Wieste ziehn.

Aber das wird nicht gut auslaufen. Denn in der Wüste steht das Zelt des Forschungsreisenden Karbumke und der hat einen Hund. Und der Hund steht, am

Zeltpflock angebunden und bellt alles an, was sich ringsum bewegt. Es soll sich, außer seinen Flöhen, nichts bewegen.

Bleiben wir im Lande und nähren wir uns redlich, die Ohren mit Wachs verklebt wie die Gefährten des Odysseus, die die Musik-Etüden des Sirenen-Konservatoriums nicht hören sollten. Schrei: „Ruhe!" Eine Flut von Schimpfworten, Geheul, Rufen, eine Wolke von geschwungenen Federbesen, eine Welle von Papierfetzen, alten Pappdeckeln, Holzstücken und Müllwasser rauscht auf. Ich weiß, wo sie verletzlich sind. Es juckt, sie da anzufassen. Da, in der Abwehr, auch da, wo sie recht haben, zum Beispiel in der Beurteilung ihrer Hunde, sind sie ganz sie selbst. Die Haut reißen sie sich herunter, so nackt sind sie da. Und keine Zeitung, keine Broschüre, kein Buch kann sie in diesem Punkt ändern. In der Stickluft dieser ungelüfteten Treibhäuser gedeihen die Mikroben der Religion, des Berufskostüms und des Vaterlandes.

Und zu wissen, daß man dazu gehört und einer von ihnen und daß da kein Grund ist zu überheblichem Mitleid, daß das Spiel mitzuspielen ist, Gleicher unter Gleichen und daß man helfen soll und lieben. Denn manchmal weinen sie und paaren sich seufzend und lallen mit ihren Kindern und sind selber welche und machen mancherlei Lärm und Geräusch.

3. Ironie und tiefere Bedeutung

> Der Schlaf kommt nicht, will nicht kommen. Unweit im Hundezwinger fangen die Jüngsten von ihnen ihr ohrenbetäubendes Jaulen und Winseln an. Oh Schrecken, das geht die ganze Nacht hindurch. Aus den Zellen brüllt es – brüllt Ruhe und flucht – und es geschieht nichts – es bringt nur wieder die schlaflose Nacht, dieses Bewußtsein der Gefangenschaft.
> Schilderung eines Gefangenen

Hätte Goethe die Hunde geliebt, so wäre der Spektakel, den ich da heraufbeschworen habe, noch größer geworden, wenn er hätte größer sein können.

Goethe aber liebte die Hunde nicht. Warten Sie ...

Johannes Falk, „Goethe aus näherem persönlichem Umgange dargestellt". Kapitel IV. Goethes wissenschaftliche Ansichten. Gespräch über Monaden.

„An eine Vernichtung ist gar nicht zu denken; aber von irgendeiner mächtigen und dabei gemeinen Monas unterwegs angehalten und ihr untergeordnet zu werden, diese Gefahr hat allerdings etwas Bedenkliches und die Furcht davor wüßte ich auf dem Wege einer bloßen Naturbetrachtung meinesteils nicht ganz zu beseitigen."

Indem ließ sich ein Hund auf der Straße mit seinem Gebell zu wiederholten Malen vernehmen. Goethe, der von Natur eine Antipathie wider alle Hunde besitzt, fuhr mit Heftigkeit ans Fenster und rief ihm entgegen:

„Stelle dich wie du willst, Larve, mich sollst du doch nicht unterkriegen!" Höchst befremdend für den, der den Zusammenhang Goethescher Ideen nicht kennt; für den aber, der damit bekannt ist, ein humoristischer Einfall, der eben am rechten Orte war!

„Dies niedrige Weltgesindel", nahm er nach einer Pause und etwas beruhigter wieder das Wort, „pflegt sich über die Maßen breitzumachen; es ist ein wahres Monadenpack, womit wir in diesem Planetenwinkel zusammengeraten sind und möchte wenig Ehre von dieser Gesellschaft, wenn sie auf andern Planeten davon hörten, für uns zu erwarten sein."

Und:

Riemer, Mitteilungen.

„Einem anderen Befremden ist auch noch zu begegnen: wie Goethe die Hunde nicht habe leiden können.

Da der Hund eine solche allgemeine Protektion des Menschen genießt, daß gegen die Verwendung und das Halten desselben von Zeit zu Zeit sogar polizeiliche Verordnungen erlassen werden müssen, so will es vielen nicht eingehen, daß ein Naturforscher wie Goethe, der über komparierte Anatomie gedacht und geschrieben, eine solche Aversion vor den Hunden könne gehabt haben, wie andere kaum vor Spinnen und Kröten, wogegen die Natur selbst dem Menschen einen Abscheu eingeflößt zu haben scheine; daß er also einen gleichsam aristokratischen Haß auf sie, als auf die mit Recht sogenannte Kanaille, geworfen und darüber fast mit einem Mächtigeren zerfallen.

Zuvörderst ist der soupçonnierte und zur Tradition, besonders durch Falks fabelhafte Anekdote, gewordene Hundeabscheu nicht von der Ausdehnung, die man annimmt, noch irgendeiner anderen Bedeutung, als daß Goethe eben kein besonderes Vergnügen an dieser Tiergattung finden konnte.

Zwar spricht er seine Abneigung im allgemeinen gegen sie in seinem Gedichte aus; doch ist es besonders nur ihr Gebell, das kläffend sein Ohr zerreißt."

Und:

> „Wundern kann es mich nicht,
> daß Menschen Hunde so lieben,
> Denn ein erbärmlicher Schuft ist
> wie der Mensch so der Hund."

Soweit Goethe.

Mit dem Lärm und Geräusch aber ist es so:

Geräusch anhören ist: an fremdem Leben teilnehmen. Ein guter Diagnostiker hat „empfindliche" Hände – sie fühlten sonst nämlich nichts. Ein Gehirnmensch hat ein „empfindliches" Gehirn – es könnte sonst nicht denken und nicht produzieren.

Nun stören Kollektivgeräusche kaum; mit Recht gewöhnt man sich daran, daß die Straße wie ein Meer erbraust, daß die Bahnen fahren, daß die Stadt jenes brodelnde Geräusch von sich gibt, das da ihr Leben anzeigt. Aber das freche Einzelgeräusch nadelt das Ohr, weil Teilnahme des fremden Lebensrhythmus erzwungen wird. Ein Übermütiger hupt fünfzehn Minuten vor einem Haus – ich warte mit ihm. Fräulein Lieschen Wendriner „übt" etwas, was sie nie lernen wird: nämlich Klavier spielen – ich übe mit. Ein Hund bellt, er schlägt einmal an – das Ohr hört es nicht. Aber wenn der angebundene, eingesperrte, unzufriedene Hund stunden- und stundenlang bellt ...

Der Hund setzt an. Irgend etwas hat seine Aufmerksamkeit erregt. Er teilt das mit. Und schweigt nun nicht mehr; für ihn freilich hat das Gebell einen Sinn, für den zu bewachenden Herrn hat es kaum einen, für uns gar keinen. Er bellt und bellt. Alles, was nun geschieht, spielt sich vor dem Hintergrund dieses unablässig bohrenden Lautes ab, er bellt Primen, das Aas, von dem einmal angeschlagenen Ton geht er nicht mehr herunter; schließlich kann niemand verlangen, daß er wie eine Nachtigall singt. Er bellt und bellt. Nun hört er auf – wie dankbar bist du für diese Stille, sei gesegnet, Stille! Wie nach einem Schiffbruch sinkst du zerschlagen am Strand der Stille nieder, so klein, so glücklich, so unendlich dankbar … Und dann zerreißt er sie wieder und wieder, nun ist es doppelt schmerzlich, gedemütigt ist man durch so viel Krach, ein Spielball dieser albernen Laune, dieser falschen Wachsamkeit, dieser Angst, diesem Anzeiger des übersteigerten Eigentumbegriffes. Gute Nacht, stille Stunde –!

„Ausschlaggebend ist aber das Bellen des Hundes: die absolut verneinende Ausdrucksbewegung. Sie beweist, daß der Hund ein Symbol des Verbrechers ist. Goethe hat dies, wenn es ihm vielleicht auch nicht ganz klar geworden ist, doch sehr deutlich empfunden. Der Teufel wählt bei ihm den Leib eines Hundes. Während Faust im Evangelium laut liest, bellt der Hund immer heftiger: der Haß gegen Christus, gegen das Gute und Wahre." Und: „Interessant ist es, wen der Hund anbellt: es sind im allgemeinen gute Menschen, die er anbellt, gemeine, hündische Naturen nicht." Aber das hat einer gesagt, der schon mit zweiundzwanzig Jahren nicht mehr wollte, so nicht mehr wollte: Otto Weininger.

Ein Kettenhund oder ein Hund im Zwinger ist etwas so naturwidriges wie ein Ziehhund oder eine dressierte Varietékatze. Aber das stundenlange, nicht ablassende, immer auf einen Ton gestellte Gebell – das ist bitter. Es zerhackt die Zeit. Es ist wie eine unablässig schlagende Uhr: wieder ist eine Sekunde herum, du mußt sterben, erhebe dich ja nicht in irgendwelche Höhen, bleibe mit den Sohlen auf der Erde, sterben mußt du, du bist aus demselben Staub wie ich Hund, du gehörst zu uns, zu mir, zur Erde, bau-wau-hau!

Und dann sieh hinaus und betrachte dir den da. Wen er anbellt. Was ihm nicht paßt. Wie ers nicht will. Der Wagen soll nicht fahren. Das Pferd soll nicht laufen. Das Kind soll nicht rufen. Er hat Angst und darum ist er frech. Er ist auch noch da, will er dir mitteilen. Du willst es gar nicht wissen? Dann teilt er dirs nochmal mit. Er schaltet sich in alle Vorgänge ein; er spektakelt, wenn er allein ist, weil er allein ist und wenn Leute da sind, weil Leute da sind; er muß sich bellen hören, um an sich zu glauben. Er bewacht, was gestohlen ist, verteidigt den, der gemordet hat, er ist treu um der Treue willen und weil er Futter bekommt. Sie sind so simpel und machen soviel Lärm. Im Grunde um nichts.

Was wächst nicht alles in der Ruhe! Was kommt nicht alles zur Blüte in der Ruhe! Alexander von Villiers sagts in den „Briefen eines Unbekannten": „Ich liege im Bett und spüre die zitternde Sukzession der Sekunden …" Stille. Ich sehne mich nach Stille. Schweigen heißt ja nicht: stumm sein.

Schriebe ich aber dasselbe von einem Motorzweirad, wenn es so pufft und knallt und rattert – da wären sie alle einer Meinung, (die keins besitzen). Was dem einen sein Motor, ist dem andern sein Hund – aber mir will es widersinnig erscheinen, in der ohnehin lärmenden Stadt Wagen herumzufahren, von Hunden bewacht, die stunden- und stundenlang die Leute, die andern Wagen und sich selbst ankläffen; es will mir hündisch erscheinen, die Vororte der großen Städte, die Stadtwohnungen selbst und das stille Land durch einen Lärm zu verpesten, der unnötig ist.

Denn in Wahrheit ist es der Hundebesitzer, der allen Tadel verdient, nicht das Tier, das ja nicht zu seinem Vergnügen bellt, sondern das so oft gequält wird. Niemand hat das Recht, aus Gedankenfaulheit Tier und Mensch so zu peinigen, wie der es tut, der nicht mit Hunden umzugehen versteht, also die Mehrzahl derer, die einen Hund besitzen.

Man muß das erstaunte Gesicht eines Hundebesitzers sehen wenn ihm einer sagt, er könne des Gebells wegen nicht schlafen. Wie? Nicht schlafen? Ja, was geht denn das den Hund an? Meinen Hund? Mein Hund sollte nicht bellen dürfen ... na, das wollen wir ja mal ... so ein schönes, gutes, ordentliches Gebell, das die Einbrecher abschreckt ...! Schlafen will der –! Hö. Und das Erstaunen wird sehr bald zur Feindschaft; sie fassen es einfach nicht, daß ihnen der Luftraum eben nicht gehört und daß wir zu eng aneinanderwohnen, als daß wir uns durch überflüssige Liebhabereien belästigen dürften. Niemand hat ein solches Recht und gegen Rücksichtslosigkeit dieser Gattung ist jede Gegenwehr erlaubt. Denn sie sind auch moralisch im Unrecht.

Wer hat das Tier lieber: der es zu stark egoistischen Zwecken hält, nämlich um sich als Herr zu fühlen, ohne der Eigenart des Tieres entgegenzukommen, die darin besteht, daß es laufen, jagen, springen, sich schnell bewegen will; der Schuft, der es anbindet und der die erschütternden Sätze Schopenhauers über diese gemeine Tierquälerei lesen sollte, sie aber nicht begreifen wird; warum soll er auch ein lebendiges Wesen nicht zu lebenslänglicher Hundehütte verdonnern?

Oder hat der das Tier lieber, der ihm die größtmögliche Freiheit wünscht, ohne im Übrigen von ihm belästigt werden zu wollen?

Was aber ein regelmäßiges, stumpfes, sinnloses und sich stundenlang wiederholendes Geräusch angeht, so müssen die Gehirne wohl verschieden gebaut sein. Ich denke mir die Hölle so, daß ich unter der Aufsicht eines preußischen Landgerichtsdirektors, der nachts von einem Reichswehrhauptmann abgelöst wird, in einem Kessel koche – vor dem sitzt einer und liest mir alte Leitartikel vor. Neben dieser Vorrichtung aber steht ein Hundezwinger, darin stehen, liegen, jaulen, brüllen, bellen und heulen zweiundvierzig Hunde. Ab und zu kommt Besuch aus dem Himmel und sieht mitleidig nach, ob ich noch da bin – das stärkt des frommen Besuchers Verdauung. Und die Hunde bellen …!

Lieber Gott, gib mit den Himmel der Geräuschlosigkeit. Unruhe produziere ich allein. Gib mir die Ruhe, die Lautlosigkeit und die Stille. Amen.

An preußischen Kaminen

Bei Stadtzauberers

Der Herr Städtische Oberzauberer Jakob Gischtschiner nahm seinen Frühkaffee ein. Er war sichtlich guter Laune – aus dem dicken Tabaksqualm, der sein Haupt umwölkte, klang melodisches Pfeifen. Denn erstens hatte er von der Stadt eine Gehaltszulage von einhundertfünfundzwanzig Talern bekommen und zweitens sah ihm das eigene Antlitz aus der illustrierten Beilage seines Leibblattes entgegen und das freut einen braven Mann immer. Ja, wahrhaftig – so sah er aus, wie er da als „Unsre Zeitgenossen XXVII" im „Berliner Guckkasten" abgebildet war: er saß am Tisch in seinem Labor; ungezwungen und doch ernst hielt er wägend ein weißes Büchschen in der Hand. Im Hintergrund spiegelte sich Flasche an Flasche, vor ihm auf schwarzem Samt lagen fein säuberlich eine Reihe Zauberstöcke, darunter auch der, den er vom Schah von Persien bekommen hatte. Es war eine herrliche Aufnahme. Jakob Gischtschiner schmunzelte. Immer und immer wieder las er den darunterstehenden Text:

> „Der Mann auf diesem Bilde ist der Städtische Oberzauberer Gischtschiner, der seit 1912 im Dienste der Stadt Berlin steht. Von 1899 bis 1911 bekleidete er die Stelle eines Stadtzauberers in Gnesen; vorher war er Famulus bei einem der sieben päpstlichen Feuerteufel. Herr Städtischer Oberzauberer Gischtschiner steht im Alter von achtundvierzig Jahren; er ist im Besitz von einem Sohn, einer Tochter und zur Zeit vierzehn künstlichen Kindern, davon sieben mit Wasserspülung."

Es stimmte auf den Punkt. Wie würde sich Aurora freuen ... Hier lief ein Schatten über das bärtige Gesicht des Meisters. Heute war Sonntag – das bedeutete Familie, Kaffeekranz, Lärm und zu all dem Spektakel noch um sechs Uhr die Ausschußsitzung im Rathaus. Herrgott! laß Abend werden – aber bald.

„Herein!" sagte der Herr Städtische Oberzauberer. Niemand kam. „Das ist sicher wieder Zebedäus", dachte er. „Aurora hat ganz Recht; ich muß wirklich einmal Ordnung machen, es treibt sich zu viel Kruppzeug in der Wohnung herum!"

Die Sache war die, daß Jakob Gischtschiner ein sehr zerstreuter Mann war. Er vergaß häufig, sein Gezaubertes wieder wegzublasen, was doch für ihn eine Kleinigkeit gewesen wäre – es sammelte sich alles an und so kam es, daß sich in der Gischtschinerschen Wohnung augenblicklich ein zahlreiches Gesindel aufhielt, erschaffen von einer Laune des Hausherrn und fest entschlossen, die schöne Zeit nicht mit Nichtstun zu vertrödeln. Allen voran tat es Zebedäus, genannt Zippi, ein kleiner sächsischer Teufel mit einem Holzkopf, den Gischtschiner vor ungefähr acht Tagen zum Spaß für die Kinder gemacht hatte ... ja, es war auch Sonntag gewesen und man hatte gut und reichlich gegessen ... Und nun lief er immer noch herum.

„Herein!" sagte er noch einmal lauter. Ein leiser Sphärenklang durchzitterte das Zimmer. Wenn man nämlich bei Gischtschiners die Türen aufmachte, streifte an der obern Kante ein Haken eine hängende Zither und entlockte ihr einen lieblichen Klang. So trat der Fremde immer etwas befangen ein, harmonisch, sanft, wie auf Engelsflügeln. Es gehörte eine starke Energie dazu, hier laute Töne anzuschlagen. „Na – nun!" Es kam herein. Vorneweg die „Milchkuh", ein sonderbar melancholisches Geschöpf auf zwei Beinen, gelb und dünn und unglaublich lang, mit Hörnern und einem Tiergesicht, knapp ansitzendem Fell und Rollen unter den Füßen. Danach „Anton, der Feuerriese", der aber noch nicht illuminiert hatte; in seinem offenen Kopf rauchten und glimmten ein paar Scheite. Dann kamen die sieben hygienischen Kinder, es waren meist Mädchen und man sah ihnen äußerlich nichts an. Dann kam eine laufende Lampe, dann folgten merkwürdige wibbelnde und kribbelnde Dinger, wie sie Herr Gischtschiner zu erschaffen pflegte, wenn er zuviel Knödel gegessen hatte – und dann, ganz zuletzt, bescheiden und festtäglich gekleidet: Zippi.

Es war ein ganz niederträchtiger Lümmel. Er war nur einen Meter hoch, aber wohlproportioniert. Augenblicklich befaßte er sich damit, seine Krawatte zurechtzuzupfen. Er trug einen Smoking; ein blütenweißes Vorhemdchen hatte er, eine strahlende Uhrkette, schwarzen Schlips, nur leider das alles hinterwärts gedreht – man wurde schwindlig, wenn man ihn ansah. Wo vorn und hinten war, hatte er in einer infamen Weise kaschiert. Er sah aus, als ob ihm eine himmlische Faust den Kopf ins Genick gedreht hätte. Dabei hatte er eine Art, diesen Kopf hinten- beziehungsweise vornüberzuwerfen, daß alles darin klapperte, das linke Auge zuzukneifen und zu kreischen: „Fräulein! Pst! Sie – Fräulein!" Das hatte er sich übrigens allein beigebracht; Herr Gischtschiner war ein feiner Mann, von dem hatte er es nicht.

Er begrüßte seinen Herrn und Meister mit dem Spruch, der ihm bei seiner Erschaffung in den Mund gelegt worden war: „Es ist die häckschtä Eisenbahn!" Sein Geschrei hatte schon einmal den Hauswirt alarmiert. Herr Gischtschiner stand auf und machte entschlossen: „Rehem!" Aber es war schon zu spät.

Die Tür tat sich abermals auf, der Himmelsdreiklang sang und verhallte klagend und im Rahmen stand, in schlichtem Morgenrock für die praktische Hausarbeit eingebunden, Aurora. Aurora Gischtschiner, geborene Bellachini.

„Köbes!" sagte Frau Aurora. Weiter nichts. Nur: „Köbes!" Es klang wie Gewitterrollen. Ängstlich drängten sich der Meister und das gesamte Geziefer in einer Ecke zusammen. Der Platzregen begann.

„Wie oft habe ich dir schon gesagt, du sollst nicht alles stehen- und liegenlassen! Habe ich einen Mann, oder habe ich keinen Mann? Nirgends mehr kann man hingehen, ohne über deine Albernheiten zu fallen! Dazu sollte sich ein ernster Beamter doch zu gut sein! Aber ich werde es den Herren im Rat schon sagen – ganz bestimmt sage ich es! Einen feinen Chef habt ihr euch da ausgesucht – werde ich sagen!"

Flehend näherte sich der Herr Oberzauberer seinem Weib. „Nichts da!" rief sie. „Du fauler Kerl! Du Nichtsnutz! Du Firlefanz und Hallodri!" – „Ich blase sie auf der Stelle aus", sagte der Herr Oberzauberer. „Huch!" schrie Frau Aurora. Denn kaum hatte er das vom Ausblasen gesagt, da witschte Zebedäus durch Frau Aurora unten durch, nicht drüber weg und zur Tür hinaus. Aber nun gings los.

„Du wirst sie ausblasen, du Schlappschwanz!" höhnte sie. „Da – der Hauptkerl ist weg und das hier sind nicht einmal alle. Der Lange, der immer mit den Glasaugen jongliert und das lebende Reimlexikon sind in der Speisekammer bei den eingemachten Äpfeln, Minna hat ihre liebe Not. Das Mädchen ist neu und muß angelernt werden – nichts nimmst du einem ab! Dann blas wenigstens die hier aus! Marsch!"

Herr Gischtschiner ergriff einen dunkelblauen Zauberstock mit einem silbernen Alpha privativum. „Phütt!" machte Herr Gitschschiner. Und sieh – und sieh – das Geziefer schrumpfte zusammen, wurde farblos, versank. „Pütt!" machte er noch einmal. Sie waren nicht mehr da. Seufzend krachte Frau Aurora auf einen Stuhl. „Dieser Mann – ach! ich unglückliches Weib!" Aufgelöste Haarsträhnen legten sich einem Schleier gleich um ihren Schmerz …

Gischtschinern war nicht wohl. Vorsichtig wollte er auf den Zehenspitzen hinaus zur Tür, wie vorhin Zebedäus –

Sie wischte sich energisch die Nase. „Köbes!" sagte sie. „Jetzt gehst du überall herum und räumst auf! Zu Mittag ist Mama da, dann kommen Merlins, Herr Dalailamaaspirant Obermeier und Frau und den jungen Pfefferström habe ich auch gebeten, du weißt, er interessiert sich für Käthe. Und er ist trotz seiner Pickel ein lieber und reicher Mensch. Herrgott, der Kalbsbraten – du besorgst alles, gelt, Köbes?"

Sie war schon wieder ganz im Bilde. So war sie: zürnen, aber auch wieder bereit zur Versöhnung – man konnte ihr nicht böse sein.

Ahnungsvoll machte sich Herr Gischtschiner ans Werk. Zunächst begab er sich ins Badezimmer, wo er das Wasser laufen hörte und dazu ein unterdrücktes Stöhnen. Ach, du lieber Gott –! Da lag Karl der Dicke, ein historischer Spaß: im Lexikon war kein Bild dieses Herrschers und der Hauslehrer von Franz brauchte ihn zum Anschauungsunterricht ... da lag Karl der Dicke in der Badewanne und mußte sich einen Wasserstrahl in den Mund laufen lassen. Szepter und Krone schwammen auf den Wellen. Gischtschiner stellte den Hahn ab und wollte schon den Fürsten aus der Wanne heben – schade! er hätte früher kommen sollen. Das Wasser spritzte nur so – die Haut hatte nicht länger gehalten und nun konnte er sich das Wegblasen sparen. Der war hin. Aber wer hatte das gemacht? Das kleine, mit Gras besäte Schweinchen, das langsam die Wand hinaufkletterte und das er ärgerlich wegblies, konnte es nicht gewesen sein. Die Spiegelwanzen auch nicht. Das war Zebedäus. Na warte!

Er fand ihn nicht. Er fand alles mögliche – denn er räumte gründlich auf. Bis auf den Boden kletterte er hinauf. Er fand Dinge, die er gesucht hatte wie eine Stecknadel, so zum Beispiel den wandelnden Zopf; er fand ein hohes C für Kehlkopfgröße 4, in einer stillen Ecke stiegen rote und grüne Kugeln auf und ab – nur Zebedäus fand er nicht. Er stieß auf Wesen, deren er sich kaum mehr entsann – beim Wegblasen überkam ihn die Erinnerung und er mußte nachdenken, wann und unter welchen Umständen er sie geschaffen hatte. „Ja, ja – das war damals, richtig –", sagte er versonnen und zerblies das Photographiealbum mit Musik, zu dem er den Schlüssel an der Uhrkette trug. Es stammte noch von einem vergnügten Herrenabend – Frau Aurora brauchte nicht gerade hineinzusehen ... Auch „Alle Neune" fand sich bei dieser Gelegenheit vor, ein Ding mit vielen Kegelbeinen, das man gut als Briefbeschwerer gebrauchen konnte. Und da lagen noch alte Zauberhefte aus seiner Schulzeit auf dem Boden herum – es ist ein seltsames Gefühl für einen alten Mann, die Zeugen seiner Jugend unverändert wiederzufinden. Wehmütig sah er die ungelenke Kinderhandschrift: „Abra – ca – dabra –" buchstabierte er – und dann ein schiefes Pentagramm. Er konnte sich nicht entschließen, zu blasen; liebevoll strich er über die blauen, fleckigen Pappdeckel und steckte dann die Hefte sorgsam in die Tasche.

Zippi war ganz und gar verschwunden. Spuren waren allerdings vorhanden; das geübte Zauberauge entdeckte sofort, daß hier und da jemand Allotria getrieben hatte. In einem Zimmer waren alle Fliegen gelb angestrichen, in einem andern funktionierten die Spiegel nicht mehr – von dem Übeltäter war nichts zu sehen. Nun, sonst war jedenfalls Ordnung gemacht, und Herr Jakob Gischtschiner war ganz gehobener Stimmung, als er sich den schwarzen Rock für das Mittagessen anzog. Aurora würde mit ihm zufrieden sein – die Gäste konnten kommen.

Und sie kamen. Frau Merlin in einem wundervollen Chamäleonkleid, das in allen Farben spielte, je nach dem Hintergrund, vor dem sie gerade saß; Herr Merlin im Gehrock und spitzer Magiermütze mit gelb eingewirkten Schlangen. Frau Obermeier, die sich bürgerlich gekleidet hatte, war dem Platzen nahe.

Sie kamen, begrüßten einander zuckersüß und waren bald im angeregtesten Gespräch – die Männer beim Fachsimpeln, die Damen beim Klatsch. Nur zwei sprachen nicht von den neuen indischen Zaubersprüchen, die die Stadt Berlin ankaufen wollte und auch nicht von dem dritten „Kammermädchen", das sich der alte Rübezahl bereits zugelegt hatte (es war übrigens wirklich ein Skandal! ein Mann in seinen Jahren!) – sondern diese beiden sahen sich häufiger in die Augen, als daß sie sich unterhielten.

Die Tochter des Herrn Städtischen Oberzauberers war nicht nur eine gute Partie – sie war auch ein hübsches Kind. Sie hatte ein wenig geschlitzte Augen mit kugeligen Deckeln, sie sah fast aus wie eine Japanerin – aber hübsch war sie doch und so gebildet! Herr Unterzauberer Pfefferström hinwiederum, der jüngste Assistent im Städtischen Dezernat für Zauberei und Verwaltungsmagie, war ein dicker, beweglicher junger Herr, der alle Leute alles fragte, alles sagte und alles wußte. Nur eines wußte er nicht. Die Damen waren für ihn ein süßes Geheimnis. Es war schon einmal vorgekommen, daß er eine junge Frau, die ihrer Stunde entgegensah, gefragt hatte, wann sie denn zu heiraten gedächte – und auch der herrliche Jaspisstrauß, den er ihr am Geburtstage ihres Söhnchens mit einem artigen Schreiben gezaubert hatte, hatte nichts an der Blamage zu ändern vermocht. Jetzt saß er Käthen an einem kleinen Ziertischchen gegenüber und sah hold und dämlich vor sich nieder.

Man setzte sich zu Tisch. Es ging sehr festlich zu – die Suppe war heiß und kleine beflügelte Putten bliesen aus vollen Backen in die ölige, schwere Flüssigkeit. Stolpernd kroch der Brotkorb zwischen den Tellern einher und bot jedem seine Last an, der davon wollte. Oben, auf dem Kronleuchter, saß eine Maikäferkapelle und fiedelte munter eine kleine Tischmusik.

Das zweite Gericht, nahrhafter Sauerampfer, mundete trefflich und wurde von allen Seiten gelobt. Die Damen besprachen das Rezept, man aß einen milden Fisch und gerade wollte Frau Gischtschiner den saftigen Kalbsbraten anschneiden: da stürzte Minna zur Tür herein, mit hochrotem Kopf, die Augen voller Tränen und an ihren Röcken hing – wer? Zippi.

Er kniff das linke Auge zu und warf den Holzkopf hintenüber, daß es schepperte. „Pst! Sie! Fräulein!" schrie er. „Pfui!" sagten die anwesenden Damen. Frau Aurora sah mit einem schnellen Blick auf den Städtischen Oberzauberer, der auf seinem Stuhl zusammenkroch. „Gneh Herr," heulte Minna, „der Lümmel setzt mir andauernd zu. Zwei Omeléhs habe ich schon verbrannt! Er stört mich und sagt einem ganz gemeine Sachen. Kusch!" machte sie zu dem Kleinen. Zebedäus war auf ein Stühlchen geklettert, stand da und sang:

„Wer ein wenig mich kennt,
Weiß, ich bin abstinent,
Von frühmorgens bis abends um Neun!
Nicht ein Weib existiert,
Das mich –"

„Sehen Sie? Hören Sie? Nein – in so einem Hause bleibe ich nicht eine Minute länger!" rief Minna entrüstet.

Der Oberzauberer wollte aufstehen, an seinen Arbeitsschrank ... aber ehe er so weit war, hatte der dicke Pfefferström aus seiner Brusttasche einen zusammenklappbaren Zauberstock herausgeholt, denn er trug stets alles zusammenklappbar bei sich und zielte damit auf Zippi. Der kreischte gerade.

„Es ist die häckschtä Ei–"

Wupp – war er weg.

Und da geschah etwas Seltsames. Denn als sich Pfefferström wieder auf seinen Platz, auf dem so viel zu essen für ihn stand, zurückbegeben wollte, als sich alle um ihn drängten, um ihm für seine Geistesgegenwart zu danken, fiel ihm Käthe, ehe er es sich versah, um den Hals und küßte ihn. „Papa – Mama –" sagte sie, „ihr müßt uns Mann und Frau werden lassen!"

Die Überraschung war grenzenlos. Frau Aurora war sehr stolz auf ihre Tochter, Herr Gischtschiner, froh, eine Ablenkung gefunden zu haben, schickte eine kleine Eisenbahn, die Sekt herauffahren sollte, in den Keller, Obermeiers freuten sich über die Verlobung und den Sekt und Merlins freuten sich über die Verlobung, den Sekt und Obermeiers. Auch Minna trocknete ihre Tränen und brachte die Eierkuchen und den Kaffee.

Es wurde urgemütlich. Die Damen nippten den süßen Likör, Irrlichter hüpften, ohne den guten Teppich anzubrennen, herum und zündeten den Herren die Zigarren an, die kleine Eisenbahn schnaufte und apportierte der Hausfrau den Schlüsselkorb. Die alte Mama Bellachini erzählte aus ihrer Jugendzeit, wie sie im Feenpensionat war, sie erzählte von ihrem Großvater, der noch unter dem Alten Fritzen gezaubert hatte und alle hörten ehrfurchtsvoll zu. Dann wurde der jüngste Merlin von seiner Mutter in den Mittelpunkt geschoben. „Na, Traugottchen," sagte sie, „nun zeig mal dem Onkel und der Tante das mit den Bällen! Na?" Das Kind machte unendlich langsam den Mund auf, gab sich einen leichten Klaps auf den Hinterkopf und ließ eine rote Billardkugel aus sich herauskullern und dann noch eine und noch eine. Lauter Beifall brach los. „So ein begabtes, artiges Kind!" Papa Merlin lächelte geschmeichelt in seinen grauen Seidenbart, Mama Merlin strahlte und auch das Brautpaar bezeigte seine Freude. „Nimm dir ein Beispiel daran, Franz!" sagte Frau Aurora zu ihrem Sohn, der noch nichts weiter zaubern konnte als seinen unglücklichen Hauslehrer an den Stuhl festkleben. Franz zog eine dicke Schnute.

Die Herren rauchten, die Damen schwatzten, das Brautpaar lächelte und drückte sich die Hände – die Zeit verging. „Ich bin fünf Uhr", sagte der Nußbaumregulator und räusperte sich.

„Meine Herrschaften," – der Herr Städtische Oberzauberer erhob sich – „es tut mir leid, aber die Pflicht ruft. Lassen Sie sich nicht stören. Ich gehe jetzt aufs Rathaus, Steuern zaubern!" Sprachs und stülpte sich den Zylinder auf den Kopf. Ein fröhliches Abschiednehmen hub an, mit Händeschütteln und erneuten Glück- und Segenswünschen.

Draußen in der Küche saß Minna. Sie blickte träumend ins Herdfeuer. „Eigentlich", sagte sie, „tuts mir leid. Er hatte ja eine mächtig große Schnauze und einen Holzkopf – aber er war doch ein Mann –!"

Literatur, Theater und etwas Musik

Geschichten dürfen nicht in Breslau spielen –
sonst wird der Leser frech.
Geschichten müssen in Breslau spielen –
dann fühlt sich der Leser gemütlich.
Also wo sollen Geschichten spielen –?

Goethe

Konjugation in deutscher Sprache

Ich persönlich liebe
du liebst irgendwie
er betätigt sich sexuell
wir sind erotisch eingestellt
ihr liebt mit am besten
sie leiten die Abteilung: Liebe.

Der neue Kürschner

Einst wurde Roda Roda von Freunden herausgefordert: er könne ja vieles erreichen, aber eines nicht. Nie, niemals würde er den ersten Platz im Kürschner einnehmen. Das Jahr ging zu Ende, der neue Kürschner erschien und am Anfang stand:

Aaba, siehe Roda Roda

(Wobei besonders schön das fürsorgliche Doppel-A ist: damit auch ja nichts passieren kann.) Aaba Aaba aber steht auch heute noch an erster Stelle in Kürschners Literaturkalender.

Das dicke Buch präsentiert sich in schmuckem, rotem Leineneinband, sehr empfindlich, also für die Redaktionsarbeit durchaus geeignet: man sieht jeden Hauch, jeden Fingerabdruck darauf und eine Diskussion mit nasser Aussprache in der Nähe des Buches ist nicht gut möglich. Der alte Satzspiegel ist beibehalten worden, aber ein weißer, breiter Rand ist neu, wodurch das Büchlein größer geworden ist, der Druck nicht deutlicher. Einige Photos zieren den Band – aber das schadet nichts.

Wir sind unsrer achttausendzweihundert – die „Gelehrten" nicht eingerechnet, die, zwanzigtausend Mann hoch, in einem besonderen „Gelehrten-Kalender" vereinigt sind. Achttausend … ohne die Zerquetschten. Lasset uns ein wenig blättern.

*

Zunächst sieht jeder nach, ob er selber drin steht. Dann ziemt es sich, die Freunde aufzusuchen – ob vielleicht einer von ihnen mit einem Druckfehler gesegnet ist, ob sie auch alle da sind, wo sie wohnen, wo sie geboren sind, schau! schau! „20. Auflage" – wer hätte das gedacht! und: „Chef vom Dienst", nimm nur das Maul nicht so voll ...

Manche sind verschwunden, andre sind neu hinzugekommen; statt Kurt Eisner steht da zum Beispiel:

> Arco auf Valley, Anton, Graf, Geschichtspolitisch, Luftverkehr, Prokurist b. d. Süddtsch. Lufthansa, München, Briennerstr. 50b.

Diese Berufsangabe ist unvollständig – hier fehlt etwas.

Besuchst du deine Freunde im Kürschner, so fällt dir auf, daß da fast immer jemand ist, der „auch so heißt" — es gibt ja ganze Schriftstellergenerationen, bei denen das Dichten endemisch ist: die Hirschfelds von heute heißen Neumann oder Müller ... Wolfgang Gneisenau, geb. Goetz, gibt seine Arbeiten an; als erste: „Origines gentis Goetz". Der Ursprung der gens Goetz? Papier, Herr, Papier.

Bei manchen braucht man gar nicht erst das Geburtsdatum nachzusehen, das viele Damen ausgelassen haben – ein Blick auf die Buchtitel genügt. Roman: „Und sie rüttelte an der Kette" – genug, ich weiß. Auch ist anzumerken, daß offenbar die unbekannten Schriftsteller am meisten geschrieben haben und wie bei Rundfragen die di minores sich gewöhnlich über lange Seiten ausbreiten, die Gelegenheit, endlich einmal gedruckt zu werden, atemlos ausnutzend, so gibt es hier Kaninchenböcke, von deren unmäßiger Produktion wir uns nichts träumen lassen. Demitrius Schrutz (Adresse: Frau Rosa Obrist) hat eine ganze Kürschner-Spalte vollgedichtet; seit dem Jahre 1885 gehen dem Mann die Stücke jährlich wie die Bandwürmer ab, ringeln sich noch ein wenig und liegen dann still.

Wer aber alles noch lebt, das ist mitunter gespenstisch zu sehen. Von meinem alten Lehrer Hänschen Draheim will ich gar nicht reden – Mehring, du hast immer erzählt, er habe ein Buch geschrieben: „Ein falsches ‚Und' bei Lessing", das steht aber nicht drin; doch denkt nur: den alten Joseph von Lauff gibt es noch und wirklich und wahrhaftig:

> Eschstruth, Nataly v. (verw. v. Knobelsdorf-Brenkendorf), Romane, Majorswitwe.

Sie wohnt, wie nicht anders zu erwarten, in einer Kaiser-Wilhelm-Straße. Und inzwischen hat ihre Kunst die von Reimann erfundene Courths-M. übernommen; ob sich die beiden Damen wohl kennen?

Man lernt viel Neues aus dem Kürschner: es gibt, natürlich, ein Buch über „Eberswalde u. s. freiwillige Feuerwehr"; der unzuverlässige Bearbeiter des „Richtigen Berliners" hat ein Buch gebucht: „Die Bühnenanweisung im deutschen Drama" und wer nicht artig ist, muß es lesen – und Pseudonyme sind da, daß man vor Neid erblassen könnte. Neckische: „Hidigeigei" und „Latschenbock" und „Kiki" und „Joachim Friedenthal" … nein, das ist wohl kein Pseudonym. Einer heißt Heinrich Wilhelm Hubert Evers, sein Pseudonym, das ihn der Menschheit verbirgt, ist: W. Heinz Evers. Nur ein Apotheker kann auf solche Idee kommen.

So stehen wir denn alle im Kürschner verzeichnet und jeder der Achttausendzweihundert hat, wenn er darin blättert, sicher einmal gesagt: „Ich möchte nur wissen, wozu die Leute so viel Bücher schreiben!" (Anwesende ausgeschlossen.) Denn so geht das:

Das große Erlebnis, das sich vor einer Schreibmaschine, Bibliotheksbänden, einem Weib entzündet; göttlicher Funke, leuchtendes Auge, tiefe Einsamkeit, schwarzer Kaffee und was jeder so braucht; saubere Reinschrift und Paketsendung an eine Verlegerei; wehende Fahnen und haftende Druckfehler; vor Neuheit krachende Bände und verliebte Widmungen; boshafte Kritiken und Hymnen auf strikte Gegenseitigkeit; eine Postanweisung, ein Scheckchen Honorar; stockender Absatz und staubende Vergessenheit; gehäutete Schlange, Dummstolz und Skepsis; angegriffen, abgegriffen, vergriffen ... und dann eine halbe Petitzeile in Kürschners Literaturkalender:

Agonie der Leidenschaft. Roman. 1901.

Brief an den Staatsanwalt

Hierdurch tue ich Dir kund und zu wissen, daß ich am neunundzwanzigsten Februar dieses Jahres gegen den § 184 (Verbreitung unzüchtiger Schriften) ein bißchen habe verstoßen helfen. Ich habe mir nämlich in der Buchhandlung Hujahn in der Rügenwalder Straße 29 ein großes Buch mit durchaus unerlaubten Bildern gekauft. Das Buch ist zweihundertvierundsiebzig Seiten stark, gutes Friedens-Velinpapier, bedruckt mit mattgetönten farbigen Lithographien eines in Bayern wohnhaften Malers. Es ist im Jahre 1919 in München erschienen. Herr Hujahn gab es mir im kleinen Hinterzimmer unter einer sausenden Gasflamme, aus einem Geldschrank; er blinzelte stark dabei, putzte sich schämig die Brillengläser und nahm zweihundert Prozent Teuerungszuschlag.

Es ist ja möglich, lieber Staatsanwalt, daß diese Angaben alle nicht stimmen; aber Du hast doch eine so vorzügliche Polizei – Du wirst es schon herausbekommen. Mach aber keine Haussuchung bei mir: Ich habe das Buch in einer Laube vergraben. Komm, wir wollen spielen: „Feuer, Wasser, Kohle…" Streng dich an; such, such, such –!

Man müßte dergleichen übrigens wirklich beschlagnahmen. Denk mal, was da alles darin ist…! Jetzt sitzt Du Armer mit gespitztem Bleistift da, vor Dir liegen die „Mona Lisa" und Deine Karriere und wenn Du diese Seiten für unzüchtig erklärst, dann wirst Du vielleicht bald Oberstaatsanwalt. Ich will es also ganz vorsichtig anfangen, Onkel.

Es sind Sinnbilder, weißt Du – Allegorien, wenn Du Dich auf Deine Prima besinnst, aber sie sind doch sehr schön. Wenn wir das, was Du dem Onkel Magnus Hirschfeld beschlagnahmst, mit einer Eins bezeichnen und das, was manche Pfaffen bei der Venus von Lonjumeau ausschließlich zu sehen pflegen, mit einer Zwei, dann liegen folgende Bilder vor mir:

Da schippt ein Mann lauter Gold in eine Erdspalte, aber das ist gar keine Erdspalte. Was hältst Du von dem Manne? „Symbolisch", würde Wilhelm Bendow sagen.

Und dann ist ein alter Herr da, der sammelt Zweien: er hat sie alle auf dem Tisch ausgebreitet, fein säuberlich mit Zettelchen etikettiert und er beguckt sie sich durch eine Lupe, ob er vielleicht eine doppelt hat. Und dann ist ein Bild da, das kannst Du gewiß nicht beschlagnahmen: da steht eine dicke Frau vor dem Elefantenzwinger und sieht sich den Rüssel an und sagt gar nichts. Und ein Bild ist da, das hat keine Unterschrift, aber ich glaube, das weißt sogar Du, was es bedeutet: ein nacktes Mädchen liegt mit gespreizten Beinen auf der Straße, denk mal, mitten auf der Straße! und diese lange Straße geht nun gerade durch das Mädchen hindurch. Und eine Frau ist da, ein Frauenkopf mit süß geschlossenen Augen – sie lauscht wohl auf Musik. Aber an ihrem Ohr macht sich ein kleiner Mann zu schaffen, ich kann Dir gar nicht sagen, wie.

Und es sind auch Vorkommnisse aus dem Familienleben abgebildet: wie ein ganzes Fenster voller Frauen in Aufregung gerät, sie fallen beinah auf die Straße, soweit beugen sie sich hinaus – denn unten steht ein Mann und verrichtet bescheiden ein kleines Werk. Und eine Malerin malt einen männlichen Akt: sie malt ihn ganz richtig, nur wächst ihr die Proportion ins Ungeheure. Und eine fette Frau mit einem Kreuz am Hals gibt aus ihrer ungeheuern Brust einem proletarischen Säugling zu trinken und das wird von vier Seiten gefilmt und ich glaube, das heißt: Wohltätigkeit.

Der wilde Affentanz der Geschlechter zieht vorüber, in allen, sagen wir, Lagen des menschlichen Lebens, in allen Situationen mit den wenigen nur denkbaren Abwechslungen, die einem der liebe Gott beschert hat. Du bist auch darin, lieber Staatsanwalt. Du stehst vor einem großen Bild in der Ausstellung und mißt an einem gewaltigen Schinken den Popo, auf daß er ja nicht das Maß Deiner Sittlichkeit überschreite. Und wenn ich mir den ganzen Phall betrachte, die alten Jungfern, die danach gieren und die alten Kerle, die danach gieren und die jungen Dinger, die viel, viel mehr von der Sache verstehen, als man ihnen ansieht und all das lächerliche Gekrampfe, all den Lärm, der um diesen einen Eierkuchen gemacht wird, dann muß ich schon sagen: Es geht nirgends so merkwürdig zu wie auf der Welt.

Jetzt bist Du böse… Jetzt sagst Du gewiß, ich sei einer, der das Schamgefühl gröblich verletzt habe und obgleich ich doch meine symbolischen Zahlen kaum gebraucht habe, fängst Du am Ende einen Prozeß mit mir an und ich muß mir von den Professoren bescheinigen lassen, daß ich keinen Menschen habe unterhalten wollen, sondern daß ich ein höherer Künstler bin. Oder ist es vielleicht unterhaltsam, wenn alte, verbrauchte Frauen vor dem Spiegel stehen wie Jericho auf den Trümmern Karthagos und sich die Rudimente ansehen, die noch übrig sind?

Onkelchen, sei wieder gut. Und wenn Du Deine sella curulis verlassen hast und in den staatlich konzessionierten Schoß Deiner Familie zurückgekehrt bist, dann drück den Daumen für mich, daß mir noch einmal in meinem Leben solch ein Chanson glückt, wie es die Zeichnung auf Seite 83 darstellt. Hinter dem Souffleurkasten, vorn an der Rampe, steht, mit dem Rücken zum Publikum, eine junge Dame, die sich das Wenige, womit sie bekleidet ist, auch noch emporgehoben hat. Ihre linke Hand... na, lassen wir das. Es scheint eine Szene aus dem „Götz von Berlichingen" zu sein, die da gespielt wird. Aus ihrem überschnittenen Profil ist zu ersehen, wie entzückend schnuppe ihr die ganze Geschichte ist. Und solch ein Chanson möchte ich einmal schreiben.

Und Dir, Onkelchen, will ich es widmen. „Seinem lieben Staatsanwalt in tiefsinniger Verehrung
hochachtungsvoll
Peter Panter."

P.S. Das Buch gibts wirklich. Der Zeichner ist Ungar und heißt Boris. Du kannst ihm aber nichts mehr tun: er ist, ein ganz junger Mensch, in der Schweiz gestorben.

Das

sollte man einmal jeder großen Schauspielerin sagen: daß sie die gefährlichste Rivalin an sich selbst hat. Der Wiener Oscar Sachs, diese letzte Nestroyfigur, hat einst folgenden Ausspruch getan: „Mir hat geträumt, daß i auf einem großen Friedhof umhergeh und dort liegen alle, alle Komiker – und i spazier da ganz allein –!" Nur Komiker haben noch diese Naivität der Ausschließlichkeit, die sonst Frauen vorbehalten ist. Was also tut eine Schauspielerin, die es zu etwas gebracht hat –?

Sie achtet mit minutiöser Sorgfalt darauf, daß keine, keine neben ihr besteht. Sie beißt sie alle weg: die Schönen, die Begabten, die Grotesk-Komischen, die Langbeinigen, die Beliebten – Nacht muß es sein, wo Fräulein

Friedlands Sterne strahlen und so hat fast jeder weibliche Star eine Wüste um sich, darinnen sie das Oäslein. Denn dies ist der erste Regierungsakt, den sie tut: den Regisseur, den Direktor, den Geldmann zu veranlassen, im selben Stück keine Kollegin zu beschäftigen, die vielleicht auch gefallen, interessieren, Erfolg haben könnte ... Sie verbietet es. Er darf es nicht. Und wir langweilen uns.

Ich sehe niemand an, denn es ist wenig unterhaltsam, in diese Schlinggewächse des Klatsches zu steigen, auch ist es gar nicht wichtig. Das Theater aber lamentiert, es werde nicht mehr so beachtet wie früher – tragen diese Frauen nicht einen Teil der Schuld, die sonst die Zeit auf sich nehmen mag –? Wollen wir den ganzen lieben langen Winter nur Frau Pietsch und noch einmal Frau Pietsch und nichts als Frau Pietsch sehen? Wie rasch nutzt sich ihr Ton ab, wie schnell wird er blechern, auch das Ohr ist eines Tages übersättigt. Qualvoll diese Augenblicke, wo der Star nicht auf der Bühne steht, nervenzerpflückend das kindische Geplapper sechster Größen, die gerade noch auftreten dürfen ... Und das alles, weil SIE diese törichten Filmmanieren eingeführt hat: „Adam, Eva und die Schlange? Die Titelrollen spiele ich!" Wie schlau, wie fein kalkuliert, wie dumm!

Laß dich nicht tyrannisieren, Direktor. Bleibe hart, Regisseur! Enteile dem Schlafzimmerzauber, glaub nicht an den Kritiker im Bärtchen, gib nicht nach. Stich dem Star den Star: gib uns die fruchtbare Vielweiberei, die Vielgötterei, das Ensemble.

Richard Alexander

Als ich volljährig wurde und mein Geld ausbezahlt bekam und es war eine Zangengeburt, denn eine ganze Phalanx von Onkeln stand davor, da gingen wir selbdritt bummeln. Im ersten Übermut und in einem Anfall von Größenwahn steckte ich mir hundert Mark ein und lud den Dicken und den Kleinen auf die Berliner Kirchweih. Anfing es bei Richard Alexander.

Ich kann Ihnen noch die Loge zeigen, in der wir damals gesessen haben. Vor Lachen sind wir beinah herausgefallen.

Ich besinne mich genau auf das Stück, das gespielt wurde. Es handelte sich darum, daß Richard Alexander – Schwerenöter und Mann von Halbwelt – eine junge maskierte Dame zu sich ins Séparée (französisch; soviel wie Spielzimmer) geladen hatte und sie sich dort, eine Weile vergeblich, bemühten, sich gegenseitig auszuziehen: sie ihn finanziell, er sie richtig. Mit ihrer Maske fing er an. Und die nahm sie auch schließlich ab. Alexander konnte fünf Minuten lang nicht weiterspielen – so lachten die Leute. Ihm gegenüber saß ein Miesnick, was, Miesnick! – ein Mädchen, mit dem das Lokal aufgewaschen wurde, ein Lappen von einem Mädchen ... Und er tat gar nichts, sondern jedesmal, wenn er wieder ansetzen wollte, zu sprechen, dann mußte er sich leise abwenden und ein bißchen mit der Stimme kiksen. Und dann fing das Lachgeschrei im Theater wieder von vorn an und er hatte doch gar nichts gesagt.

Wie oft haben wir noch über ihn gelacht! Immer kam da ein Akt vor, in dem spazierte er in Unterhosen umher – sie waren berühmt, diese Unterhosen! – und jener große Augenblick, wo er „Himmel, meine Frau!" murmelte, badete das ganze Haus in ein unendlich wohliges Entzücken. Ich weiß noch, wie ich einmal neben einer richtigen Dame saß und jener sang den ganzen Abend: „Mit fester Hand – aber mit zitterndem Stift!" und man hatte nicht das häßliche Gefühl, daß nun jede Frau im Theater vogelfrei wäre. Den letzten entscheidenden Millimeter hat er niemals überschritten.

Das mit der „festen Hand" war in jenem Stück, wo er zur Freude von ganz Berlin bei Mannheimer Anprobieren gelernt hatte, weil das in dem Stück vorkam und er es auch ganz richtig machen wollte. Und nun zupfte er den Damen so fachmännisch an den Kleidern herum, daß die ganze Konfektion verständnisinnig und tief geschmeichelt lächelte: Ja, wirklich – das war wie im Leben!

Als er ging, machte er keinen Ehren-Abschieds-Benefiz-Gala-Abend – sondern eines Tages stand in der Zeitung, er spiele an dem und dem Tag zum letztenmal. Ich schrieb ihm damals ein kleines Gedicht auf und er schickte mir einen großen Karton, auf dem war er in seinen hundert und aberhundert Rollen abgebildet – in allen jenen französischen Possen, die das Entzücken unsrer Eltern gebildet hatten.

Es war Theater aus der Zeit, wo die Börseaner noch mit den Goldstücken in der Hosentasche klimperten; das Vergnügen hatte einen andern Klang. Die reichen Leute und viele andre fuhren in die Blumenstraße hinaus – sie hätte noch hundertmal weiter sein können, sie wären doch alle gekommen. „Wie Sie nach der Blumenstraße kommen –? Da fahren Sie nach Frankfurt an der Oder und loofen det Sticksgen wieder zurück –!" Es war eine Tradition, die sich da gebildet hatte: auf der Bühne und in den Logen, zwischen den Kulissen und im Parkett.

Seine Späße klebten nicht, nichts wurde mit schweißiger Hand serviert, alles blieb nett und amüsant und man brauchte sich nicht zu schämen, mit andern gelacht zu haben. Er war komisch: in seinen langen Beinen zuckte die Lustigkeit, in seiner Nase steckte die gute Laune, in seinem Kehlkopf gluckste der Humor. Er hat Hunderttausende froh gemacht.

Ja, in jener ersten Nacht gingen wir dann noch weiter: es gab meinen Lieblingswein, roten Aßmannshäuser und die beiden immer injeladen, nicht bloß uffjefordert! – und dann rollten wir zu Claire Waldoff, die uns mitteilte, daß nach ihren Beinen ganz Berlin verrückt sei und uns wissen ließ, daß er Hermann heeße. Und sie lag mit all ihrer Drolerie und ihrer großen Keßheit durchaus an der Pauke ...

Die beiden andern sind etwas Rechtes geworden: der Dicke ist ein reicher Bankier, der mit Ausnahme seiner Steuern alles nach Dollars berechnet – und der Kleine ist ein höherer Beamter von untadliger monarchistischer Gesinnung und also durchaus befähigt, in der Republik Karriere zu machen. Es war eine heitere Zeit.

*

Das ist mir eingefallen, als ich las, daß Richard Alexander gestorben ist.

Er hat ja noch vor kurzem in Berlin gespielt – aber ich bin nicht hingegangen, weil ich mir die Erinnerung nicht verderben wollte. Die Erinnerung: das ist ja doch das Schönste.

Was bleibt sonst von den Schauspielern? Einer hat einmal von der „verständlichen Gier" gesprochen, mit der sie ihren irrsinnigen Beruf ausübten: heute rauscht der Beifall noch in ihren Ohren – morgen sind sie vergessen, überholt ...

Diesen kleinen Kranz auf deinen Hügel, Richard Alexander.

Die beiden Höflichs

Das ist in Amsterdam, zwischen dem westlichen Dock und dem Holzhafen – da liegt in einer hohlen Twiete eine Matrosenkneipe, deren unübersetzbarer Name so etwas wie „Zur lütten Laus" bedeutet. Wenn der wiegende Schritt urlaubernder Seeleute unregelmäßig wird, wenn die wilde Kraft, alles, alles bis aufs Hemd zu versaufen, hurra! im besten Brausen ist, dann wogt in den zwei niedrigen Stuben ein Meer von Betrunkenheit. Der Wirt, ein Witwer, ist so dick, daß ihn noch niemand vom Schanktisch hat weggehen sehen. Er gießt bedächtig ein, kassiert und wirft dem Getümmel ab und zu ein fettes Witzwort hin, das brüllend akzeptiert wird.

Aber wer bedient die Gäste? Wer stellt vor jeden sein Glas, läßt sich von den Maats in die Backen kneifen, wird, hochrot und blond, auf den Tisch gehoben, kreischend wie ein Huhn? Matje Fehrs. Vom Wirt das

Schwesterkind: flink, anstellig und bei den Mannsleuten gut angeschrieben.

Man hört sein eigenes Wort nicht. Das tost und spektakelt und gröhlt und Matje muß springen, daß auch alle ihren Grog haben. Da öffnet sich die Tür und unisono brüllt der Chor: „Der Elefant! Muuh!" Ein Koloß nähert sich gleichmütig dem Schanktisch, reicht dem dicken Wirt mitfühlend die Hand und kracht auf einen Stuhl. Es ist der dickste Kapitän der Welt. Er blinzelt träge vor sich hin und kriegt seine Mischung. Matjes Lachen dringt von der anderen Stube herüber. Sie haben die Köpfe zusammengesteckt, die Gäste und Matje: eine Dummheit ist auszuhecken – und plötzlich fällt Matje wie eine Bombe auf eine Bank und lacht und lacht. Sie ist am Ersticken, sie piept, sie japst nach Luft, ihre Augen tränen und sie zieht den Atem in einem hohen Ton singend ein. Die Arme sinken, sie kann nicht mehr, der Kopf fällt vornüber auf die Tischplatte. Dann steht sie auf und während die beiden Dicken sich anschweigen, pirscht Matje den Elefanten an und pickt ihm ein kleines Täfelchen auf den Rücken. „Hier ist hinten" steht drauf. Ihr Gesicht ist knallrot, sie bläst die Backen auf, um nicht loszuplatzen, das wundervoll blonde Haar hängt büschlig in die heiße Stirn. Da – der Wirt ruft sie an! Das ganze Lokal sieht gespannt hin, wie sich Matje aus der Affäre ziehen wird. Sie würgt das Lachen herunter, kneift links einen Matrosen ins Bein, nur um etwas zu tun und dann spricht sie. Die einzige Stimmlage, die ihr noch zur Verfügung steht, ist ein quietschiger Sopran. „W... wa... was soll ich?" Ob ihr etwas fehle? „N–

nichts!" Und da ist es aus und sie explodiert aufs neue und mit ihr die ganze Kneipe und man reicht sie herum und sie muß Püffe austeilen, weil jeder sie küssen will und muß doch lachen, lachen. Und einer von den Seeleuten, ein schmaler, braungebrannter junger Mann, der gerade aus der Südsee gekommen ist, sieht ihr bewundernd nach, als sich das Nebenzimmer ihrer bemächtigt und sagt langsam: „Da möchte man die Zähne hineinschlagen, in dieses blonde Stück Fleisch –;"

Und nachher ist Nacht und nur die Unentwegten druseln noch an den Wänden, auf den Bänken, schnarchen und gähnen und rauchen verglimmende Pfeifen. Der Elefant ist fort, der Wirt macht ein Nickerchen. Die Lampen flackern und blaken. Wo ist Matje?

Sie steht hinten an der offenen Hoftür und sieht zum Nachthimmel auf. Ein durch hohe Mauern ausgeschnittenes dunkelblaues Viereck, mit ein paar Sternen. Aus dem geöffneten Flur fällt gelbes Licht. Sie ist still und erschreckend bleich. Schritte. Sie rührt sich kaum. Die Hände umklammern hart eine mörtelige Kante. Sie dreht sich nicht herum: sie fühlt, wer kommt. Und sie läßt ganz, ganz langsam den blonden Kopf nach hinten sinken, damit ihn der da in seine Hände nehme und beißt sich die Lippen blutig. Und empfängt unter Schauern einen Kuß, von dem sie bestimmt weiß, daß er das Ende ist, das Unglück, das Verderben. Tut nichts: sie schließt die Augen und atmet sehr tief. Matje! Matje Fehrs!

*

Das sind die beiden Höflichs: die eine ist neuern Datums und wir konnten in „Was ihr wollt" bewundern, was da im Entstehen ist. Sie spielt alle Skalen des Gelächters, vom ersten Jubelschrei bis zur völligen Erschöpfung. Es war ein Genuß, diese wundervolle Frau lachen zu hören. Und man durfte es schon mit dem jungen Seemann halten, der gerade aus der Südsee kam.

Die andre ist deutsch, deutsch bis in die Knochen. Nicht Thumann – sondern Schumann und vielleicht noch Brahms. Und wenn das deutsch ist: der verbissene Trotz – nicht weinen und ob ich draufgehe, nicht weinen! – wenn das deutsch ist, dieser leicht verzogene Mund, die Innerlichkeit, die Stille und das tiefbewegte Meer: dann ist die Höflich ein Stück Deutschland, wo es am besten ist.

Coda: Die Stimme der Höflich

Wenn einem das Einteilen Vergnügen macht, kann man die Schauspieler in zwei Gruppen teilen: die einen sind immer dann gut, wenn sie siegen und die Oberhand haben – die andern dann, wenn sie unterliegen. Jene sind die Komiker, dieses ist die Höflich.

Sie konnte einen so traurig machen. Daß es einmal schief gehen würde, war sicher – es fragte sich nur, wann. Und kam das Unglück: sie schrie nicht. Sie nahm das geduldig hin; aber es wurde nie wieder etwas Rechtes mit ihr. Sie konnte schwach die Hände heben – und eine war abgestorben für ihr ganzes Leben; sie konnte lächeln, lächeln in all der Schmerzlichkeit – und das Herz zog sich dir zusammen; es war viel, viel schlimmer, als wenn sie laut geklagt hätte.

Selbst wenn sie einmal fröhlich ist, ein stilles Glück hat, wenn sie strahlt – immer ist ein unterdrücktes Weinen in ihrer Stimme. Ist es die Vorstellung ihres Haares, daß ich ihre Stimme gelb empfinde? Ich weiß nicht. Aber die Stimme kann klagen, ein heller Ton der Trauer und sie kann so weinen, daß man versteht, was das heißt: „Weinen ist mehr als Sterben."

Und sie scheint mir am rührendsten zu sein, wenn sie vor der Katastrophe steht, wenn sie noch das Glück in Händen hält – aber schon naht etwas. Dann ist die Stimme sanft und furchtsam und verklingt.

Da war im „Bürger Schippel" eine Stelle, da hatte sie zum Fürsten zu sagen, der sie aus dem Dunkel eines Liebeswinkels hervorholen wollte: „Ich scheue Gegend, Licht und Atmosphäre. Daß diese Nacht nie endigte!" In diesem Augenblick war der Satz von Shakespeare. Da sie ihn sprach.

Als Junge sah ich sie in einer der ersten Vorstellungen der „Minna von Barnhelm", in der Soubrettenrolle der Franziska.

„Minna von Barnhelm" ist ein Lustspiel. Ich heulte wie ein Kind, das seine Milch nicht bekommen hat, die ganze Nacht.

Demetrios

„A la foule qui est ici" stand im Programm.

„O Foule! Te voici dans le creux du théâtre –"

Also davon war nun keine Rede. Die Comédie des Champs-Elysées war ganz hübsch „gestopft", aber zu einer foule langte es nicht. Immerhin wird da beachtenswert gespielt.

Erst plätscherten drei sanfte Akte von Charles Vildrac, dem Verfasser des auch in Deutschland bekannten „Paketboot Tenacity", auf das Publikum. Herr Vildrac ist kein Stückemacher, sondern ein Dichter, in unendlicher Verdünnung.

Worauf: „Demetrios" von Jules Romains. Ja, Bruder, das ist ganz was andres.

Das Ganze dauerte etwa fünfundzwanzig Minuten, aber sie waren bis zum Platzen gefüllt, die Minuten. Man denke sich eine sanfte Dicke und ein aufgeregtes Dienstmädchen. „Ein Kerl ist draußen, gnädige Frau!" Palawer; was mag das für ein Bursche sein? Herein geistert Er, der möblierte Stubengraf Demetrios. Louis Jouvet sah aus, wie noch nie ein lebender Mensch ausgesehen hat, offenbar hatte ihn Paul Scheurich gezeichnet. Er war schön, o so entsetzlich und furchterregend schön! mit schwarzem Brillantineschnurrbart und einer merkwürdigen Kommode von Zylinder, den er in der Hand hielt. Ein Havelock umwallte ihn, er glich einem edeln Schwan bei Gewitter.

Die sanfte Dicke war nicht im Bilde. „Was ... was solls denn sein ...?" Da war er schon in den Asphodeloswiesen und den Rosinenhainen der Insel Rhodos – weißt du noch? „Weißt du noch?" sagte er. „Du bist mir dreißigmal im Traum erschienen, du meine Göttin, du mein Ideal, an den blauen Wogen des Meeres ..." Alles mitten im Salon, auf dem guten Teppich. Die Göttin wußte nichts, reineweg gar nichts. „Mein Hörr! Was örlauben Sie sich –?" Da ließ er fettige Begeisterung ab, knoblauchduftende Götter durchschritten den Hain … Es kam der Herr Papa und die dicke Tochter entschwand. Der Papa setzte sich. Geschäftlich: „Bitte –?"

Die Levante setzte sich gleichfalls und entwickelte mit einer gewissen Lyrik, aber unter keineswegiger Außerachtlassung seriöser Vorschläge hundertprozentige Geschäftspläne. Belege? Verzinsung? Anzahlung? Nichts half dem geschäftlichen Papa – die Levante hatte alles bei sich, wogte grüne und weiße Papiere aus der Tasche und log so entsetzlich, daß auch der Dümmste fühlen mußte: Dieser Mensch ist im Grunde wahrhaftig. „Ich habe die Majorität in Wahrheit!" sagte er. „Sie muß heraus, Herr!" Der Papa, erst mißtrauisch, dann geängstigt, weil die Levante Briefe auf dem Herzen hatte und scheußlich genaue Auskünfte, trat in die Geschäfte, die herzbrechend schön waren wie die Asphodeloswiesen. Die dicke Tochter trudelte herein und erinnerte vorsichtig an die Götterhaine, die Levante verstand nichts und verriet sie. Da warf sie den Papa hinaus, der vorsichtshalber seinen Schreibtisch abschloß und nach kurzem Austausch von Lyrik und spitzem Raisonnement sank sie dem Schwarzen an sein friseurduftendes Herz … Das Dienstmädchen kam einen Augenblick zu früh, die Tochter löste sich in nichts auf, die Levante hatte auf der ganzen Linie gesiegt …! Und nahm mit einem Knick der langen Beine Platz, aber richtig Platz, wer weiß für wie lange …

Das Mädchen ergriff Hut und Havelock. „Wollen Sie nicht auch meinen Stock mitnehmen –?" sagt er. Er ist hier schon zu Hause. Und dann fällt der Vorhang.

Die schauspielerische Leistung Jouvets war reizend; er ritt auf dem Rosinante des klugen Unsinns, steckte die Hand in die Tasche und ließ den kleinen Finger draußen, damit man den Funkelring sehen konnte; wenn er sich aufrichtete, sah er aus wie ein Abruzzenhauptmann am Sonntagnachmittag und sein Französisch hatte einen Klang ... wenn man eine Flasche Houbigant in eine Balkanschlucht wirft, sagt das Echo: „Mißjéé!" Er log und wurde ganz grün vor Eifer. Es war herrlich.

Ich habe den Akt mit Gülstorff und Werner Krauß besetzt und mich doppelt und vierfach amüsiert.

Pariser Chansonniers

Der Senior ist etwa siebenundsechzig Jahre alt und heißt Hyspa – ein sauberer, weißbärtiger Herr in schwarzem Röckchen, der mit einer historisch knarrenden Stimme leise Lieder von großen Papierbogen absingt. Ab und zu glückt ihm ein Schlager allererster Güte, wie der vom „Sans rien dire — sans rien dire –", ohne Worte, ohne Worte ... Da hat er ein altes Kitschlied neu bedichtet, nun geht es auf den Präsidenten der Republik, der immer lächelt. „Avec son plus beau sourire" tut er alles: er trinkt sauern Ehrenwein, sans rien dire, sans rien dire; er hält lange Reden, sans rien dire, sans rien dire; er schießt, auf einer Jagd bei Rambouillet, Herriot in den Popo, avec san plus beau sourire. Wenn Hyspa das singt, funkeln seine kleinen, schwarzen Äuglein wie lackierte Knöpfe.

Bastia ist dick und sieht aus wie der Sohn eines Raubvogels und eines jüdischen Kammerdieners. Er kommt heraus und muschelt erst einen langen Salm durch die Nase, es ist eine Art Einführung, die er gleichgültig zu Boden fallen läßt. Da liegt sie. Über sie hinweg singt der Kammervogel.

Seine Texte gehören zum Allerbesten, was die politische Liedersatire von Paris zur Zeit herzugeben hat. Da ist ein Chanson: „Les prisons de France", eine monotone Beklagung des hin und her geworfenen Caillaux, geradezu ein Musterbeispiel von witziger Frechheit. Bastia hat gar keine Stimme, aber so viel Witz! Von ihm stammt jene unverschämte Verquickung von Psalm und Politik: zu fingierten Harmoniumklängen des Klaviers spricht die modulierende, verquetschte Stimme einen biblischen Text. „Und Herriot ging aus, an den Golf von Lyon und er verteilte hundert Painlevés unter das hungernde Volk – und er redete so lange, bis alle satt waren ..." Bastias Technik, die Pointen fallen zu lassen, erinnert sehr an Berlin.

Was das betrifft, so dürfte Dorin geradezu an der Panke geboren sein. Wenn er an der Spitze des Witzes angelangt ist, zieht er ganze Sätze zu einer Silbe zusammen, das Refrainwort „Pourquoi pas?", das er allen Ereignissen anhängt, besteht überhaupt nur noch aus einem Schnaufer – und auch ihm verdankt man eine Kunstperle bester Güte: das Gedicht von der Ehe. Zwei sitzen zusammen, seit fünfundzwanzig Jahren, rein zum Ekel wird man sich, wie es bei Wilhelm Schäfer heißt – und auch Geschichten zu erzählen hat wenig Wert. Jeder weiß alles vom andern – und der andre weiß das ...

„Car je sais que tu sais,
et je sais que tu sais que je sais,
et je sens que tu sens,
et je vois que tu vois que je vois que tu vois –"

Heiliger Strindberg, ist das eine Geschichte! Und das alles in einer Silbe und das Publikum bekommt Erstickungsanfälle und erholt sich erst, wenn jener von der Bühne abgetobt ist.

Jetzt aber wollen wir einen gebührenden Zwischenraum frei lassen, denn es naht Martini. Auguste Martini. Der ist allerdings das Ende von weg.

A. Martini, ein runder Mann mit Flatterschlips, mit freundlich runder Brille und ebensolchem Sitzgestell, ist ein ganz böses Luder. Er schreibt nicht nur hervorragend gehässige Antirepublikanismen im „Charivari", er sagte sie auch auf und wenn er seine dicksten Unverschämtheiten losläßt, die durchweg reaktionär sind, dann zeigt er die Zähne und lächelt wie seine eigne Tante und überhaupt wie eine Tante – und manchmal legt er auch ein kleines Tänzchen ein und gaukelt mit den dicken Händen und alles erklärt er mit dem dicken Zeigefinger, so wie ein kleiner Junge, der eine Geschichte erzählt ... Und so sind diese Geschichten auch. Man muß hören, wie er die Hochzeitsnacht der nicht mehr jungen Schauspielerin Cécile Sorel, einer berühmten tête de Turque, beschreibt: „Notre chère Sénile Sorel" – wie er treuherzig berichtet, jene habe zur Feier ihrer Vermählung 43.50 Francs für die Armen gestiftet. „On ne peut pas perdre tout à la fois …" Dann zeigt er die Zähne.

Und dazwischen erzählt er gute alte Witze und hervorragend gute neue und dann sammelt er für den armen Loucheur, der so arm ist, daß er seit Jahren denselben Hut tragen muß: im ersten Jahr hat er das Hutleder erneuern lassen, im zweiten das Hutfutter, im dritten das Band und im vierten hat er ihn im Café vertauscht … Und alles erklärt der kleine, dicke, kindliche Zeigefinger.

Martini, du Aas. Sei froh, daß du nicht in Deutschland lebst. Da nehmen sie alles ernst: den eignen Beruf, sich selbst und nun gar die Revuen und das Cabaret! Du wärst soziologisch-kapitalistisch-biochemisch eingestellt, rechts orientiert und überhaupt ein Problem. Sing weiter, Dicker. Gibs der Republik ordentlich. Und wenn du König geworden bist, dann will ich dir huldigen, denn ein Martin I. ist immer noch besser als ein Wilhelm II. oder ein Bureauvorsteher imaginärer Größe.

Mauricet

ist so:

Ein hübscher Kerl mit Scheitel und wegamüsiertem Haar sitzt nach sehr erklecklichen Leistungen vor der Dame des Hauses in beiderseitigen Pyjamas, er raucht eine Zigarette. Die Dame sieht ihn an und lächelt. Sie spricht eine Befürchtung aus – vielleicht ihres Mannes oder ihrer Freundin wegen, aber er macht ein Gesicht wie ein Schuljunge, der dem Lehrer faulen Backsteinkäse unter den Stuhl geklebt hat ... es wird schon nichts herauskommen. Pö! Es ist noch nie nichts herausgekommen. Hierauf zerdrückte er sorgfältig die Zigarette im Aschbecher, wirft sie auf den Boden und löscht das Licht. Die Dame ist's zufrieden.

Übrigens tritt er bei sich – also bei Fursy und Mauricet – auf und singt, wenn er sich nicht einen Bart geklebt hat und sich darüber sowie über die Sätze, die er sprechen muß, lustig macht, Chansons im Smoking. „Frech" ist nicht das Wort. Es ist der Extrakt der Frechheit. Sein Mitsänger ist der alte Fursy, der, wenn Gott genauer hinsieht, Dreyfuß heißt und auch mit jenem verwandt ist und dessen politische Lieder meist auf dem Niveau einer Kaffeepause im Kriegerverein stehen; er, der an die dümmsten Kleinbürgerinstinkte mit Erfolg appelliert, sollte sich anhören, wie Mauricet ein politisches Couplet dichtet, hinnäselt, vormeckert ... Er sagt die unglaublichsten Dinge, aber so glatt und schnell, daß er nicht hängenbleibt, schon reingetreten und weg. Vieles ist nicht übertragbar, das meiste nicht. Ehe ich erklärt habe, warum er Maurice Rostand sagen läßt:

„Mon Cu –
ré chez les Riches –"

sind wir alle tot. Aber er pfeffert noch schnell das tiefsinnige Chanson hin, das sich auf die großen Anzeigen der Firma bezieht, die da die kleingehackten Makkaronis anpreist, damit man sie bequemer essen kann. Mauricet :

„Les macaronis, pour être bons,
doivent-ils être courts
ou doivent-ils être longs?"

Schnell fertig sind die Damen mit dem Wort: gibt es da ein Zögern? Nein. Der Wind hat Herrn Mauricet schon hinter die Kulissen geweht, woher er bebartet herauskommt und mit Rip den entzückendsten „quetch" spielt, den man sich denken kann.

Rip – das ist einer der tausend Julius Freunds von Paris, er schmeckt nach Polgar. Er sitzt in einer roten Hausjacke auf der Bühne, telephoniert, singt Vulkslieder mit Flammriebibbern in der Stimme, streut neue Couplettechniken um sich herum, als fiele ihm dergleichen jede Nacht und jeden Mittag beim Aufstehen ein – und das tuts auch, denn die Pariser Bühnen sind voll seiner lustigen Gesänge. Rip-pip-pip … Hier, in der kleinen Butike, sind seine Texte noch viel besser als in den großen Operetten, frecher, spitzer, schaumiger und als ich nach einer halben Stunde wünsche, es solle immer so weitergehen, sitzt er wieder am Tisch, in derselben Haltung wie am Anfang und telephoniert … Wenn ich mich nicht schämte, wurde ich am Bühnentürl auf ihn warten.

Eine Dame kommt heraus und weimert ein altes französisches Lied, das ganze Biedermeier ist darin:

„On dit que tu te maries …"

Und Groffe ist noch da, wie alle andern in der eigentlichen Theaterkunst, „unnatürlich zu sprechen", Nummer Sechs – aber welch ausverschämte Texte und welche Piknase! Wenn euer Charme der Frechheit Nahrung ist, gebt volles Maß … Ick amüsier mir wie Bolle uffn Milchwagen und wünsche, es möge nie, nie aufhören.

Otto Reutter

Ein schlecht rasierter Mann mit Stilaugen, der aussieht wie ein Droschkenkutscher, betritt in einem unmöglichen Frack und ausgelatschten Stiefeln das Podium. Er guckt dämlich ins Publikum und hebt ganz leise, so für sich hin, zu singen an.

Diese Leichtigkeit ist unbeschreiblich. Es ist gar nicht einmal alles so ungeheuer witzig, was er singt, das kann es wohl auch nicht, denn er singt da gerade das zweitausendvierhundertachtundzwanzigste Couplet seines Lebens und so viele gute gibt es nicht: aber dieser Fettbauch hat eine Grazie, die immer wieder hinreißt.

Die Pointen fallen ganz leise, wie Schnee bei Windstille an einem stillen Winterabend. Von den politischen will ich gar nichts sagen. Der Mann hat im Kriege geradezu furchtbare Monstrositäten an Siegesgewißheit von sich gegeben – so die typische Bierbankseligkeit des Hurras, die zu gar nichts verpflichtete, bei der schon das Mitbrüllen genügte. Und wenn er heute politisch wird, dann sei Gott davor. Nicht, weil mir die Richtung nicht paßt – sondern weil die Texte verlogen sind.

Diese Pille vorweggenommen: Welch ein Künstler –! Alles geht aus dem leichtesten Handgelenk, er schwitzt nicht, er brüllt nicht, er haucht seine Pointen in die Luft und alles liegt auf dem Bauch. Ein Refrain immer besser als der andre – wie muß dieses merkwürdige Gehirn arbeiten, daß es zu jeder lustigen Endzeile immer noch eine neue Situation erfindet. Und was für Situationen.

Ein Refrain hieß: „In fünfzig Jahren ist alles vorbei!" Heiliger Fontane, hättest du eine Freude gehabt –! Die Melodie blieb auf „vorbei" in der Terz hängen – erst das Klavier endete sie und er stand da und machte ein dummes Gesicht. Und sah aus wie ein Kuhbauer und entzückte und charmierte durch seine Grazie. Wenn dich der Zahnarzt, sang er, an einem Zahn durchs Zimmer schleift und es will gar nimmer enden – „dann mach dir nichts aus der Schweinerei, denn in fünfzig Jahren ist alles vorbei …!"

Und dann ein Lied, meisterhaft, in total besoffenem, von nichts ahnendem Tonfall gesungen: „Ick wunder mir über jahnischt mehr –!" Abends käme er nach Hause, sang er und da –

> Da steht vor meine Kommode 'n Mann –
> Der sagt: „Sie! Fassen Se mal mit an!
> Alleene is mir det Ding zu schwer …"
> Ick wunder mir über jahnischt mehr –

Und dazu ein Mondgesicht, unbeteiligt, mild leuchtend durch die Wolken – was soll man dazu sagen?

Die Leute sagen auch gar nichts, sondern liegen unter dem Tisch und wenn sie wieder hochkommen, dann verbeugt sich da oben ein dicker und bescheidener Mann, der gar nichts von sich hermacht, obgleich er ein so großer Künstler ist.

Amerikanischer Abend

Oder hieß es: Abend in einem amerikanischen Tingeltangel?

Wenn das Programm soweit gediehen ist, dann zeigt sich auf der Bühne eine Bühne. Vier kleine Proszeniumslogen, zwei im Parterre, zwei im Ersten Rang und zwischen ihnen ein roter Vorhang. Links betritt mit einem Freunde ein süßer kleiner Mann die Loge. Das ist eine Nummer! Zuerst zieht er aus der Tasche seinen Eßvorrat, den man schließlich zu einem Theaterbesuch benötigt: viele, viele Schrippen. Er reiht sie zärtlich auf, er zählt das braune Gebäck, er beißt alle ein bißchen an und legt alle wieder hin. Von nun an hat er das Maul beständig voller Semmelkrumen und wenn man spricht oder lacht, sprützen sie. Und muß man nicht lachen, wenn in der gegenüberliegenden Loge ein langer, aber besoffener Kerl im Smoking sitzt? Kaum hat der Kleine ihn gesehen, so gehts los, in einem kreischenden Sopran: „Siiih maaah – ein betrunkener Mann! O Gottogottogott! Ein Betrunkener!" Und gackert und schreit und kreischt, daß das Brot nur so fliegt, bis er merkt, daß der Lange ihn ernst und gemessen anstarrt. Dann bricht sein Gebrüll wie gehackt ab. Wupp – still. Schweigend stopft er Schrippen ...

Die Vorstellung nimmt ihren Anfang. Die Logen wirken wacker mit. Der Kleine kann überhaupt nicht stillsitzen, weil sie wohl seinen Sitz geheizt haben und der Lange hat sich für diesen Abend einen Spaß ausgedacht, jeder Betrunkene hat doch immer nur einen, seinen Spaß: die Nummern, die die Auftretenden ankündigen, aus dem Holzrahmen zu schieben, zu stoßen, zu schlagen. Vielleicht ist das ein Mißtrauensvotum, sicher aber eine liebe Gewohnheit. Und nun fällt das und purzelt und tobt und rast auf der kleinen Bühne umher, bis sich zwei Augenpaare kreuzen, ein Blick hinüber und herüber – und jeder nimmt wieder steif und dumm die gesellschaftliche Attitüde an, die ihm Gott verliehen hat.

Der Lange stößt hie und da sanft auf, fällt auch wohl mit Geprassel in den Logenuntergrund und kommt wieder hoch: ruhig, als ob gar nichts geschehen sei. Der Kleine hingegen ahmt alle Auftretenden nach, imitiert gehässig den sonoren Baß der Manager und hat den Mund voller Krumen. Übrigens treibt er mit der lieben Gottesgabe einen schändlichen Mißbrauch: er dreht sich Operngucker aus den Schrippen, er schießt damit und vergeudet sie überhaupt. Die Vorstellung rollt sich ab wie ein Rad, der Betrunkene ärgert sich über eine Vorhangstroddel, der Kleine kämpft mit dem Ringkämpfer ring, wobei er nicht versäumt, sich auch so ein schönes Leopardenfell über die Hosen zu ziehen – und dabei kreischt er wie ein Vogel, lacht, daß man nicht stillesitzen kann und spuckt Brot.

Zum Schluß torkelt alles durcheinander: Logen, Bühne, Publikum und Akteurs und wenn wir uns die Tränen abgewischt haben, müssen wir uns immer wieder verwundern, wie der liebe Gott dem einen Volk spendiert hat, sich seine Komik aus dem Nichts zu schaffen, voraussetzungslos, absolut – und dem andern leider nicht; wie er dem einen solche Kerle gab – und dem andern traute Lustspielhäuser.

Der Bühnendiener

Nicht der, der die Proben ansagt, auf Fragen falsche Antworten gibt, sich über nichts mehr wundert und überhaupt den Philosophen macht – den nennt man Theaterdiener und das ist wieder ein andres Kapitel. Er ist der unbestechlichste Kritiker, den das Theater hat: er weiß wirklich Bescheid. Ich meine die Diener auf der Bühne.

Früher fingen ja alle Possen und Schwänke so an, daß das Stubenmädchen Lisette mit dem Staubpuschel in der Hand die Möbel abpuschelte, mit seidenen Strümpfen, kokettem Häubchen und vielen Blicken ins Parkett. Jean, der Diener, kam hinzu und sie hatten einen Schwatz. „Nein, wie spät die Herrschaft gestern abend wieder nach Hause gekommen ist. Nicht doch–!" Denn Jean, der Genießer, hat sie in die Schürze gekniffen und sie schämt sich, bekommt aber doch ihren Bühnenkuß. Da klingelt es und herein tritt eine der Hauptpersonen des Stückes, die augenrollend und gewichtigen Schrittes das theatralische Vorgeplänkel von der Bühne fegt. Los gehts.

Seit Jahren sammle ich Bühnendiener. Und bin immer wieder erstaunt, was es da alles gibt.

Solange die Welt steht, hat sich noch keine Dienerschaft in irgendeinem Hause so benommen, wie es allabendlich auf den deutschen Bühnen der Bühnendiener tut. Es gäbe auch gar keine Herrschaft, die sich das gefallen ließe.

Die Stubenmädchen kneifen sie ja nun nicht mehr, denn nach einem merkwürdigen Brauch werden solche Rollen oft mit jungen Leuten besetzt, die ihrem Habitus nach eher mit dem Herrn des Hauses ein Verhältnis anzuknüpfen nicht abgeneigt wären. Spitz und geziert rauscht der Edelkomparse herein. Und dann beginnt jenes seltsame Spiel, das sich auf fast allen Bühnen so eingebürgert hat, daß schon kein Mensch mehr etwas dabei findet. Der Diener macht sich nämlich dauernd über seine Herrschaft lustig.

Sei es nun, daß er seinen kleinen schauspielerischen Effekt haben möchte, sei es, daß er sich langweilt, oder daß er böse ist, eine solche Rolle spielen zu müssen – genug, er macht dauernd hörbar und unhörbar Tz! tz! tz! auf seine Herrschaft. Diener ziehen immer die Augenbrauen hoch, das ist richtig beobachtet –: aber sie tun das im Leben nur dem mäßig gekleideten Besucher gegenüber – seiner eignen Herrschaft kriecht der Diener in die Knopflöcher.

Diese Bühnendiener zucken die Achseln, werfen den Kopf hintenüber, sind über jeden Befehl schwer entrüstet und chokiert und über alles, was die Herrschaft tut, spricht, handelt und anordnet, mokieren sie sich deutlichst, bis zum zweiten Rang inklusive. Wir Diener sind doch bessere Menschen …

Und wenn schon abgegangen sein muß, wenn schon ein Glas Wasser, ein Wagen, Herr X. herbeigeholt werden muß: dann gibt es einen Abgang, an dem ich immer viel größere Freude habe als an allen Auftritten der großen Herren. Der Diener hört, sagt beflissen: „Sehr wohl!", aber doch mit jener Nuance im Ton, die einen gescheiten Diener von einer leider irrsinnigen Herrschaft trennt, geht, geht und hört gar nicht auf zu gehen. An der

Tür tut er dann das, was merkwürdigerweise fast alle Schauspieler und besonders die kleinen, immer tun: er sieht noch einmal unendlich sehnsüchtig, klebend und hangend über die Bühne ins Publikum. Er kann den Blick nicht von dir wenden ...

Nur der selige Paulig hat das nicht, weil er zuviel mit seinen Zungen zu schnalzen hatte. Und auch die treuen Diener ihres Herrn, Gottowt, Graetz, Haskel und Guido Herzfeld und andre gute Charakterspieler haben die gestreifte Dienerjacke mit anderm ausgefüllt.

Wenn Sie das nächste Mal ins Theater gehen: achten Sie auf den Bühnendiener. Ich, wann ich so einen hätt, ich tät ihm sofort herauβerschmeiβen.

Alte Schauspielerbilder

Manchmal findet man alte Schauspielerphotographien. Illustrierte Zeitschriften von gestern gehören bekanntlich zum Rührendsten und Vergnüglichsten, wo man hat – und unter ihnen sind es wieder die Bilder von den Bühnen, die das Herz schmelzen. So:

Der gute Schauspieler weiß eine Maske zu machen, die sich von den Masken auf der Straße gar sehr unterscheidet. Sein König Lear blickt wild; dergleichen kommt auf der Untergrundbahn nicht vor. Sein Kaiser Napoleon leuchtet ein wenig fett und geschichtsbedeutend; das erhabene Gefühl, später auswendig gelernt zu werden, gibt ihm eine Aura kalt-dünner Unterschiedlichkeit; so ein Kerl ist auf keinem Postamt zu finden. Gygesse und Holofernesse, Ophelias und Falstaffs, sie alle blicken uns heute so oder so

an, aber immer unalltäglich, besonderlich, anders als ...
„Rechts oben: der Künstler in Zivil."

Wenn aber zwanzig Jahre ins Land gegangen sind, hat sich auch der Mensch des Alltags verändert und nun geht eine seltsame Veränderung mit diesen Bildern vor. Schlag auf und du siehst:

Der Komiker ist ein albern geschminkter Hanswurst, der recht gewöhnlich aussieht; der Shakespeare-König Heinrich ein höchst braver Bürger jener Tage, mit geklebtem Bart und mühselig funkelnden Augen, er sieht recht gewöhnlich aus; Boris Godunow scheint zu sagen: „Da hinten ist noch ein Tisch frei, Amalie!" – und Napoleon ist ein Statist mit zu engen Hosen. Allen hängt die Verkleidung um die Beine wie ein leerer Sack, sie ist ihnen nicht konform, man glaubt sie ihnen nicht.

Und man begreift nicht, wie sich die damalige Menschheit von solchen Schießbudenfiguren hat täuschen lassen, obgleich sie hat getäuscht werden wollen. Denn uns ist der Klang der Stimmen verhallt, die Namen sagen uns wenig oder gar nichts mehr, das Mysterium um den Künstler ist verflogen und selbst, wenn es ein anerkannt Großer war, mit Gedenktafel, Rede des Regierungsvertreters im Gehrock und Benutzung des Namens im Silbenrätsel: Maske hat er nicht machen können, sagen die neuen Beschauer.

Denn weil sich auch die Gesichter der Generationen wandeln und weil man vor alten Photographien stets sagen darf: „So sieht man nicht mehr aus!" – so ist jener für uns nur noch ein alter Tepp und jene eine dumme Zuckernaive, denn der Unterschied zu den

Alltagsbürgern fällt weg: der Schauspieler ist selber einer geworden. Moden wachsen nach innen, verwandeln den Geist und kehren als Ausdruckssymptom wieder; in schwarzgefärbten Augenwinkeln schluchzt ein Zigeunerwalzer, den die Jazzleute verlachen und ich möchte nicht dabei sein, wenn sie uns in zwanzig Jahren beim Zahnarzt durchblättern, alle miteinander.

Die Mode von gestern ist lächerlich. Selig, wer das Übermorgen erlebt. Seiner ist das Klassische, ein ewiger Wert ist er geworden und so geht er ein in die Unsterblichkeit: Fritz v. Unruh, die bekannte Schöpfung des Berliner Tageblatts; Paul v. Hindenburg, der Vater der Republik; und Kukirol, der Erfinder der schwarzen Füße. Ihrer ist das Himmelreich.

Der Darmstädter Armleuchter

I. Als Gottes Atem leiser ging

Als ich noch die Weisheit der Welt in aufgeplatzten Mappen aus der Berliner Staatsbibliothek nach Hause trug, war auch einmal ein kleines Büchlein darunter: „Schopenhauer als Verbilder" von einem Grafen Keyserling, dessen Name keinerlei andre Assoziationen erweckte, als daß er nicht der feine und große Dichter Eduard von Keyserling war. Ich stak damals bis an den Hals in Schopenhauer, las jede Zeile, die ich auftreiben konnte, jeden Brief, jedes aufgezeichnete Gespräch und befand mich in jenem glückseligen Stadium, um das gläubige Katholiken so zu beneiden sind: es konnte mir nichts geschehen, denn ich war im Besitz des Schlüssels für sämtliche Rätsel des Lebens. Es war alles so schön einfach ...

Da las ich jenen. Ich weiß noch genau, daß ich das kleine Buch am liebsten zerrissen hätte: ein solch fataler Dunst von Überheblichkeit, schludriger Philosophie, Unverständnis und Ignoranz schlug mir entgegen. Ich aß es, spuckte aus und vergaß. Sein Verfasser aber ist inzwischen bei denen, die nicht alle werden, ein berühmter Mann geworden und der Verlag Niels Kampmann in Heidelberg beehrt sich, vorzuführen: „Graf Hermann Keyserling, Das Spektrum Europas, Ein hochkomischer Weltschlager mit dem Verfasser in der Titelrolle." Wie sagten die Soldaten im Quartier? „Mensch, du bist doch Schriftsteller – steig mal uffn Tisch und mach mal eenen –!" Lasset uns lauschen, lieben Freunde.

*

Bei einem Mann, der sich als Philosoph ausgibt, ist der Stil die Visitenkarte. Er braucht nicht zu glitzern, er kann dunkel schreiben, schwerflüssig ... alles sei ihm zugegeben; spricht er aber die Modesprache seiner Zeit, laufen ihm jene fatalen Wendungen glatt aus dem Maul, wie sie von schlechten Journalisten, Klugschnackern und schreibenden Damen gebraucht werden, dann ist ein Verdacht wohl am Platze. Wie schreibt das Spektrum Europas?

„Alle Völker sind natürlich scheußlich." – Dieses Buch „ist, wie mir scheint, wesensverschieden von allen, die ich bisher schuf". (Er meint: geschaffen habe.) – „Doch da sich das Leben niemals wiederholt, so hat die wiederhergestellte Einstellung der Tagebuchzeit …" Das hat er von mir; wie es überhaupt von „irgendwie" und „zwangsläufig" und solchen Bonbons wimmelt: „Paris steht und fällt mit seiner rein qualitativen Einstellung"; „Alle Unterschiede erwiesen sich als letzlich auf Einstellungsunterschieden beruhend"; auch sagt der Mann niemals „ich", sondern immer „ich persönlich", wie ja denn niemand seine Persönlichkeit so betont, wie der, der keine hat. Diese Sorte Philosophen glaubt wirklich, sie sage etwas Neues, wenn sie statt „Grund": „Seinsgrund" sagt – schade, daß der Verbilder der deutschen Sprache Schopenhauer das nicht noch erlebt hat … sein Kommentar zu so einem Satz: „Von solcher freien Sinngebung hängt ja alles Schicksal ab", wäre von Frankfurt bis Darmstadt deutlich zu hören gewesen. „Denn der Mensch als Mensch ist ja der Herr der Schöpfung", das sieht jeder Mensch schon rein menschlich wegen der damit zusammenhängenden Menschlichkeit ohne weiteres ein. Auch neue Wörter bildet der Weltreisende: „Aus Rußland stamme ich als emotionelles und temperamentelles Wesen her", eine Sprachmusik, die man mit den Klängen der Temperamentella begleiten sollte. Die übertönte dann wenigstens die falschen Noten Keyserlingscher Grammatik. „Man prophezeit den Niedergang Frankreichs von wegen seiner Rentnerpsychologie", nehm Sie doch einen Schürm, von wejen den Rejen, Herr! Mit dieser Grammatik und solchem Stil ausgerüstet begibt sich der Weise auf die philosophische Wanderschaft.

Die Völker Europas werden durchgesehen, ob sie den Keyserlingschen Forderungen genügen und es muß gesagt werden, daß zahlreiche Schüler das Ziel der Klasse nicht erreichen werden. Wird auch hier und da ein Lob ausgeteilt: „Aber wie geht es im Innern voran!", so wird doch andrerseits streng gefragt: „Was soll aus den Griechen nun in Zukunft werden?" – die Griechen das hören, raus aus Athen und sich scheu in den Peloponnes verkriechen: das ist das Werk einer Sekunde.

Der Mann hat viele Reisen gemacht und viele Länder gesehen. Er ist nicht blind, er hat nur eine facettierte Brille auf der Nase, auch steht er sich selbst heftig im Wege und das ist in diesem Fall kein schönes Hindernis. Sein Start ist nicht schlecht: Russe und nicht ganz Russe ... er wäre schon prädisponiert, Europa zu erkennen und es uns zu erklären. Aber mit welcher Leichtfertigkeit macht er das, wie oberflächlich, mit welch peinlicher Fixigkeit!

„Man erinnere sich der Szene, als beim Untergang der Titanic alle Frauen und Kinder in die Rettungsboote gesetzt wurden und die Männer gelassen beim Gesange des Chorals Nearer, my God, to Thee, in die Tiefe sanken!" Ist er dabei gewesen? Er sollte wenigstens fleißig Literatur lesen; es gibt andre Schilderungen dieses Vorganges, wo seltsam viele Reisende der Ersten Klasse gerettet wurden, die offenbar ihrem Gott noch näher gewesen sind. Fehler machen mißtrauisch und er rechtfertigt dies Mißtrauen. Von Frankreich: „Der wunderbare französische Sinn für Maß und Einklang wird ihm früh oder spät auch seine heutige reaktionäre Phase überwinden helfen." Nun ist das objektiv falsch: Frankreich befindet sich, an französischen Verhältnissen gemessen, in keiner reaktionären Phase; das Land ist eine plutokratische Republik und der Sinn für Maß und Einklang bewährt sich hier alle Tage. Wie soll davon freilich einer etwas wissen, der folgenden Satz über die Schreibmaschine bekommt: „Nur Deutsche konnten vom Wunder der Rentenmark begnadet werden; es waren eben alle auf Grund der Idee des Goldwerts bereit, alles Vermögen auf einmal zu opfern." Ich weiß nicht, auf welcher ausländischen Bank Hermann Keyserling im Jahre 1923 sein Geld deponiert hatte; seine Unwissenheit und seine Gemeinheit halten sich hier jedenfalls die Waage. Wer war denn damals bereit, sein Vermögen zu opfern? Es war ja gar keins da! die Leute in den Städten hatten ja nichts mehr, als die Deflation kam! und der verbrecherische Staatsbetrug, auf dem Rücken der getäuschten Steuerzahler die auswärtigen Gläubiger im Konkursverfahren zu schädigen, hat die tobsüchtigste und roheste Zeit der Selbsterhaltung heraufgeführt, an die wir voller Schrecken nur deshalb nicht zurückdenken, weil wir nicht mehr an sie denken wollen. Fehler, Seite für Seite: „Das klassische Weimar ... bedeutet heute schon für Deutschland Ähnliches, was das klassische Athen der Menschheit bedeuten würde, wenn es erhalten wäre und wird der ganzen Menschheit sehr bald Ähnliches bedeuten." In welchen Ländern hat der Philosoph Spuren für diese Entwicklung sehen können? Tatsächlich schwindet der Kern Weimar immer mehr aus dem deutschen Volkskörper und an einer der wenigen vernünftigen Stellen dieses Geschwätzes findet sich die gescheite Bemerkung: „Der Urtypus des Deutschen ist schon lange nicht mehr Siegfried, sondern, in modernem

Bilde, Stresemann", ein Satz, den man durchaus ohne Ironie lesen sollte. Wo hat jener seine Augen?

Wahrscheinlich hinter einem unsichtbaren Monokel. Wir sind keine Adelfresser, aber über den Adel stehen geradezu alberne Dinge in diesem Buch. Weiß dieser Europäer nicht, was der Adel im Kriege getrieben hat? Er weiß über den Adel so wenig wie über den Bolschewismus, dem er, zur Abwechslung, vorwirft, seine Welt entbehre jeder Gefühlskomponente – ganz im Gegensatz zu den „tüchtigen Kaufleuten", die uns erzählen, mit Sentimentalität und Pathos könne man keinen Staat aufbauen … es ist nicht leicht im menschlichen Leben. „Während der Weltrevolution hat der Adel überall seinen Ruin weit besser überstanden als der Bürger." Vor allem in Deutschland, das seinen Adel füttert, statt ihn vom Trog zu stoßen und ich kann mir denken, wie die fein empfindenden Philosophen der Schule der Weisheit zusammenzucken, wenn ihnen jemand etwas derartiges einwendet. Ihr Mangel an sozialem Verstand ist vollkommen.

Dieser lebensferne Plauderer, der eine Handbreit über dem ordinären Boden schwebt, auf dem Menschen ackern, schwitzen, jammern, stöhnen und einander quälen, fällt schiefe Urteile und halbrichtige, die ja gefährlicher sind als falsche – der Mann hat unendlich viel gelesen, weiß sehr vieles und weiß nichts, weil er nichts ist. Welch ein Philosoph!

Nach dreißig Jahren Freud: „Das Primitive bestimmt, doch im Bewußtsein herrschen andere Motive vor. Dies ist die wirkliche Ordnung und die meisten Mißbegriffe der Freudschen Psychoanalyse beruhen darauf, daß sie diese natürliche Ordnung umzukehren versucht." Kann der Mann nicht lesen? Er kann nur schwätzen: sie müssen ihn mit einer Gramophonnadel geimpft haben. Dieser Plauderer, der sicherlich in seinem Leben noch nicht geschwiegen hat, macht den Eindruck eines unermüdlichen Redners, der auf jeden Einwand ein neues endloses Geschwafel losläßt, was, von ihm an dem „unaufhörlichen und uferlosen Strom von Geschwätz in den amerikanischen Zeitungen" exemplifiziert, ein Zeichen lebhaften Temperamentes darstellt.

Das lebhafte Temperament versteht alles, aber fast alles falsch. Er erzählt von der modernen Frau und wirft ihr „Zerstörung allen Liebreizes durch Wind, Wetter und Sonnenbrand" vor und er hat vor allem die seit Spengler vielgetragene Unart angenommen, Dinge, die nichts miteinander zu tun haben, um einer Theorie willen gleichzuordnen. „Alles große Deutschtum war denn tatsächlich Bekennertum in irgendeinem Sinn ... Luthers ‚Hier stehe ich, ich kann nicht anders' war Bekennertum; so ist es aber auch der Exhibitionismus deutscher Hochzeitsreisender." Abgesehen davon, daß die heute in dieser Witzblattform nicht mehr bestehenden schlechten Manieren deutscher Reisepärchen gar kein Bekennertum gewesen sind: Philosophie ist demnach die Lösung der Frage: „Wie kommt das zu dem –?" und er sagt es uns und er weiß es immer. Vermanscht werden seine Irrtümer stets mit jener verblasenen Terminologie, die jede Ausrede gestattet. „Die eigentliche Geschichte des Ostens Westeuropas hat ungefähr um tausend Jahre später begonnen als die seines Westens." Wollte jemand mit dem Finger aufzeigen, so würde der Klassenlehrer ein nimmer endendes Gerede über den Sinn des Wortes „Geschichte" loslassen; behalten wir also den Finger lieber unten. Nichts stimmt; alles ist halb; alles ist angelesen, schlecht angelesen, unsorgfältig angelesen. „Ist die Psychologie der Massen so viel primitiver als die jedes einzelnen, so ist das sehr einfach daraus zu erklären, daß in der Masse nur die empirisch-psychologischen Elemente, also die bloßen Ausdrucksmittel des Metaphysischen, das eigentlich Menschliche, zum Ausdruck kommen." Sehr einfach. Nun sagt „das eigentlich Menschliche" überhaupt nichts, das Wort ist ebenso leer und nichtssagend wie „das Sein" und Keyserling braucht nichts von der Reflexologie Bechterews zu wissen, der ich für meinen Teil nicht folgen kann ... „die Psychologie der Massen" gibt es in dieser Form überhaupt nicht und der Klassenlehrer ist schlecht präpariert, weil er sich nicht die Mühe genommen hat, zu lernen, daß Massenpsychologie aus jenen noch ungeklärten und unerforschten Spannungen zwischen den Individuen besteht.

Statt dessen verknüpft der Inhaber der philosophischen Plato-Bar lose Einzelheiten, mixt ein paar vage Behauptungen in einem nicht sehr reinlichen Becher und serviert sie mit dem Wort „Also habe ich erklärt" ... Prost.

Der Bursche arbeitet vor allem mit einem Trick. Er will imponieren. Der Leser soll sich hinter einer bestimmten Art Sätze, die etwa alle zehn Seiten wiederkehren, sagen: „Donnerwetter, ist das ein Kerl!" (Herr Grünlich in den Buddenbrooks: „Ja, ich bewohne im Hotel meine zwei Zimmer ..." – „Zwei Zimmer!" dachte die Konsulin und das war es auch, was sie sich nach der Absicht des

Herrn Grünlich denken sollte.) Da kriegt es zunächst der Untertan im deutschen Leser. „Manche werden vielleicht zu schwerfällig sein ..." Denn jener ist es nicht; er ist leicht, gefällig und immer up to date. „Während der wilhelminischen Ära war ich für Deutschland extremer Demokrat. (Man beachte den Schluderstil!) Wie ich aber bei Ausbruch der deutschen Revolution in Berlin weilte, wie (er meint: als) ein bisher traditionalistischer Bekannter nach dem andern über Nacht Sozialist wurde und ich gefragt ward, wie ichs jetzt zu halten gedächte, da erwiderte ich: Von jetzt ab setze ich auf Aristokratie." Ein fauler Tip; sagen wir: 880:1. Man hat von Harden fälschlicherweise gesagt, er habe immer das Gegenteil von dem geschrieben, was alle gesagt hätten: dieser scheint sich nur durch solche Wippchen von der Masse abheben zu können. Eine Warenhauseleganz.

Der sorgfältig angeseilte Alpinist in der Tiefebene schwitzt vor Eifer, um nur ja dem Leser zu importieren. „Doch nicht das Russische melancholischer Artung, das der grenzenlosen braunen Ebene oder der blauen Ferne entspricht mir, sondern eben das Dionysische, dessen berufene Kinder die Zigeuner sind. Es ist ein sehr Merkwürdiges um dieses Wandervolk. Seine Harmonik und Melodik sind indisch; so mancher heilige Gesang, den ich in Indien vernahm ..." Also das macht Ewers nun viel besser, aber schließlich müssen ja die Reisespesen herauskommen. Da ist auch jenes uralte Kartenkunststück, sich in eine historische Reihe zu stellen, denn Größe färbt unmerklich ab, tritt über die Ränder ... „Handele es sich um Harnack oder Patkul, Alexander von Oettingen (der müßte dich gekannt haben, Hermann!) oder Karl Ernst von Baer, den Chirurgen Werner Zoege von Manteuffel, den letzten Estländer des traditionellen großen Formats, Alexander Keyserling, meinen Großvater, den Mongolenhäuptling Ungern-Sternberg oder mich ..." Alles in Ordnung. Immer drängt er sich vor; immer deutet er an, was er für ein Stern erster Ordnung sei, stets erklärt er an sich herum, aber wir wollen das gar nicht hören, denn so interessant ist er nicht. Ich glaube aber, herausgefunden zu haben, wie er das macht – er macht es mit der unsichtbaren, vorher berechneten Klammer. Ich will das einmal zeigen.

„Wie ich kaum vom Vortragspult im festlich geschmückten Saal des Stockholmer Grand-Hotels, den die erste Gesellschaft Schwedens, Hof, Regierung, Geburts- und Geistesadel füllte, abgetreten war –" (Donnerlittchen! Richtig im Hotel? Vor einem hohen Adel? Und vor der schwedischen Regierung? Der dem ... vor dem König auch? Das macht Spaß, so einen vornehmen und berühmten Autor zu lesen. Weiter!) – vernahm ich Lautenklänge." (Interessant, so eine Reise.) „Als ich mich umwandte, sang schon ein Bänkelsänger ein lustig Lied. Ein deutscher Freund brauste auf: wir sollten fortgehen – (um Gottes willen, Herr Keyserling, Sie werden sich doch nicht hinreißen lassen!) – das sei doch unerhört nach einem so tiefernsten Vortrag. Ich erwiderte, wir kennten die Landessitten nicht; mißfielen sie uns, so hätten wir nicht kommen dürfen. (Sehr vernünftig.) ... Beim Souper fügte ich mich dann selbst in den mir neuen Rahmen ein. Ganz furchtbar ernste Reden waren auf mich gehalten (Direkt auf Ihnen? Ach, muß Ruhm schön sein!) – vielmehr bedächtig von Maschinenschriftvorlagen abgelesen worden. Da schlag ich eine andere Tonart an, indem ich zunächst die Schlußszene von Platons Gastmahl evozierte – (Ohne Maschinenschriftvorlage? Unmittelbar aus dem Kopf? Toll!) – wo Sokrates und Aristophanes als letzte unter den Zechern den Morgen wach erwarteten ... Damit war aller Bann gebrochen." (Weiter, weiter! Und der König? Und die Königin? Waren die auch da? Nein, wie hinteressant –!) ... Ich entsinne mich phantastischer Szenen in einem alten Kellerlokal, wo, als wir bei Wachskerzenbeleuchtung (Famos. Wie bei Reinhardt) – zur Begleitung Bellmanscher Balladen zechten (das Wasser läuft mir in der Luftröhre zusammen), ein Gast einmal, zerschlagenem Geschirre folgend, vom Obergeschoß köpflings über die Stiege vor unsere Füße stürzte – (In solchen Gefahren haben Sie geschwoben? Das ist ein feines Buch! weiter!) – ich weiß nicht mehr, ob lebend oder tot, Notiz nahm keiner von ihm." Ein alter Wikinger, der sich oft mit Persern stach. Kasimir Keyserling ist der vollendete Handhaber der Imponierklammer.

In diesem Menü, wo es Zuckerrübenmarmelade und viele Bouletten auf Gänseleberart gibt, stehen, wie es denn nicht anders sein kann, auch kluge und richtige Sätze. Es sind nicht so viele, daß der Verleger sie in Leinen hätte binden können – aber ein paar sinds schon. So dieser: „Und ist es jüngst weniger der Unteroffizier als der Sparkassenbeamte, der zum Reichskanzlerposten für prädestiniert gilt, so ist das kaum ein Vorzug zu heißen." Sowie: „Keine Sache ist wirklich ernst zu nehmen, nur der lebende Mensch ist es" und dann gibt es da eine wirklich echte, saubere und kluge Schilderung seiner Rückkehr nach Estland: „Ich war als Gespenst heimgekehrt", sagt er, es gehört für einen Balten sehr viel Mut dazu, dergleichen hinzuschreiben. An einer einzigen Stelle bringt er sogar so etwas wie Selbstironie für die Schule der Weisheit auf. Im ganzen aber schwimmt er wie Kork auf den Wogen des Geschmuses.

Was ist das nun –?

Es ist die weitverbreitete, es ist die typische Literatur des Singular: jene Weltbeschreibung, die sich der Lächerlichkeit solcher Urteile wie: „Die Einwohner dieser Stadt haben rote Haare und stottern" wohl bewußt ist und die deshalb denselben Unfug im Singular sagt, Typen erfindend und Paradigmata bauend, Puppen leimend und mit bunten Bleisoldaten hantierend und alles schief und krumm und falsch. „Der Reiche" und „der Amerikaner" und „der faustische Mensch" und „der katholische Jüngling" und so in infinitum. Es stimmt alles nur halb; nichts ist ganz richtig, nichts sitzt, nichts ist wirklich gearbeitet. Oben auf dem Kuchen erglänzen die Superlative, die Nietzsche in die Literatur eingeführt hat … der Papagei schnarrt und sagt schreiend seins auf. Lasset uns diesen Vogel zudecken.

Es wirkt aber. Die Deutschen und solche, die es werden wollen, lassen sich imponieren, der Mann hat Zulauf, die Konditenbäckerei ist schön voll und alle schmatzen beim Essen. Welche kaum vorstellbaren Blasen eines mäßig fundierten Größenwahns der Erfolg bei Keyserling im tiefsten Seinsgrund zwangsläufig irgendwie ausgelöst hat, das wollen wir nunmehr rein menschlich betrachten

II. Le Comique Voyageur

„Und daraus ergibt sich völlig unzweideutig zweierlei, was künftige Kritiker wohl berücksichtigen mögen: Erstens daß Graf Keyserling bis heute trotz aller Wirkungskraft und sogar Popularität seiner Persönlichkeit nahezu ebenso unverstanden ist, wie es Nietzsche bei Lebzeiten war. Und zweitens, daß er nicht darunter leidet. Er ist wirklich ein Einsamer, wesentlich; sein Verhältnis zu den anderen ist ein rein schenkerisches, er bedarf ihrer nicht. Es wäre gut, wenn in Deutschland endlich begriffen würde, daß es auch solche gibt."

Mitteilungen der Schule der Weisheit, Darmstadt
Deutschsprachige Ausgabe

Auf den Tagungen der Schule der Weisheit sprechen neben dem Philosophen, dessen Verlag einen Armleuchter rechtens im Wappen führt, ebensolche Schwätzer wie er, sowie ernste und vernünftige Leute. Aus den gedruckten Berichten ist eine geistige Einheit dieser Vorträge nicht zu ermitteln. Sie muten den Außenstehenden wie ein überflüssiges Gesellschaftsspiel an; die Möglichkeit, daß die Lokalatmosphäre einen andern Eindruck hervorruft, soll offen gelassen werden. Nun ist das aber in Deutschland so, daß auch nur etwas hervorragende Geister entweder allein bleiben oder ihre Anhänger zur Sektenbildung verführen. Das insulare Nebeneinander der zehntausend „Meister", die Deutschland aufweist, ist grotesk; jeder in seinem Zeltlagerchen unfehlbar und ein kleiner Papst; jeder angebetet und sinnlos, weil beziehungslos verehrt und jeder von dieser faden und fatalen

Ausschließlichkeit erfüllt, die den falschen Fanatiker vom echten unterscheidet. Die Qualität der Gefolgschaft ist die beste Kritik des Führers.

Wenn über Keyserling nichts vorläge als die Hefte „Der Weg zur Vollendung", so genügte das zur Information reichlich. Ihr Eindruck ist vernichtend.

Die Aufsätze des Schriftgelehrten verdienen keinerlei Kritik. Aber was er da über sich und sein Werk zusammenschreiben läßt – im Sinne von: faire und laisser –, bewirkt in unsereinem das Gefühl, das entsteht, wenn einer auf dem Konzertpodium steckenbleibt. Man schämt sich für ihn.

Am lustigsten ist seine Mischung von belehrender Weisheit und ungezogener Dreistigkeit, die dem Mann nach allem, was wir über ihn zu hören bekommen haben, eigen sein muß. „Der Gegensatz ist für ihn nicht das letzte, ebensowenig wie der Kontrapunkt für einen Beethoven das letzte war." Das ist bar jeden Sinnes – aber möge er. Daneben: „Und selbstverständlich ist es, daß Graf Keyserling sich hier jedes Dreinreden verbittet." Der Philosoph Husserl! Nehmen Sie Ihren phänomenalen Bauch zurück! Cassirer! Hat der Kerl wieder seinen Logos nicht geputzt! Verfluchte metapherdammte Himmelhunde! Vizefeldwebel der Weisheit, Untroffzier oder Schersant – das ist hier die Frage.

Über die Ausdrucksweise des Mannes, die wie jeder Stil Gedanken und Gedankenlosigkeit verrät, ist kaum noch zu reden. „„… Keyserling habe ihm gesagt, er fände die Stimmung auf dieser Tagung um 1000 Prozent gehobener …" das gibts nur noch bei Roda Roda, wo ein

Wendriner, von seiner Gattin auf die Schönheit des Sonnenunterganges am Meere aufmerksam gemacht, antwortet: „Na und der Posten Möwen ist gar nichts –?"

Nichts komischer, als wenn ein Mittelmäßiger Genie posiert. „Es ist nicht zu glauben, was mir monataus, monatein zu lesen zugemutet wird." Und uns erst –! Dabei hat er es noch gut: er braucht wenigstens nicht seine eignen Schriften zu lesen ... Immer protzt er und immer will er imponieren. Da hat er ein Buch aufgetrieben, das ihm die philosophischen Grundlagen des Faschismus zu enthalten scheint. Folgerung: „So war es denn wieder ein Philosoph, zu dem die spätere politische Wirklichkeit als zu ihrem geistigen Vater aufzublicken hat." Dahinter die unsichtbare Imponierklammer: „Achtung! Ich bin auch ein Philosoph. Also..."

Für die Anhängerschaft ist offenbar nichts zu billig. Sie wird zensiert, angeschnauzt, geschurigelt und kommandiert – wahrscheinlich tut das den Leuten wohl. Der alte Trick, die eigne Kleinheit durch die Größe des Vorzimmers zu verdecken, wird auch hier angewandt. Er schreibt nicht alles „persönlich" – manches läßt er auch durch seine Leute machen. Von einem Buch des seligen Oskar A. H. Schmitz: „... enthält u. a. den folgenden Passus, welcher dem Grafen Keyserling besondere Freude bereitet hat, weil er seine von ihm persönlich gemeinte Stellung in der Schule der Weisheit sehr glücklich formuliert." Schmitz, einen rauf! Kann er aber nicht – es sind lauter Primusse.

Von den dienenden Schreibern wird Keyserling behandelt wie der liebe Gott, Luxusausgabe. „Wir sehen uns gezwungen, jetzt auch schriftlich kundzugeben, was bisher in dieser Form nur mündlich verbreitet wurde: daß Graf Keyserling außerordentlich dadurch gestört wird, wenn er ohne Voranmeldung eine Woche vorher Besuch erhält." Abgesehen davon, daß diese Schüler der Weisheit keinen Satz schreiben können, ohne einen schweren Fehler der Dummheit zu machen: das ist der typische Sektensatz. Genau so hat es um Rudolf Steiner geklungen; diese respektvolle Behutsamkeit auf Filzparisern – tritt nur einmal kräftig mit dem Stiefel auf und Größe und Isoliertheit zerstäuben wie Mottenpulver.

Aber sage mir, wen du zu Gegnern hast und ich will dir sagen, was du für ein Kerl bist. Dieser zum Beispiel hat Blühern.

Das ist der Philosoph der Berliner westlichen Vororte, in denen die Kleinbürger wohnen, ein ewiger Steglitzer. Er hat sich bis ins Mannesalter etwas durchaus Infantiles bewahrt – nicht etwa Jungenhaftes, sondern eine stehengebliebene Pennälerphantasie: alles, was er schreibt, trägt heute noch die Pickel einer mühevollen Zeit. Der also hat einen „offenen Brief" an Hermann Keyserling gerichtet: „in deutscher und christlicher Sache": ein Buchhalter, der auf einen Maskenball als Martin Luther geht. „Die Elemente der deutschen Position" heißt das Ding.

Was die beiden voneinander wollen, weiß ich nicht. Keyserling hat den andern für einen großen Magier erklärt und Blüher buckelt vor jenem herum, ein ziemlich scheußlicher Anblick. Seite 41: „Deutschland weist von allen Ländern am markantesten und unfehlbarsten zwei solcher verpflichtenden Gestalten auf, die durch ihr Alter schon in die mythische Sphäre gerückt sind und denen deshalb, ja nur deshalb, eine wahre historische Macht innewohnt." Wer? – „Hindenburg und Stefan George." Dies ist das schönste „und", das je in deutscher Sprache geschrieben worden ist.

In Blüher tobt durchaus und durchum der Kampf der Tertia. „Von George noch zu reden erübrigt sich; aber es ist Ihnen vielleicht neu, zu erfahren, daß Hindenburg der angesehenste Mann der Welt ist." Fragen Sie den Vorsteher des Weltpostamts in Steglitz und er wird Ihnen das bestätigen.

Rührend die den Faschisten abgeborgten Versuche, die Exzesse eines wild gewordenen Volkstums als „modern" und die Demokratie (lies: Sozialismus, lies: Bolschewismus, lies: Judentum, lies: und überhaupt) als abgestandene Reaktion aufzuzeigen. Wenn Mussolini das in Italien donnert, so mag daran ein Gran Wahrheit sein; wenn diese wolkigen, schwammigen und des saubern und hellen Denkens unfähigen Gehirne, etwa um Stadler, das besorgen, so wirkt es rührend. Stellenweise ist das Heftchen sanft übergeschnappt – ist Blüher nie aus Deutschland herausgekommen? Deutschland, „das Land, gegen das alle Welt mit Recht Krieg führt (weltlich gesprochen), weil alle Welt das Zustandekommen der germanisch-christlichen Sakralunion verhindern will." Kann diesen Leuten denn niemand eine Schiffskarte nach London kaufen, damit sie sich einmal mit gebildeten Engländern unterhalten?

Dies ist unter anderm die Sorte Literatur, die Keyserling hervorruft und wir wollen gewiß nicht stören; dergleichen geht ja wohl nur die Beteiligten an. Und Jungnickeln. Der schreibt über Blühers Buch: „Wir hatten im Felde einen Major, einen eisernen, spartanischen Kerl, der keine Etappe kannte, kein Hintensitzen, wenn alles vorging. Seine Losung war: Sieg oder Tod! Da las ich das obige Buch und sofort war er wieder da, der große graue Schatten dieses Soldaten. Ein verwegener Kämpfer." So und nun geh wieder in dein Körbchen.

*

Das alles aber läßt den Darmstädter Armleuchter nicht ruhn. Er reist.

Man hat uns erzählt, wie sich Keyserling in Amerika betragen hat. Wie ers anderswo treibt, läßt er in seinen „Wegen zur Vollendung" verkünden. „Von Budapest ging es nach Rumänien, wo Graf Keyserling eine Woche lang geradezu großartig aufgenommen wurde. Die Seele der Interessierten war die Fürstin Alexandrine Cantacuzène … Alles, was in Rumänien führt, wetteiferte darin, der Person und dem Werk des Grafen Keyserling sein Interesse zu bekunden, von der Königin über die Spitzen der Regierung … (Imponierklammer: „Wat sachste nu –?") … Besonderer Dank gebührt hier dem deutschen Botschafter Nadolny …" Das ist ein weites Feld.

Der Typus des mittlern deutschen Diplomaten ist nach dem Kriege zweifellos um eine Winzigkeit besser geworden; es geht auf den Botschaften und Gesandtschaften allerdings noch etwas unsicher zu …

Macht diese Sorte meist reaktionärer Beamter das, was in jenen Kreisen „Kulturpropaganda" genannt wird, so hat man immer den Eindruck, daß ihnen der Kragen reichlich eng wird; sie fühlen sich nicht sehr wohl dabei. Erstens interessieren sie sich einen Schmarren für die deutsche Kultur, wenn es sich nicht um die zu nichts verpflichtende Musik handelt; zweitens kann man nie wissen und drittens besteht durchweg und überall noch die Anschauung, daß der Eingeladene allemal der Geehrte sei. Darin werden diese Beamten des Auswärtigen Amts durch die Kriecherei der meisten Künstler und Journalisten stark unterstützt, aber jeder wird schließlich so behandelt, wie er es verdient. Die „Prominenz" ist von ihrer eignen Wichtigkeit begeistert und was darunter ist, katzbuckelt. Denn die tiefe Unsicherheit dieses Bürgertums ist heute noch so groß, daß es hochgeehrt die Luft dieser Kreise einatmet, deren Qualifikationsvokabeln von: „höchst übel" bis: „ein sehr ordentlicher Mann" reichen und niemand ist so hoffärtig und hoffertig wie der diplomatisch „akkreditierte" Journalist, vor dessen Verlag der Diplomat lange nicht so viel Angst hat wie der vor ihm.

Die Botschafter und Gesandten selbst können ihre wahre Natur nicht lange verleugnen. Es mag sein, daß an kleineren Plätzen wahrhaft demokratische und innerlich freie Männer sitzen; das Gros besteht aus den Korpsbrüdern des Herrn Domela und weil jeder Deutsche zunächst gegen jeden Deutschen ist, so ist die Atmosphäre auf einer Durchschnittsbotschaft nicht gerade als sehr amüsant zu bezeichnen. Immer wieder erschreckend ist die tiefe Beziehungslosigkeit dieser reichlich überschätzten Funktionäre zu allem, was Deutschland wertvoll macht; wirklich wohl fühlen sie sich nur unter ihresgleichen, unter Beamten, Militärs, Adel, Gutsbesitzern und sehr reichen Industriellen. (Am besten wäre demnach ein ehemaliger Generalstabsoffizier von Adel, mit Petroleumaktien.) Es ist nicht sehr erheiternd, zu sehen, wer noch immer Deutschland im Ausland repräsentiert.

Was diese Kulturzentren mit Keyserling anfangen könnten, ist leicht zu verstehen. Ein Philosoph, gemildert durch den Grafentitel, ein Graf mit einem leichten philosophischen Fleck auf dem Wappenschild – damit ließe sich auskommen. Aber selbst denen hat er Kummer und Elend gemacht; selbst denen ist er auf die reichlich dicken Nerven gefallen; selbst in diesem Milieu hat er keinen Erfolg gehabt: eine Schießbudenfigur, drei Schuß zu fünfundzwanzig.

Was er sonst im Auslande anrichtet, ist, ganz im Gegensatz zu seinen rosigen und donnernden Schilderungen, als Unfug anzusprechen. Ein schwedischer Diplomat sprach mir jüngst mit Ironie und Entrüstung von der Schilderung, die jener von den schwedischen Frauen entworfen hatte und er tat es ohne Scheu, weil es ja weit über den lächerlichen Paß hinaus eine Internationale der vernünftigen Menschen gibt. „Niemand nimmt ihn bei uns ernst," erzählte der Schwede, „man hat über ihn gelacht." Die Leute müssen auf schwedisch gelacht haben, denn Keyserling, der kein Schwedisch versteht, hat es für Beifall gehalten. Skal –!

Der Weg zur Vollendung? Bitte zweiten Gang, die erste Tür rechts.

*

Die Pariser Chansonniers haben eine Reihe bekannter Größen, über die sie sich ständig und traditionell lustig machen: Citroën und Cécile Sorel und Mistinguett und Doumergue – „têtes de Turque" nennt man das. Dazu scheint mir jener gut genug. Im Ernst soll von ihm nicht mehr die Rede sein.

Im Ernst repräsentiert Hermann Keyserling nichts als eine gewisse schlechte und gleichgültige, wertlose und ephemere Schicht Deutschlands. Er ist ein gefährlicher Exportartikel, ein Kerl, der auf den verbogenen Stelzen seines Stils durch die Welt stakt, ganze Porzellanläden umwirft und bestimmt überall da aneckt, wo es den Inhabern der fremden Wohnung weh tut. Immerhin gibt es in Deutschland rechts und links wertvolle, vernünftige Menschen ... Unsere Aushängeschilder aber heißen: Graf Luckner, Reichskanzler a. D. (außer das) Michaelis; Altreichskanzler Fürst Luther; Reichswehroffiziere aller Schattierungen, von so grün bis zum tiefsten Schwarz, Schnellschwimmer, Schnelläufer, Schnellboxer und ein Schnellredner: der Darmstädter Armleuchter.

Tat twam asi, Deutschland –?

Der Bär tanzt

Literatur:
F. M. Huebner „Das andere Ich"
F. M. Huebner „Das Spiel mit der Flamme"
Wolfgang Wieland „Der Flirt".

Dürfen darf man alles – man muß es nur können. Es gibt einen großen Bereich der deutschen Literatur, in dem nichts getan wird als: Banalitäten feierlich gesagt, einfache Vorgänge barock dargestellt, das Leben ins „Literarische" transponiert. Das geht bis hoch hinauf … Unten sieht's aber auch ganz munter aus und so will ich denn aus dem Rinnstein ein paar Blätter auffischen und, sie mit dem Spazierstock betrachtend, an ihnen lernen, wie man es nicht machen soll.

*

Ist es ein Zufall, daß im Werk jedes Klassikers die sexuelle Detailschilderung nur nebenher vertreten ist? Im Zeitalter der Bäumer und Konsorten muß man sich erst aus einer falschen Gesellschaft herauswinden, um zu sagen, daß es gute und zu billigende Gründe gibt, die Koitusschilderungen verbieten. Da ist erst einmal, zu allererst und zu alleroberst, die Empfindsamkeit des Dichters: hat er die nicht, soll er die Hände von dergleichen lassen. Da ist auch, von den paar Fällen genialer Psychopathen abgesehen, der leise Verdacht der Spekulation, eben jenes Motiv, das unsereinen die Halbnacktkunst aller Art ablehnen läßt: man will nicht, frische Luft vorziehend, unter grinsenden Verhinderten sitzen. Jeder echte Kraftüberschuß gehört nicht hierher, nicht die Visionen der vom Geschlecht Besessenen, nicht das Spiel mit der Erotik.

Es besteht aber eine Sorte Literatur, deren Verfertiger verdienen, auf die Finger gehauen zu werden – und diese Beispiele da oben sind geradezu abschreckend schön.

Um Huebnern tuts mir leid. Der Mann ist noch unter S. J. ein anständiger und kluger Mitarbeiter der „Weltbühne" gewesen und was in ihn gefahren ist, mag der Kuelz wissen. Bei ihm gibt es zunächst, als Vorspeisen, hochfeine Gespräche mit der Dame seines, sagen wir, Herzens.

„Sie sprechen in Rätseln." – „Die Sie hinlänglich durchschauen." – „Sie scheinen sich auszukennen." – „Worin?" – „In diesen Rätseln." – „Nur ... theoretisch." – „Belehren Sie mich." – Und so.

Das weiteren sind da Gesellschaftsschilderungen, Darstellungen von Pariser Bars, Restaurants – es gibt heute in allen Ländern eine solche Literatur und immer ist sie nach demselben Rezept gearbeitet. „Der salonartige Raum wies vor der Hand mehr Hausangestellte denn Gäste auf." Es ist ein Salon da. „Er schritt zum Kleiderständer, wo im Halter die Auslese javanischer Reitgerten hing ..." Es sind javanische Reitgerten da. „Auf der Kommode, zwischen den hohen altchinesischen Vasen lagen Bücher größern Formats, die Histoire des Peuples de l'Orient von Maspero, eine englische Ausgabe des Rubajat und die Reise ins Land der vierten Dimension ..." es ist überhaupt alles da. Denn dies ist das hervorragende Stigma einer ganzen Literatur: es imponiert ihnen.

Josephine Baker tanzt: es imponiert ihnen. Ein Botschafter sitzt in der Loge: es imponiert ihnen. Jemand spielt Polo: sie liegen auf dem Bauch. Und statt erst einmal das, was geschieht, unfeierlich zu sehen, um dann seinen Zauber ganz zu empfinden, umbrodelt die Geschehnisse ein süßer Schmus. Erst imponiert es ihnen; dann aber geben sie sich einen Ruck, machen das hochmütige Gesicht, das der Deutsche vor dem Kellner aufsetzt, wenn ihm nicht ganz wohl zumute ist und ein lauernder, blitzschneller Blick zum Leser fragt: „Hast du auch bemerkt, wie es mir gar nicht imponiert?" Und: „Was sagst du nun? Was bin ich für ein Kerl? In welchem Milieu bewege ich mich? Woher habe ich diese feinen Beobachtungen? Imponiert es dir?" Denn das soll es.

Aber es ist ein Irrtum zu glauben, eine Darstellung werde dadurch beschwingter, daß man einen amerikanischen Mann „Mister" nennt oder mit fuchtelndem Handgelenk Getränke aufzählt, die in fremden Ländern getrunken werden. Was dem einen seine Weiße, ist dem andern sein Apéritif und damit muß man nicht protzen. Nichts komischer als diese Berliner Superfranzosen, die mit verzücktem Schmatzen einen, man denke, Dubonnet auf der Zunge zergehen lassen. Dubonnet heißt auf deutsch: Kahlbaum, wir wollen uns da nichts vormachen.

Das zweite Mittel, sich interessant zu geben, besteht darin, kein Ding so zu nennen, wie es wirklich heißt. Da hat nun leider, leider von oben her Thomas Mann ein schlechtes Beispiel gegeben; wenn bei dem einmal eine

Tasse ein Tasse heißt, dann wird dieses gewöhnliche Möbel gewissermaßen in Anführungsstrichen ausgesprochen, so, wie der Polizeibericht gern von einer „Elektrischen" spricht. Was ist das? Das ist Impotenz. Denn nichts ist schwerer, nichts erfordert mehr Arbeit, mehr Kultur, mehr Zucht, als einfache Sätze unvergeßlich zu machen. „Handwerker trugen ihn. Kein Geistlicher hat ihn begleitet." Die Worte mit der Wurzel ausgraben: das ist Literatur. Aber es ist gewiß bequemer, einfacher und imposanter, die Worte abzuschneiden und sie auf Draht zu ziehen. „Ihre Münder bissen sich an den Rändern der schlanken Sektkelche fest …" So siehst du aus. Aber so sehen auch die Sektgläser nicht aus und ahnt denn so ein dürftiges, verquollenes Gewächs, wie schwer es ist, von den Zeitungsassoziationen abzusehen, sich ihrer eben nicht zu bedienen und die Wahrheit zu sagen?

So ist in dieser Literatur, deren Ab- und Unarten sich bis weit in die Höhen der bessern Autoren verfolgen lassen, das Leben herrlich veredelt. Die Leute gehen nicht, sondern schreiten stelzend hohe Schule und was auch immer im Lichtkegel der Betrachtung liegen mag: hohe Politik, Sport oder das Geschäft – alles ist anders als im Leben, alles schwebt zwei Hand breit über dem Boden und ferne davon, romantisch zu sein, ist dieser Klimbim nur verlogen. Ich sehe keinen an.

Das ginge ja noch. Aber wenn diese vollendete Ungrazie, die fetten Dunst für feinen Hauch, überladene Seelenornamentik für Kunst, Barock aus Gänsegrieben für den Inbegriff des Stils hält, wenn diese überstopften Literaten sich mit der Liebe befassen, dann muß das bei dem völligen Humormangel, der ihnen eigen ist, zu einem Unglück führen. Dieses Unglück hat's gegeben.

Ihre gebügelte Pornographie hat wenigstens einen Vorteil: sie ist unmäßig langweilig, kann also keinerlei Schaden anrichten. In Frankreich wäre dies Zeug ein Lacherfolg, wenn man es überhaupt beachtete – Georges Courteline hat kaum nötig, die Worte zu sprechen: „J'ai l'horreur de grands mots. Ils ne démontrent rien, passent neuf fois sur dix la limite et n'étonnent que les ignorants." Für die sind diese traurigen Lustbücher offenbar geschrieben; in diesen, die ich da oben notgedrungen zitiert habe und in noch einigen, die ich gar nicht zitieren mag, gehts so hoch her, daß man kaum hinaufspucken kann, was so not täte. Pornographie? Ja, aber auf fein.

„Und damit hat sie sich wie von ungefähr niedergebeugt und hat sie den Kleidersaum hochgerafft und nestelt sie in der Hüftengegend und schlägt sie jetzt, von den Schenkeln bis hinauf zu den Schlüsselbeinen, mit einem Ruck den Stoff auseinander. Mir knickt vor Wollust der Kopf nach vorn. Ehe ich mich fassen kann, schließt sie die Hülle und ist die Lichterscheinung ausgelöscht." Wie man dabei ernst bleiben kann! Wie man das wirklich und wahrhaftig aufs Papier setzen kann, ohne sofort mit einem dicken Blaustift einen beschämten Strich zu machen! Wie man nicht fühlen kann, daß das komisch ist und nichts weiter! Der tanzende Bär kann es – zum Gedudel eines literarisch verstimmten Leierkastens.

„Es ist keineswegs der altbekannte Schüttel der Wollust." Dieses Wort, das ich in meinen privaten Sprachschatz aufgenommen habe, ist, mit Verlaub zu sagen, ein

Griff – und solcher Untergriffe weisen diese Bücher nicht wenige auf. Am heitersten ist der Sechser-Casanova, wenn er Papierdeutsch schreibt und Orgien meint: „Indessen scheint es, daß sie keinerlei Neigung besitzt, unserer Schäferstunde den Verlauf bloßer Kurzweil zu geben." Wenn er gegenständlich wird, ist er unappetitlich, sicherstes Zeichen künstlerischer Mannesschwäche. „Vom Umfassen ihrer Büste hat der Ärmel meines Jacketts ihren Duft mitgenommen. Ich hebe den Ärmel an die Nase." Ich auch – aber um sie mir zuzuhalten. Und dann muß ich loslassen, weil man mit zugehaltener Nase nicht gut lachen kann. „Sie rollen wie Ringer umeinander. Einmal ist der eine, dann der andre oben, zitterte es aus ihrem Munde." So geht es im deutschen Familienleben zu.

Was an dieser Sorte Schriftstellerei so außerordentlich erheiternd wirkt, ist ihre den Fabrikanten unbewußte Komik. Es ist unmöglich, solche körperlichen Vorgänge ohne das Bewußtsein von ihrer humorhaften Unzulänglichkeit, von ihrer Tierhaftigkeit, von ihrer Lächerlichkeit zu schildern – es braucht das nicht gesagt zu werden; wenn der Schilderer es nur fühlt, wenn er's nur weiß, wenn er sich nur ein Mal darüber klar geworden ist, daß er in keinem dieser Augenblicke vor seinen Nebenmenschen etwas voraus hat, daß er gerade in diesem Moment nicht herrscht, sondern unterworfen ist. Der feierliche Ernst, mit dem Liebesvorgänge als imponierendes Plus des Autors dargestellt werden; der männchenhafte Dummstolz; der Pomp, dem man nur einen Nachttopf an die Seite zu stellen braucht, auf daß alles aus ist – warum kann man Romeo und Julia nicht damit beschämen, daß man das Wort „Bauch" ausspricht? Weil ihr Pathos ebenso irdisch wie überirdisch ist; weil ihre Leidenschaft nicht klebrig haftet, sondern bei aller Gegenständlichkeit wie Musik zittert und entschwebt und weil jeder Schimpf auf den Zwischenrufer zurückfiele. „Den Schauspieler möchte ich sehen," hat der alte Fontane einmal gesagt, „der den Hamlet mit einem weißen Bändchen spielen kann, das ihm aus der Hose heraushängt!" Diesen Figurinen aber hängt es dauernd heraus, der Autor merkts nicht und wenn er pathetisch wird, dann muß man lachen.

Im Augenblick aber, wo nicht von „Thema" geredet wird, verläßt den Literasten die Feinheit, ich bin ein Preuße, kennt ihr meine Farben und das sieht dann so aus: „Die grauhaarige englische Lady, drüben zunächst dem Christbaum, ließ das Spielzeugäffchen, ein Weihnachtsgeschenk von seiten der Geschäftsleitung, aus dem tiefen Ausschnitt ihres Kleides heraus …" Das kann der redaktionelle Hinweis auf das Inserat in unserer achten Beilage auch nicht besser.

Unterbrochen wird dieser Unfug durch Entgleisungen, die fast wehe tun. „Mit den Armen biege ich sie in der Taille ab, drücke sie vollends zu Boden, schlage von den Beinen, die sich schon spreizen, die Rockfalten zurück und tue mich gütlich wie der Soldat an seinem Sonntagsschatz." Das ist nur mit einer Seekrankheit zu beantworten. Wenn die vorbei ist, muß – leider, leider – gesagt werden, daß in dem „Steppenwolf" Hesses ähnliche Stellen stehen, deren Peinlichkeit nur durch die Tragik gemildert wird, die das Geschick des Autors darstellt. „Während wir schweigend in die geschäftigen Spiele unsrer Liebe vertieft waren ..." Welche Ungrazie! Es riecht wie in einem überfüllten Dampfbad, man mag das nicht, hinaus! hinaus!

Von schlimmeren Auswüchsen zu schweigen. Der Hanswurst, der das Buch über den Flirt geschrieben hat ... Es erinnert an die Geschichte von jenem englischen Sergeanten, der an einer dunkeln Hafenmauer ein Mädchen anspricht und ihr gleich zu Beginn der Unterhaltung, sein, sagen wir, kurzes Seitengewehr in die Hand drückt. Und sie: „Ach, du Flirt –!" Auch muß der Verfasser unbedingt Willi Schaeffers gehört haben, von dem das kurze Wort stammt: „Ich glaube, die läßt sich flirten." So ein Buch ist das. Und wie altmodisch diese königlich preußischen Erotiker alle sind! Da wimmelt es von „Taillen" und „Spitzengeriesel" – wo rieselt denn das heute noch? „Und so erschöpft sich der aktive Flirt der Frau in Berührungen dieses Gliedes, das auf unauffällige Weise meist schon durch die Hosentaschen erreichbar ist ..." Es sind tobsüchtig gewordene Studienräte der Liebe.

Ganz besonders schlimm, wenn sie ihre medizinische Literatur gelesen, halb verstanden, kaum verdaut und unvollkommen vomiert haben. „Danach scheidet sich uns das ganze weite Reich sexueller Beziehungen der heutigen Kulturmenschheit in drei große voneinander scharf getrennte Gebiete." Nun? „Beischlaf, Perversität und Flirt." Was etwa der Skala: Sozialismus, Beethoven und Stachelbeerkompott entspricht Aber solche Bücher werden von einem immerhin nicht ganz und gar windigen Verlag verlegt, sie werden wohlwollend besprochen, ausgestellt ... nur eines werden sie nicht: sie werden nicht gebührend ausgelacht.

Zugegeben: das sind Paradepferde des Geschmackmangels, der Taktlosigkeit, der erhitzten Impotenz. Aber es ist da ein Element, das sich durch Hunderte von Büchern zieht – es ist die offenbare Unfähigkeit des Deutschen, Erotik bildhaft und doch nicht klebrig wiederzugeben. (Bestes Gegenbeispiel gegen diese Schmierer: Heinrich Mann.) Das schwankt zwischen Brutalität und butterweicher Sentimentalität hin und her, ist unsicher, bekommt einen roten Kopf und schreibt nun, je nachdem, moralische Bücher oder dumme Schweinereien. Mit Erotik hat das nichts zu tun.

Ich habe einmal in Paris einen alten Freund Toulouse-Lautrecs besucht; in seinem Salon hingen einige Originale, Pastell, Öl, Skizzen ... Da war auch ein Paar im Bett, achtlos glitten meine Augen darüber hinweg – nichts ging von dem Bild aus oder doch wenig. Aber da war ein Halbakt, eine Frau, die vor der Waschschüssel steht – und eine Wolke von Parfüm, von Frauenduft, von der sinnlichen Nähe des Fleisches kam herüber und es war doch nichts zu sehen und alles.

Man hat es, oder man hat es nicht. Diese sanft aufgeilende Wirkung solcher Bücher aber sind nicht etwa ein „Schandmal unserer Zeit" – das mag die Deutsche Zeitung und die Generalanzeigerpresse der Provinz ihren Lesern erzählen, deren praktische Erosgymnastik einen verstehen läßt, woher nur solche Schädel und solche staatserhaltenden Gesichter kommen – sie sind einfach schlechte Literatur und verdienen, restlos verlacht zu werden. Beschwingte Heiterkeit, Frechheit, Witz, Ironie, echtes Pathos: alles, alles ist möglich. Nur diese Quadratklacheln nicht, die sich zum Tönen einer Mozartschen Musik auf die Hinterbeine stellen, einen Ring durch die Nase und brummend, mit offner Schnauze, aus der der Speichel tropft, tanzen, wie ein Bär tanzt.

Iphofen, Paris und die umliegenden kleinen Dörfer

Museum Carnavalet

Im Museum Carnavalet zu Paris liegen kleine Überreste der großen französischen Revolution. Nicht die feierlichen Prunkstücke, wie die Erklärung der Menschenrechte, die im Musée des Archives zu sehen ist, kein Thron und kein Herrscherstab, ganz, ganz etwas andres.

Im Museum Carnavalet kann man sehen, wie diese Revolution einmal Sache einen ganzen Volkes gewesen ist; sie wurde nicht von „landfremden Elementen angezettelt", sondern sie wuchs elementar aus dem Willen einer Nation heraus. Wie sorgfältig die geistige Vorbereitung dieser Umwälzung gewesen, wie tief das Gefühl einer Veränderung in das allgemeine Bewußtsein gedrungen sein muß, dafür gibt es ein untrügliches Zeichen: was sich der Bürger zuhause an Aktualitäten aufhängt, daran glaubt er wirklich. Und ob sie geglaubt haben!

Bis zu den kleinsten Gebrauchsgegenständen hinunter ging die rote Welle: ein Thermometer mit einer Freiheitsmütze, Tassen, Töpfe, Bucheinbände; gestickt, gepunzt, in Holz geschlagen: Liberté –! Es ist erhaben und spaßig zugleich. Denn welches Gemüt hat sich wohl Ohrringe in Gestalt einer Guillotine ausgedacht, welcher Findige hat dies Instrument als Spielzeug in den Handel gebracht, mit allem Komfort: sogar der Kopf der aufs Brett geschnallten Puppe ist entfernbar … Aber schließlich, ob ein Kind mit Bleisoldaten spielt oder hiermit – das kommt wohl auf eins heraus.

Natürlich fehlten auch die guten Kaufleute nicht, die ihre Schnupftabaksdosen entsprechend aktuell bemalen ließen: einer hat sogar einem Zapfhahn am Faß eine Freiheitsmütze aufgesetzt und darunter steht:

Je verse la vie et la joie.

Und als alle Welt das Assignatenfieber hatte, gab es eine Tasse mit der Nachbildung eines solchen Scheines und der Inschrift:

Assignat de Cent Baisers. Payable au Porteur.

Und ein Topf als Hochzeitsgeschenk, darauf ist in krumpligen Buchstaben zu lesen:

1791. C'est le moment de faire des enfants.

Erhält sie das Getriebe durch Hunger und durch Liebe ...

Ein Zimmerchen weiter wirds ernst. Das Bett der Königin aus dem Temple, ein Kleid der Königin, ein Becher des Königs, ein Spielzeug des Dauphins – schließlich haben ihre Hände einmal auf diesen Sachen geruht ... Die Anklageakte gegen den König, aufgeschlagen: „Warum haben Sie die Wachen in den ersten Augusttagen verdoppeln lassen?" Und dahinter seine Antwort. Denn er hatte sich zu verantworten; der trug die Verantwortung. Da liegt sie.

Und ich sehe den Weg, den sie gegangen sind, den grauenvollen und doch so verdienten Weg. Den Weg aus den glänzenden Sälen von Versailles – wo man aus den Fenstern auf den edeln Park, auf die kleinen, verschwiegenen Höfe sah, wo hinter den eingefaßten Scheiben, durch eine Tapetentür erreichbar, der Gipfel des Luxus lag: ein kleiner mit Fliesen belegter Raum, wo die baignoires der Herrschaften aufgestellt waren –, den Weg aus Versailles in die Conciergerie, durch die Tür, wo heute der Frühstücksraum der Advokaten ist, ins Gefängnis. Hinauf die kleine Treppe nach oben, vor das Tribunal. Und wieder herunter und wieder warten. Und von da auf die Place de la Concorde oder die Place de la Nation. Und da war es dann zu Ende.

Nein, da war es noch nicht zu Ende. In der Nähe der Place de la Nation liegt ein Friedhof, ein ganz kleiner Friedhof, der von Picpus. Da hatten sie eine Grube gegraben und in der Nacht karrte man die Kadaver dorthin, Frauen und Männer durcheinander, wie das gerade lag und nicht jeder kam zu seinem zuständigen Kopf. Und weil viele Adlige, so auch ein Fürst von Salm-Kyrbourg, darunter waren, haben die Nachkommen dieser Familien den Platz später gekauft und ein paar Gedenksteine dorthin setzen lassen, gerade über der Grube. Heute ist, in des Wortes wahrster Bedeutung, Gras darüber gewachsen, die Vögel singen, der Wind raschelt und die Pförtnersfrau bekommt ein Trinkgeld. Und unten liegen sie, 1306 an der Zahl. So ging der Weg.

Im Museum Carnavalet kann man noch vieles sehen. Ein Luftballonzimmer ist da, mit Tellern und Teppichen, die das neue Wunder darstellen. Auf einem Porzellan enteilt eine Art fliegendes Bett mit einem Baldachin und unten staunt ein Mädchen. Darunter steht: à dieu. Und viele Bilder Marats liegen in einer Vitrine zusammen und man kann sehen, wie unähnlich sie alle untereinander sind und doch wie ähnlich und wieviel Bilder man gebraucht, um aus ihnen das Bild des einen Marat zu kristallisieren. Und Pendülen und Nippes sind zu sehen, in denen sich die Bürgerwut Europas gegen diese Horde da in Frankreich austobte, ein antibolschewistisches Kunstgewerbe, Hohn und Spott und Abscheu einer untergehenden Kaste.

Und man sieht ein Pastell von Boucher, ganz zart, nur ein weiches Frauenbein auf einem hellblauen Bett, nur das Bein und kein Name und nichts. Und an der Wand die Frau von Sévigné, die hier einmal gewohnt hat, vollbusig, sehr fein, – mit einem lieblich-schiefen Lächeln, wie unsre Claire Waldoff. Und auf einem kleinen Ölgemälde steigt Voltaire, der große Voltaire, in die Hosen, bekläfft von einem Hündchen und hinter dem Licht Europas steht ehrfürchtig ein Schreiber und wartet auf das Lever.

Das ist ein hübsches Museum. Und ich dachte mir so, wie das wohl wäre, wenn wir ein solches Museum von 1918 hätten ...

Ein paar Importen; eine Kognakflasche; Noskes Revolver und geklebter Schlips; Akten, Zeitungen und Zettel. „Einigkeit und Recht und Freiheit! Friedrich Ebert." „Die Hand soll verdorren, welche ... Philipp Scheidemann." „Wir haben die Republik vor dem Umsturz gerettet. Ministerpräsident Hirsch." „In Anbetracht aller Umstände konnten wir nicht ... Konrad Haenisch." Und eine leere Zigarrenkiste.

Das wäre das Museum der deutschen Revolution.

Bunte Gläser

Bei den französischen Antiquaren in der Rue den Saints-Pères sind so schöne, alte bunte Gläser zu sehen – mögen Sie die auch so gern? Altes böhmisches Glas und rauchiges Glas, eingeschliffene matte Hirsche und Jäger springen um den dicken glasigen Becher herum, man kann mit der Hand die tiefen Konturen nachfühlen … Und man kann sich an den Farben freuen. Die Antiquare sind im allgemeinen recht nette Leute – wenn sie erst heraushaben, daß man garantiert eine Queen Aenn nicht von einem Provangsakrug unterscheiden kann, geht es ganz gut. Und immer, wenn wir uns darüber geeinigt haben, daß ein Stück „de l'époque" nicht unter Viertausend zu haben ist und ich dann sagen muß: „Ja, leider bin ich kein indischer Schriftsteller mit einem Gewand; und daß ich in Czernowitz geboren bin, ist auch nur so ein frommer Wunsch der Deutschen Tageszeitung" – dann nehme ich anstandshalber und obgleich das gar nicht nötig ist, ein buntes Glas mit. Da stehen sie. Man kann sie ans Licht halten und durchgucken.

Mattes Gelb. Die ganze Straße ist gelb, die Wolken auch, die Hunde auch. Einer steht an einer Ecke und macht etwas. Gelb auf Gelb kann man nicht sehen – der Eckstein bleibt leer, ein seltsames Naturspiel. Drüben, am Bretterzaun vom Neubau, ist ein Riesenplakat hingepinselt: „Chacun son tour" von Charles Humbert, dem Senator, den Poincaré vor das Kriegsgericht und in den Graben von Vincennes haben wollte, wo man im Krieg die Spione erschossen hat. Humbert, der viel Geld und viel Kopf hatte, hielt durch. Vorn im Buch ist er unter seinen Granaten und Geschossen abgebildet, die er immer wieder für Frankreich gefordert hat; wie ein dicker, guter Papa sieht er auf seine konischen Kinder herunter. Die flogen davon, in Menschenfleisch zum Beispiel –

Papa blieb da. Der Umschlag auf dem Buchdeckelplakat am Zaun ist mächtig, häßlichgelb, schwefelgelb, gemeingelb – das ist so bei politischen Büchern. „Chacun son tour" – nur nicht drängeln, mal kommt jeder ran. Nein, manche kommen nicht mehr dran. Manche können sich nicht mehr rühren, bleiben stumm, faulen verscharrt oder lebendig im Gefängnis. Wie traurig die Straße auf einmal aussieht – das ist kein schönes Glas. Ein andres!

Rubinrot. Ah, das ist eine wollüstige Sache. Der Himmel blutend rot, wie wenn der liebe Gott das Jüngste Gericht für kleine Leute herbestellt hätte: pompös, donnernd, so recht etwas fürs Volk. Sehr hübsch, seht nett, lieber Gott! Drüben an der Ecke steht eine fette, kleine Dame mit roten Strümpfen, tiefroten Schuhen, vor ihr ein junger Mann, der ihr einen unpassenden Witz erzählt, sie lacht so rot-zahnig. Wird sie rot? Rot gegen Rot hebt sich auf – sie wird nicht rot. Unten verkauft einer eine Zeitung, die hat eine rote Überschrift. Aber seltsam: auch dieses sozialdemokratische Organ ist nicht rot. Es gibt vielerlei Rots auf der Welt: venetianisches Rot, böhmisches Rot – und ein mild gefärbtes Rosa, das gern zum Abendrot und zur Bildung regierungsfreundlicher Oppositionsparteien verwendet wird. Vorwärts, ein andres Glas!

Blau. Da ist zu sehen: ein unveränderter Himmel, bläuliche, leicht besoffene Wolken, ein blaues Pferd, ein ganz angeblauter Mann – es wird ein Deutscher sein, der Paris besucht, ganz berauscht, sicherlich ist es ein Herr Landsmann, man kann das daran erkennen, daß er so aussieht, als warte er immer auf etwas, was noch kommen soll hier in Paris ... Es kommt aber nichts. „Blau ist die Liebe – blau sind die Polster im Puff" singt schon der große Marcellus O. Schiffer. Da kommt so eine – der Deutsche ihr gleich nach. Eine französische Zeitung hat neulich so definiert: „La Française se donne – l'Allemande s'y prête." (Was etwa zu übersetzen wäre: „Die Französin gibt sich hin, die Deutsche gibt sich dazu her" – Krach, Protest sämtlicher deutscher Frauenvereine, Ausweisung des Störenfrieds, Glocke des Präsidenten. Übrigens ist das Wort falsch.) Und wer kommt denn da? Blau gegen Blau hebt sich auf: das ist Joachim Ringelnatz – ich sehe gar nichts mehr.

So kann man sich mit bunten Gläsern stundenlang vergnügen. Aber gestern habe ich eins gekauft, freilich nur ein gegossenes – das ist so kommun, ich mags Ihnen gar nicht zeigen. Aber es ist doch merkwürdig. Es ist schwarz. Es ist, wie es schon in den Wirtinnenversen heißt: es ist aus schwarzem Glase. Ich gehe damit im Zimmer umher und gucke in den Spiegel. Und da stehe ich und warte auf die Honorare der deutschen Zeitungen, die mich aus der „Weltbühne" nachdrucken. Und da kann ich schwarz werden.

Der Sultan im Theater

Ich und der Sultan von Marokko waren neulich Abend im Théâtre de la Madeleine – ich heiße Peter, er heißt Moulay-Youssef. Wir waren da, um uns eine Galavorstellung von „Mannslist" anzusehen, ein arabisches Stück von Herrn Theaterautor Si Kaddour Ben-Ghabrit. Der Stückeverfasser war auch da und wimmelte aufgeregt im Turban, im Burnus und im Theater umher: ein älterer Mann mit harten, schlauen Augen und einem Spitzbärtchen.

Unten, am Eingang, standen die Statisten der Garde Républicaine, mit Roßhaaren auf dem Kopf und je einem Säbel in der Hand. Auch eine arabische Kapelle war vorhanden, in bunten Röcken. Und die beste Gesellschaft von Paris im Sommer und das ist nicht die beste.

Um neun Uhr zehn erschien der Sultan, der nach seinem Triumph über Abd el Krim besonders angeregt aussah und begab sich elastischen Schrittes. Hinter ihm eine arabische Suite, aber auch europäische Männer im schwarzen Rock, mit bedeutenden Glatzen und Röllchen mit großen, goldnen Knöpfen. Auch sah ich mit meinen eigenen Augen ein menschliches Wesen, das trug zum Smoking einen weißen Schlips. Es war furchtbar, meine Begleiterin mußte gelabt werden.

In der ersten Reihe des ersten Ranges nahm der Sultan Platz, er hatte einen wundervollen Diamantring am Finger. Neben ihm saß der Gouverneur, Herr Steeg und als die kleinen Prinzen gereicht wurden, zog der Gouverneur seine goldne Uhr mit Schnappdeckel und hielt sie dem prinzlichen Kleinen ans Ohr, einem ältern Sanitätsrat nicht unähnlich; das ganze so recht ein herziges Bild von der Versöhnung der Völker.

In der Suite ausgezeichnete Köpfe; reiche Araber erinnern stets an erfolgreiche Bankdirektoren voll außerordentlicher Gewitztheit. Auch ein ebenholzschwarzer Mohr saß im Gefolge, eingesunken in seine weißen Gewänder wie ein schwammiger Pilz. Keine Frauen – mit

Ausnahme eines Admirals, der, gehalten von riesigen Schwalbennestern auf seinen Schultern, neben dem Sultan saß, eine herrlich anzusehende Figur aus einem Roman Claude Farrères: Sinneslust und Admiral in einem. Unten im Foyer war er durch die Massen geschritten, ehrfurchtsvoll hatten sie ihm Platz gemacht und ein fetter Kaufmann hatte ihm so bejahend und bewundernd nachgesehen, wie fette Kaufleute überall Admiralen nachzusehen pflegen. Inzwischen fing das Stück an.

Der reiche und vornehme Händler Seif-Eddin aus Bagdad, der seit sechs Monaten in Fez Handel treibt, ist an Frauenerfolge gewohnt und bildet sich ein, Männerlist stehe über Frauenlist. Er hat sogar in arabischen Lettern diese seine Überzeugung in seinem Laden anschlagen lassen. Hei! das läßt den Dichter nicht ruhen. Er schickte viele verkleidete französische Schauspieler und Schauspielerinnen aus den Kulissen heraus, die den Tollkühnen durch Belehrung, durch List und durch die Nase von dieser seiner Überzeugung abzubringen hatten. Aber vergebens! Das Stück hört nicht auf und hört nicht auf und wenn sie nicht gestorben sind, dann spielen sie heute noch.

Der Sultan bekam Eiswasser zu trinken, die bunte Kapelle spielte so falsch, daß sie mich an die Sterndampfer meiner Heimat erinnerte und drei empörend schöne Frauen aus dem Orient schritten durchs Publikum und ließen die Geblüter aufkochen. Und dann fing es wieder an und bei den besonders lehrreichen Stellen klatschten die Leute und am Schluß des achten Bildes begannen die Araber, in hohen Kehlkopftönen zu trillern: „Ululululululu–!" Die anwesenden Europäer kamen sich maßlos europäisch vor, denn sie tun so etwas bei Premieren nicht.

Was es mit dem Besuch des Sultans in Paris auf sich hat, mögen die Politiker entscheiden. Ich für mein Panterteil hatte den Eindruck, einer Kindervorstellung beizuwohnen, die man einem wohlgelittenen, weil artigen Knaben, gegeben hatte. Und aber in dreihundert Jahren will ich desselben Weges fahren – und dann wird vielleicht ein weißer Sultan zu einem gelben Volk huldvollst eingeladen, darf dort ein Museum einweihen, bekommt ein Festessen und abends sitzt er im Theater und ein freundlicher Japaner hält einem kleinen weißen Prinzen aus dem Abendlande einen Apparat ans Ohr. Kolonialvölker soll man nett behandeln.

Clément Vautel

Fremde machen sich häufig falsche Vorstellungen von Ländern, deren Vertreter sie nur bei sich zu Gesicht bekommen haben. Daher die merkwürdige Tatsache, daß es in allen europäischen Staaten Leute gibt, die einen enormen Auslandskredit haben, in ihrem Vaterlande aber nichts gelten und es sind gar keine Propheten. Wüßten die Deutschen, wen zum Beispiel die Franzosen von Deutschen kennen und schätzen, sie staunten. Und auch die Deutschen sind leicht geneigt, kleine Kreise und noch kleinere Leute für „Frankreich" zu halten, obgleich sich in Frankreich niemand um die kümmert. Nun kann man immer einen großen Künstler propagieren, auch wenn er unbekannt ist – in der Politik und in der Kulturbeschreibung ists schon gefährlicher. Man muß um die Gewichtsverteilung Bescheid wissen und nicht den Äußerungen von Außenseitern eine Bedeutung beilegen, die ihnen nicht zukommt. Der gebildete André Germain kann in Frankreich schreiben, was er lustig ist – irgendeinen Einfluß hat das überhaupt nicht. Das mag bedauernswert sein, aber er ist so und man muß es wissen. Wer beeinflußt nun zum Beispiel die große Masse in Frankreich?

Jeden Tag, den Gott scheinen läßt, geht die Sonne in Paris auf und wenn man sie nicht immer sieht, so liegt das am Wetter. Das „Journal" aber sieht man immer und pünktlich wie das himmlische Gestirn erscheint dort, jeden Tag sichtbar, „Mon Film" von Clément Vautel, ein kleiner Artikel auf der ersten Seite, ein Glößchen, eine Handspanne lang. Jeden Morgen.

Dieser Mann ist der lebendig gewordene Durchschnittsfranzose, aus Belgien. Die Pariser Butterhändler schreiben keine Feuilletons – schrieben sie aber welche, so schrieben sie genau so: vernünftig, nicht überspannt, klar an Verstand und kurz an Verstand, im Umkreis der heimischen Rindsbrühe richtig tippend und todsicher falsch, wenn das Ziel ein bißchen weiter entfernt liegt. Das ist Herr Vautel, aus Belgien.

Jahraus, jahrein beschäftigt sich „Mon Film" mit dem, was das kleinbürgerliche Herz bewegt: mit der Steuer, mit der Erhöhung der Fahrpreise, mit den vielen Fremden in Paris, mit der Steuer, mit der schlechten Beleuchtung in manchen Straßen, mit dem letzten Mord, mit der Steuer, mit dem Parlament. Und immer gemäßigt, immer hübsch die Mitte haltend, immer das Nächste scharf ins Auge fassend, pathetisch und pathoslos, immer sinnfällig und fast immer oberflächlich. Diese Artikelchen sind nicht einmal besonders gut geschrieben, aber sie sind platt, da gibt es keine Rätsel und was die Sache etwa komplizieren würde, wird ausgelassen. Auf diese Weise kann nichts geschehen. Das ist aber auch nicht nötig.

Denn Clément Vautel spricht täglich zu etwa einer Million Leser. Und um das durchführen zu können, muß man tun, was in jenem Gleichnis Buddhas von einem Büßer erzählt wird, der einstmals ein Wagner gewesen war und nun einem ehemaligen Kollegen zusah, wie der ein Rad reparierte. „Möchte er's doch soundso machen!" dachte der Büßer mit aller Kraft. Und der Schmied am Rad tat so. Da rief der Büßer frohlockend: „Er hobelt mir recht aus dem Herzen!" Vautel hobelt den Millionen aus dem Herzen.

Um populär zu werden, kann man seine eigene Meinung behalten. Um populär zu bleiben, weniger. Vautel und seine Leser – sie sind ein Herz und eine Seele. Er braucht vielleicht nicht einmal unters Joch zu kriechen: der Mann empfindet so gewinnbringend.

Und peinlich wird die Sache nur, wenn sich der Duval-Koch vermißt, besseren Herrschaften ins Handwerk zu pfuschen. Der Mann hat Nerven wie eine Schildkröte und wenn er über moderne Kunst schreibt, dann wird einem die Orthographie sauer. Es ist nicht hübsch anzusehen, wie der arrivierte Groß-Schriftsteller jungen Leuten, die noch eine Flamme im Herzen tragen, strafende Klapse austeilt. Aber das tut er wohl nicht nur in seiner Eigenschaft als Zeitungsmann, sondern als Künstler. Denn Clément Vautel schreibt auch Romane.

„Mon Curé chez les Riches" steht heute, wenns wahr ist, im 335. Tausend. Es ist aber nicht wahr. Denn die Auflagenziffer auf dem französischen Buchdeckel ist erlaubte Reklame. Wie sieht nun so etwas aus –?

„Mon Curé" hat den Krieg als Krankenträger und Sanitäter mitgemacht, nun sitzt er wieder in seinem Dorf und predigt den Armen. Und zwar in einer Sprache, die ein Teil seiner kirchlichen Vorgesetzten ganz und gar nicht billigt: er spricht etwas, das unserm Kommißjargon entspricht, „l'argot des poilus", eine sehr ausgebildete und kräftige Sprache. Schickt sich das für einen Geistlichen? Nichts und niemand kann ihn daran hindern. Beschwerden beim Erzbischof, Probepredigt in der Kathedrale, er darf fortfahren. Und wird von den Neureichen, die das alte Schloß des guten Grafen gekauft haben, herangezogen, um den Millionär in seinem Wahlkampf zu unterstützen, was er nur mit halber Kraft tut; der junge Sohn des alten Grafen entführt die Millionärsfrau, einen ehemaligen Star des „Casino de Paris", der gute Curé holt sie beide zurück, der Millionär wird Deputé, überfährt dem guten Curé seinen guten Hund, der beerdigt den treuen Kameraden feierlich im Garten und fliegt wegen dieses Sakrilegs in ein Kloster. Aus.

Davon ist nicht eine Seite ins Deutsche zu übertragen. Nicht etwa, weil wir kein Schützengrabendeutsch hätten („Meine Herren! Da haben wir vielleicht Fettlebe gemacht –!"), sondern weil die Stabilität des französischen Volkskörpers viel größer ist als die des unseren, weil die Begriffe fester stehen und was hier im Leben eine Sensation an Kühnheit ist, würde im neuen Deutschland nur ein Achselzucken verursachen. Der Riesenerfolg erklärt sich so:

In diesem Buch wird zunächst auf sämtlichen Drüsen gefingert, die der Mensch hat. Essen, Trinken, Glaubenstreue, Behaglichkeit, Liebe zum Tier, Patriotismus, Kriegserinnerungen, soziale Bewegungen, Spott über die Neureichen, erschütternde Schilderung der alten depossedierten Royalisten, kirchliche Gefühle – und eine Erotik, die viel weiter geht als das gleiche Ingredienz im deutschen Familienroman, weil französische Sprache und Überlieferung eine größere Freiheit gestatten.

Und das Buch ist platt und ohne jeden festen Standpunkt: es entspricht also allen Erfordernissen, die zu einem großen Erfolg nötig sind.

Es ist nicht katholisch und es ist nicht antikatholisch. Es spielt in gerissener Weise einen sentimentalen Christus gegen den gefrorenen Christus der großen Kathedralen aus, ohne nun etwa wieder ins Urchristentum zu verfallen; die Kirche darf schon Helferin des Kapitals bleiben, aber mit Maß und Ziel und Wohltun bringt Zinsen; und ein und das andere Mal entwischen dem tüchtigen Autor merkwürdige Selbstbekenntnisse. Von der Predigt des guten, ungehobelten, herzensguten Curé: „Diese flammende und roh zupackende Beredsamkeit ist nicht mehr von unserer Zeit, die die gemächlichen Banalitäten liebt, die vorsichtigen Euphemismen, das Arrangement mit den nun einmal nötigen Heucheleien ..." Und diese Zeit schafft sich ihre Tagesschriftsteller. Die haben Erfolg, wenn sie Bücher schreiben, die noch im letzten Komma für Frauen geschrieben sind ... „Mais que voulez-vous? Il faut marcher et même courir avec son temps!" Und nach Rührungs- und Ehebruchsszenen und ernsten soziologischen Diskussionen, die etwa, während draußen die Internationale gesungen wird, so enden: „Verrückte!" spricht der sterbende royalistische Graf; „Dummköpfe!" sagt der republikanisch-liberale Arzt; „Unglückliche!" murmelt der Curé – nach alledem und in alledem das Porträt eines Schriftstellers, den man sich zum Wahlkampf bestellen kann wie eine Droschke:

„Seit dreißig Jahren und mehr schrieb er für sehr wenig Geld in den Zeitungen, die die Religion, die Familie und vor allem das Privateigentum verteidigten. So, wie er da war, mit seinen verbrauchten Zügen, seinen übernächtigen Augen, seinem Gummikragen und seinem traurigen Gesichtsausdruck, war er der Typus des Zeitungsschreibers, der sein ganzes Leben lang gehungert hatte – bei seiner Arbeit für die Reichen." Das ist eine Figur aus diesem Roman. Und Herr Vautel.

Es gibt auch schon eine Fortsetzung: „Mon Curé chez les Pauvres" und „Madame ne veut pas d'Enfants" ziert alle Bahnhöfe.

„Mon Curé chez les Riches" ist dramatisiert und wird allabendlich im alten Theater der Sarah Bernhard gespielt, das an der Place du Châtelet liegt. Und auch hier hat Vautel seinen Erfolg, wie er ihn immer hat, weil er genau ist wie seine Leser und nur gerade um so viel klüger, daß es keinen reizt.

Nicht nur Gerhart Hauptmann repräsentiert die deutsche Literatur, sondern auch die Herren Herzog und

Hoecker. Und nicht nur Marcel Prévost repräsentiert die französische Literatur (Exportbräu) und nicht nur Marcel Proust (nicht versandfähig), sondern vor allem die kleinen Leute wie Vautel.

Wenn die französische Literatur ein Haus ist – Proust wohnt in einem Seitenflügel à part; die Akademie in der ersten Etage; Pierre Hamp wäscht in der Küche Geschirr; Valéry Larbaud geht im Vorgarten spazieren; Daudet steckt den Kopf zum Fenster heraus und schreit, daß man glaubt das ganze Haus gehöre ihm allein; Maurras ist Schornsteinfeger und ruft fortwährend: „Feurio!"; Maurice Rostand wohnt nach hinten und Paul Morand hat eine sturmfreie Bude –: wenn die französische Literatur ein Haus ist, dann sitzt vorn in der Portierloge ein Mann, mit rundem, glattrasiertem Gesicht und breiten Naslöchern, fast wie ein verkrachter Schauspieler anzusehen. Sie klingeln, Sie wollen eintreten, Sie müssen an ihm vorbei. Es ist Clément Vautel, der Nationalconcierge des französischen Volkes.

Die Einsamen

In jeder großen Stadt gibt es einen Ohrenschmalzsalon, einen schön ausgestatteten Laden, in dem Leute mit zwei Gummischläuchen an den Ohren dasitzen und auf etwas horchen.

Das gab es schon vor dem Radio; unten im Keller brodeln die Grammophone und trichtern Musik ins Volk. „8576 Hans, was machst du denn mit deinem Knie –?"

und: „5611 C'est moi qui fais la vaisselle –". Das ist international. In Paris zum Beispiel sieht es so aus:

Abends gegen acht Uhr, wenn alle ordentlichen Leute essen, weht der Boulevard ein paar Einsame in einen Musikladen. Sie kaufen beim Kustos eilig ihre Marken, setzen sich an die Musiktische und blättern in den Katalogen. Vor ihnen ist ein rechteckiger Spiegel, in dem sehen sie sich. Dann gehts los. Im Spiegel kann ich sie alle auch sehen.

Zuhörende Menschen haben einen starken Willensausdruck in den Augen; es ist, als ob sie bei der Empfängnis, nach dem Rezept Whitemans, dem Fremden etwas Eigenes entgegensetzen, um nicht unterzugehen, – die Frauen sehen meist weicher drein. Da horchen sie.

Manche summen mit und nicken bekräftigend an den Kraftstellen, fröhlich feixend, wenn sie wiedererkennen, was ihnen da vorgemacht wird. In einer englischen Revue gab es einmal eine solche Grammophonszene – immer kam einer herein, setzte sich vor seinen Kasten und summte leise mit; zum Schluß heulte die ganze Bühne. So laut ist es hier nicht. Nur manchmal hört man aus den Schläuchen einen Tenor krähen, einen Alt schmettern, eine Dame sengend zischen. So dringt Musik ins Volk.

Es ist wohl ein Stück metaphysischen Bedürfnisses, daß sie hier sitzen. Wo sollten sie sonst auch bleiben? Zu Hause –? Ich sehe jedes der kleinen möblierten Zimmer, so schwarz, so langweilig, so entsetzlich einsam. Hier kann man ausspannen, sich ein bißchen verlieren, hier ist Zusammenhang, Menschennähe, die ganze musizierende Welt. Neue Schlager und alte Weisen, Orchesterkonzert und rührselige Lieder, Bekräftigung, Trost und Stütze.

Ich für meinen Teil lasse für fünfundzwanzig Centimes Hawain in mich hineinweinen und bis zur Erschlaffung Jazz, man versteht nachher Politik und Geschäfte viel besser. Tote singen, verstorbene normannische Volkssänger und wenn ich Aufschluß über das kleine französische Mädchen haben will, dann bestelle ich Lieder aus den Variétés, „Si l'on fait le même chemin" und „Pars!", mein Lieblingslied. Hier klingt die Seele eines Volkes, – eines Teils gewiß. Leute kommen und gehen, der Boulevard speit sie aus und verschluckt sie wieder, mit hochgezogenen Augenbrauen sitzen sie alle da, Fremde und Franzosen und horchen. Auf Musik, auf ihre Zeit, auf sich selbst.

Riviera

Es gibt so viel süße Schilderungen der französischen Riviera; sauer macht lustig, warum soll man nicht einmal …

*

Die Riviera liegt da und sieht aus.

Sie ist die zweidimensionalste Landschaft, die sich denken läßt: für den Küstendampferpassagier ist sie ein Traum, für den, der auf einer Klippe steht und in die Bucht hineinsieht, ein Paradies – man darf nur nicht in das Paradies hineingehen. Dann ist alles aus. Die französische Riviera ist nur gemalt und zwar auf Blech.

Da, wo freie Plätze und Sanatorien für arbeitende Menschen stehen sollten, liegen Privatbesitzungen, die Gott im Zorn geschaffen hat. Die Flora erinnert an einen verkrüppelten Grunewald, in den sich einige unglückliche Palmen verirrt haben; sie stehen da herum, sich mit den übrigen Bäumen unterhalten können sie nicht und nun blühen sie unentwegt afrikanisch vor sich hin. Auch sieht man Agaven mit fetten, harten Blättern, auf denen, mit dem Messer geritzt, eingewachsen zu lesen steht: „Yvonne et son Alphonse 1925."

Abends sieht die Landschaft aus wie die Kulisse einer Operette beim Finale des zweiten Aktes: kleine Lichtpünktchen zwinkern an den Uferstraßen, die Konturen liegen in tiefem Schwarz-Blau gebettet und während sich das zerzankte Paar mit den rudernden Armen flehend-verliebt zuwinkt, fällt langsam der Vorhang.

Am Ufer des Meeres zieht sich die „corniche" hin, eine Autostraße, deren Sausen alles mit sich reißt: Stille und Luft und Atmosphäre. Dahinter pfeift die Eisenbahn, denn die ganze Riviera ist nur ein paar Meter breit. Dann kommen die guten Felsen und die schlimmen Häuser.

Hier und da treten die Besitzungen etwas zurück und lassen Platz für staubige Straßen. Wenn ein Kasino dabei steht, ist es eine Ortschaft mit vielen großen Hotels. Diese Hotels sind gar keine Hotels. Sie spielen alle Hotel.

„Von prominenten Gästen der letzten Jahre", sagt der Hotelprospekt, „sind zu nennen: Der Präsident der französischen Republik, Paul Deschanel; die Prinzessin Luise; die Herzogin von Argyll; Sarah Bernhard ... Die große Schauspielerin", sagt der Prospekt, „saß eines Tages auf einer Loggia in der zweiten Etage, wo man nur den Himmel, Blumen und das Meer sieht; da sagte sie in ihrer poetischen Art, daß man sich hier auf dem

Bug eines großen Schiffes wähnte." Und dann keine Brause im Badezimmer.

Vor der Hoteltür steht ein Portier, der der erste Mann des Unternehmens ist; er ist so mächtig, daß ihn das Los, letzter Mann zu werden, niemals treffen könnte, denn in die Toilettenräume ginge er gar nicht hinein. In der hall stehen Palmen und vielhundertjährige Engländerinnen; wenn man sie herumwirtschaften sieht, so ist immer nur zu fragen: „Wer arbeitet eigentlich in England für alle diese Frauen?" Der Mittelpunkt eines modernen Hotels, in dem Leute ruhen und schlafen wollen, ist eine Musikkapelle.

Man stelle sich vor, jemand sei genötigt, zu Pfingsten in einer Eberswalder Ausspannung zu übernachten; zu Hause wird er dann davon erzählen, wie er nachts beständig vom Gröhlen der Kutscher und von einem Orchestrion gestört worden sei. Ähnliches erlebt er in einem modernen Hotel, nur ist es an der Riviera um eine Kleinigkeit teurer, dafür ist aber das Essen in Eberswalde besser. Natürlich darf man nicht vergessen, daß in der Ausspannung keine vorgedruckte Speisekarte auf dem Tisch liegt; wenn es eine dünne Suppe, ein Pastetchen, bejahrten Fisch und ein bejammernswertes Huhn mit Kartoffeln gibt, so sieht das Menü so aus:

Potage à la Potage
Vol-au-Vent à la Valéry
Sole à la Reine de Portugal
Volaille à la Poule
Pommes à la Pomme
Fruits

Der letzte Plural ist eine Übertreibung.

Dazu spielt das Orchester in das Vichy-Wasser hinein, das sich die Engländer in den Magen gießen, es gluckert empört, wenn es unten ankommt und schwappt leise im Takt der Musik. Diese Musik der französischen Kapellen, die Jazz spielen, hört sich an, wie wenn einer mit halbwegs richtiger Aussprache Englisch vom Blatt liest, ohne ein Wort zu verstehen. Erst, wenn sie den aktuellen Walzer aus der „Lustigen Witwe" zersägen, fühlen sie sich wieder im nationalen Element.

Je schlechter das Essen, desto lieblicher der maître d'hôtel, der sich über mich wie über einen Kranken beugt: ob es mir denn schmecke und ob es mir munde und ob ich zufrieden sei … Lieber Gott, gib mir doch den Mut, daß ich ihm ein Mal, nur ein einziges Mal, mit der Gabel in den Bauch pieke …!

Es sind viele Deutsche da. Sie haben ein bißchen Angst vor der feinen Umgebung und das sollen sie ja wohl auch. Sie sind auch unsicher vor den Fremden: den Franzosen, den Amerikanern, den Engländern – aber wenn sie merken, daß sie es mit Deutschen zu tun haben, dann entspannen sich ihre Glieder, eine leichte vertrauliche Frechheit steigt in ihnen auf, denn, denken sie mit Recht, was kann an einem schon dran sein, der auch nur ein Deutscher ist! (Diese Familienvertraulichkeit teilen die Deutschen noch mit einer andern Rasse.) Im großen ganzen aber bemühen sie sich, ihr mondaines Leben den illustrierten Zeitschriften anzupassen, in denen es abgebildet ist.

Aus den Hotels können die feinen Leute nur noch in ihre Autos steigen, die, lang wie ein Haus, vor dem Haus brummen. Einen Schritt darüber hinaus und sie stapfen in Staub, ungepflegten Wegen, an grauenvollen Straßenfronten vorüber – denn die Riviera ist dreckig, ohne pittoresk zu sein: unmalerischer Schmutz. Man hat in allen Ortschaften das Gefühl, hinter Filmkulissen zu stehen; kein Mensch glaubt daran, die einheimischen Komparsen nicht, die Fremden eigentlich auch nicht, sie machen aber ein krampfhaft vergnügtes Gesicht und wagen nicht, sich einzugestehen, daß es an hundert andern Küsten schöner, weiter, kräftiger und naturhafter ist. Sie erliegen rettungslos der Zwangsvorstellung „Riviera". Der Höhepunkt dieser fixen Idee ist Monte Carlo.

Monte Carlo ist ein frisch erhaltener Naturschutzpark aus dem Jahre 1880. Es ist ein lebendiger Anachronismus; ich war versucht, die Menschen anzufassen und an ihren Haaren zu ziehen, ob sie auch wirklich und wahrhaftig echt sind und nicht zu Staub zerfallen, wenn man sie anrührt.

Also das ist das Paradies, wo in unsrer Jugendzeit die Defraudanten mit „Weibern und Champagner" ihr Geld durchbrachten! So blödsinnig fingen sie das an! so völlig von Gott und allen guten Geistern verlassen! Da ist der kleine Park, in dem man verzweiflungsvoll umherzuirren hatte, wenn alles hin war, an diese Palmen konnte man sich hängen, von diesen Felsen herunterstürzen, über diese Grasflächen knallte abends der kleine Schuß, der einem verpfuschten Leben … heiliger Lokal-Anzeiger!

Die Spielsäle sehen aus wie das selige Palais de Danse – gequollene Ornamente gerinnen an den Wänden, Puttengel stoßen mit Recht in vergoldete Posaunen und ölgemalene Gemälde zeigen an, wovon unsere Väter nachts geträumt haben, wenn Mutter schon, mit aufgesteckten Zöpfen, schlief. An den Tischen spielen sie.

Spieler sind auf der ganzen Welt gleich. Hier muß man die Leidenschaft noch durch sechs dividieren, denn wenn sie zehn Francs setzen, dann sind es nur eine Mark und fünfzig und sowas stört sehr. Auch ist heute die Flucht in die Romantik des Spieles minder groß als damals, als dein Papa und deine Mama hierher mit dir ihre Hochzeitsreise machten: Heereslieferanten, Kriegsgewinnler, Börsenspieler, Inflationisten: es gibt heute so viele Monte Carlos! Viele Spielende tragen in Bücherchen ein, was die kleine Kugel zusammenkugelt – und es ist besonders lustig, die Damens über ihre Kurven gebeugt zu sehen; sie haben keinen Schimmer von Wahrscheinlichkeitsrechnung, richten sich aber streng nach ihr. Auf diese Weise erzielt die Bank ihren Umsatz.

Die Fassade den Kasinos in Monte Carlo stammt von Granier, dem Erbauer der Pariser Oper. Diese Fassade sieht aus …

„Herr Graf, was denken Sie von mir? Ich bin eine anständige Frau!" – Komm mit mir in den kleinen Pawilljoohn! – Mit schmetternder Faust und mit trocknem Pulver – Wigalaweia – „Ich war mit ihr im Chambre-Séparée und sie hat mit ihren Diamanten meinen Namen in den Spiegel gekratzt!" – Valse Bleue und Amoureuse und das von Zigeunern … – Spitzengeriesel und die Dessous und Frou-Frous – Wasmuths Hühneraugenringe in der Uhr – Eine Rokokoquadrille bei Hof – Ein Kuß ohne Schnurrbart ist überhaupt kein Kuß! – „Und sehn Sie wohl, darum ich bin: die Gigerlkönigin!" – Der Herr Kommerzienrat strich sich die braunen Favoris und sah den Besucher ernst durch seinen goldenen Kneifer an – Ein Weib mit so einem Busen! – Ihr Hochzeitsdiner hatte vierundzwanzig Gänge – Ich will auch mal Viere lang fahren! – in Laque und Claque – Schenk ihr doch Dahns Kampf um Rom! – Die königlichen Herrschaften begaben sich mit den Majestäten elastischen Schrittes – „Donnerwetter, Donnerwetter, wir sind Kerle!" – Ihre Tochter ist jetzt im Pensionat in Lausanne – Hier muß noch ein Pendant hin – Erst hat er sie verführt und dann ... geschnürt, in Lackstiefeletten – „Eine Dame kann doch nicht Veloziped fahren!" – Spitzentanz und Mondesglanz und Grete findet ihren, sagen wir, Hans – –

so sieht die Fassade des Kasinos in Monte Carlo aus.

Übrigens erinnert Monte Carlo (1880) stark an Deutschland (1923). Eine leise, kaum wahrnehmbare Wolke von Inflation zieht durch die Promenaden: in den Augen der Leute liegt ein sanft flackernder Wahnsinn, die Menschen gehen in indifferentem Gleichgewicht einher, die Anziehungskraft der Erde funktioniert hier nicht recht, alles ist so anders und man tut gut daran, seine Uhr festzuhalten. Gemeine Gesichter werden ungeniert dem Tageslicht präsentiert; armselige Hürchen spielen große Welt und eine fette polnische Riesendame in tiefem Violett geht mit einem Mann einher, der aussieht wie Professor Makart und ebensolchen blonden Vollbart und solche weichen Hände hat ... Hier trägt Europa seine alten Moden auf.

Unten, am Meer, zerschießen sie Tauben; der kleine Grasplatz ist ganz besät von den weißen Flaumfederchen. Oben, auf dem Fels, liegt der Besitz des Mannes, für den sie alle an den Tischen arbeiten: das Palais des Fürsten von Monaco, zwei gekreuzte Nullen im schwarzroten Wappen, mit dem Spruch: „Passe ou Manque – Vive la Banque!" Und das tut sie denn auch.

Abends werden die Bürger in großen Autos nach ihren Hotels abgefahren, sie rollen durch die Nacht, sie sind müde, sie haben ein bißchen gewonnen und viel verloren und sind an der Riviera gewesen.

Am Tage aber scheint über alles dies eine leuchtende Sache, die sie alle, alle gepachtet haben, für die sie sich bezahlen lassen und derentwegen wir hierher gefahren sind: die Sonne.

Während am Alexanderplatz, wo das schönste, weil treffendste Denkmal Berlins gestanden hat: die dicke Berolina, der Modder so hoch aufspritzt, daß die Fußgänger, wenn sie in die erleuchteten Autos hineinsehen, soziale Gefühle bekommen; während es in Kopenhagen in der Forhabningsholmsallee so friert, daß sich der lange Name der Straße vor Kälte zusammenzieht; während in Paris das Schnupfenwetter durch die Fensterritzen zieht und der Kamillentee hoch im Preise steigt; während die Eskimos ihre letzte Lebertranlampe anzünden und Knud Rasmussen lesen, um sich endlich über sich zu informieren –: währenddessen scheint an der Riviera die Sonne. Sie wärmt, sie strahlt; ich trage mich in Hellgrau und Marineblau und habe nur einen Sommerbauch; wenn ich jetzt noch jenen kleinen Schnurrbart hätte, von dem alle Männer glauben, sie glichen darin Adolphe Menjou, während sie in Wahrheit aussehen wie die Verbrecher – welch mondainer Lenz! Der Frühling, der lange Lulatsch, schwebt über die begrünten Hügel, der maître d'hôtel beginnt zu knospen, das verhältnismäßig blaue Meer leuchtet und sanft vor sich hin neppend verdämmert im Sonnenglast die leuchtende Küste der Riviera.

Es ist heiß in Hamburg

Hamburg, du schönste deutsche Stadt! – „Den zuckenden Fisch an der Nordsee" hat dich Larissa Reisner genannt; Hamburg, Stadt für Männer, Stadt der kraftvollen Arbeit, Stadt auch für Liebende – wie ein kleines Meer lag die Alster (Ozean privat) morgens um halb fünf in der hellblau-violetten Stunde, Mona Lisa stand schon oder noch am Fenster und sah hinaus … Guten Tag, Hamburg.

Es ist heiß in Hamburg. Aber weil hier die Sonne nur auf Abzahlung scheint und immer ein frischer Wind von der See her weht, ist es doch nicht zu heiß. Jakopp stöhnt vor Hitze.

Jakopp ist mir seit alters befreundet; Etappe an Etappe haben wir die große Zeit durchgestanden und nun ist er irgendetwas Hervorragendes im Hamburger Wasserwerk. Wenn es heiß ist, tut er so, als müsse er selber das Wasser für die ganze Stadt aus dem Boden pumpen – er hat so viel zu tun! Jakopp wohnt am Harvestehuder Weg, der ohne die Rs auszusprechen ist und durch eine in der Bodenkammer sinnreich angebrachte Hühnerleiter, Symbol des Lebens, kann man ihm aufs Dach steigen. Da sitzen wir denn abends auf dem flachen Haus und sehen in das blaue Bassin und in den altgoldenen Whisky, den Jakopp vermittels eines weiten Havelocks in Helgoland einzukaufen pflegt ... Ein rascher Seitenblick belehrt mich, daß Jakopp nicht weit von jenem Stadium ist, wo er glaubt, das Alsterbassin selber angelegt zu haben. Er stöhnt vor Hitze.

Es ist heiß in Hamburg und vor Hitze gerinnen auch unsere Gespräche. Es ist eine jener Hamburger Unterhaltungen, die, besonders wenn der Stoff peinlich ist, im Schlicksand verlaufen, die Worte fließen spärlich wie Jakoppens Wasser im Sommer und auf einmal ist es aus. „Wie geht es denn Ihrer Tante?" – „Tje ... der Doktor meint, es wäre ja nu nich mehr so ... und da wäre es ja denn besser wenn sie nu gleich ..." Aus. Das Wort „Tod" wird taktvoll vermieden, wie überhaupt der Hamburger auch die pathetischen Vorgänge immer ins „Faine" umbiegt. Fein und unerbittlich diesseitig, so ist Hamburg. (Erster Akt Hamlet. Eine hamburgische Dame zur andern: „Bis schetzt gar kein Sinn in." Erledigt, Herr Shakespeare!) Vorläufig ist es aber mal bannig heiß.

„Weißt du," sagt Jakopp plötzlich, „daß morgen Onkel Ulrich begraben wird?" Ich weiß es. Onkel Ulrich ist kein betrüblicher Onkel, sondern ein gleichgültiger Onkel – vererbt wird hier nichts, wir haben ihn beide kaum gekannt und unsere Trauer ist artig-konventionell. „Ich muß hin", sagt Jakopp. „Bei dieser Hitze –"

Was wird das geben? denke ich. Denn Jakopp neigt, wenn er mit dem Leben zusammenstößt, zu seltsamen Eskapaden; er ist der Mann, der im vorigen Jahr nach Italien nicht ohne seine Bleistiftspitzmaschine reisen konnte; der italienische Zoll geriet fast aus dem Häuschen, alala! – und als schon fünfzehn Mann der Mussolini-Garde die gefährliche Zaubermaschine, Erklärungen heischend, umstanden, da nahm Jakopp einem Faschisten den Bleistift aus der Hand und begann, den Welschen einen vorzuspitzen. Da ließen sie ihn in Ruhe. Was wird das geben? denke ich.

*

Schon frühmorgens gärt es in Jakopps Schlafzimmer.

Zunächst erscheint er in Nachthemd und Zylinder, einem Kaiser-Wilhelm-Gedächtnis-Zylinder, Modell 1892 und verschwindet wieder. Ich höre ihn brummeln und schimpfen; es sei zu heiß und Onkel Ulrich sterbe immer im Sommer und ob er, Jakopp, bei dieser Hitze überhaupt hinausfahre, das sei noch gar nicht entschieden … Ich höre kaum hin. Und werde erst aufmerksam, als ich ihn zur Korridortür hinausrufen höre: „Agda –" (Jakopps Stützen heißen stets so melodisch) – „Agda! Bringen Sie den Begräbnisüberzieher!" Ich nichts wie raus. Das muß ich sehen.

Agda bringt das Ding wirklich an: es ist ein schmächtiger, schwarzer, traurig vom Bügel weinender Paletot. Jakopp zieht ihn an. Er zieht ihn an und ich sehe zu, ich gucke einmal, ich gucke zweimal – „Jakopp," sage ich schüchtern, „was wird das? Wo ist denn –" Jakopp antwortet gar nicht.

Er hat an:

Schwarze Hosen, Oberhemd, Kragen, schwarzen Schlips, jenen Zylinder und den Überzieher. Weiter nichts! Rock und Weste hängen im Schrank und wundern sich.

„Ja", sagt Jakopp. „Es ist eben zu heiß. Man sieht sie ja doch nicht!" Ich halte es für einen Spaß; nein: so wahr ich Gott im Himmel bin, Jakopp geht zur Tür, markiert Frühstück im Nebenzimmer und geht dann in dieser Verfassung broschiert zu Onkel Ulrich. Ich liege auf dem Sofa und lache mir einen Bruch.

Als er wieder da ist, strahlt er bis zu seinem Zylinder, dem sich, offenbar beim Anblick der andern Zylinder, die Haare gesträubt haben. „Alle haben so geschwitzt", sagt er. „Nur ich nicht."

Und kleidet sich aus und um und an.

*

Jakopp darf sich, so seltsam das klingt, zu Beginn des nächsten Jahres verheiraten. Seine Braut ist aus Bayern – also den Anblick halb bekleideter Männer gewöhnt.

Es erhebt sich nunmehr für den Zuschauer die beklemmende Frage:

Wenn Jakopp sein System, nicht zur Sache gehörige Kleidungsstücke einfach fortzulassen, konsequent durchdenkt –: was wird er dann bei seiner Hochzeit weglassen –?

Durchaus unpassende Geschichten

Wenn einer von Pariser Apachen zu schreiben beginnt, kann man darauf schwören, daß er aus Prag oder aus Charlottenburg stammt – es gibt auch Fälle der Idealkonkurrenz. Kommen solche Reporter nach Paris, dann ist kein Halten mehr; ihre Frechheit wird nur noch von der Dummheit ihrer Redakteure überboten, die diesen ausgemachten Lügenbrei über „Kokain auf dem Montmartre", „In den Salons des Faubourg Saint-Germain" und „Nachts auf La Vilette" mit Behagen drucken. „Unser Publikum will das." Bedauerlich ist nur, daß dieser Kram einer anständigen Verständigungsarbeit zuwiderläuft – die verfälschten Berichte von den „japanischen Dirnen in Paris", von den „Stadtgesprächen in London", von dem gesamten verlogenen Stadtbild werden gelesen und, wenn sie illustriert sind, gefressen. Und sie bleiben haften – im Gegensatz zur Wahrheit, die grauer ist, nicht immer amüsant, manchmal langweilig. Aber das Paris der Schmöcke, das Paris Carl Sternheims gibt es nicht: die einen müssen mit ihren Unwahrheiten Zeilengeld verdienen, der andre verfällt in epileptische Zuckungen, wenn er nur auf der Gare du Nord ankommt – und alle drei beide soll der Teufel holen.

Wenn es schon schwer ist, die Verbrecher des eignen Landes wirklich zu kennen – um wieviel mehr wachsen die Schwierigkeiten für den Fremden, die Zuhälter und Dirnen und Einbrecher von Paris aus der Nähe zu betrachten, sie zu begreifen, sie nicht zu verkennen. Man müßte mit ihnen leben.

Ich habe einiges aus diesem Milieu gesehen, aber ich halte einen ephemeren Beobachter nicht für legitimiert, andres als nur kurze Eindrücke darüber auszusagen – denn ich muß mir so vieles erst mühsam übersetzen, was sie da heraussprudeln; ich höre nicht die Unterschiede in den Dialekten der Arrondissements und während ich ziemlich genau angeben kann, ob ein

Berlinisch aus der Klosterstraße oder vom Wedding stammt, fehlt mir vorläufig eine solch genaue Kenntnis von Paris.

So kann ich nur sagen, daß mir die Schilderungen in einem Buch, das ich hier anzeigen will, nach allem, was ich gesehen und gehört habe, ziemlich richtig erscheinen, wenn auch um eine Kleinigkeit zu pointert. Es handelt sich um „Histoires de Filles et d'Affranchis" von Edouard Ramond (Les Editions de France, 20 Avenue Rapp, Paris). Schon für das Wort „Affranchis" gibt es kaum ein deutsches Analogon. Es heißt nicht, wie im Lexikon steht: „Freigelassene"; es hat vielmehr den Sinn von „affranchi de préjugés", einer, der über Gewissensbedenken hinaus ist, der den Rummel kennt, der weiß, was gespielt wird, etwa: „Der Junge ist richtig."

Das Buch, das Geschichten aus dieser Sphäre enthält, ist von Francis Carco eingeleitet, dem Mann von „Jésus-la-Caille", einem in Deutschland als Bibel gebundenen dichterischen Schmöker. Carco wohnt im ersten Stock, aber mit Mansardenfenster – er ist wohl einer jener nicht seltnen Fälle, wo das Publikum nach einem Anfangserfolg den Autor zwingt, nun ewig dieselbe Walze zu spielen. Will er Geschäfte machen, muß er es tun; und er tuts.

Carco sagt in seiner Einleitung etwas über die Seelen der „mecs" (der Luden) und der „mômes" (etwa: der Trinen, der Nutten). Von der gesellschaftlichen Struktur sagt er gar nichts, von den wirtschaftlichen Notwendigkeiten, die diese Zustände herbeigeführt und begünstigt haben, kein Wort; auch seine Kenntnis von den medizinischen Untergründen ist etwas kümmerlich. Man hat den Eindruck eines romantischen Stahlstichs, der eine amerikanische Automobilfabrik darstellt.

Von den nun folgenden Geschichten sind viele auch nicht annähernd zu übersetzen; wie nicht ganz unbekannt, eignet sich die französische Sprache dazu, die unglaublichsten Dinge zu sagen, zu drucken, zu schreiben – nein, es ist nicht die Sprache. Es ist die Grundanschauung eines Volkes, das keine Brillen trägt, das nicht überall „Probleme" und „Tendenzen" sieht, sondern das natürlich geblieben ist. Keine Geschichte zwinkert, keine.

Es finden sich – wie bei Zille – schreckliche Inzestberichte, Bilder der grausigsten Familienprostitution, die ein klein wenig, ein ganz klein wenig moralisch-witzelnd herausgestellt werden; das unübersetzbare „Alors dis, môme, on s'mélange?" ist natürlich auch da; merkwürdige Anklänge an die Kirche: Jesus spielt mitunter eine Rolle, zu der wir in der ganzen deutschen Literatur, außer bei Panizza, keine Analogie haben. Außerordentlich echt sind die Kleinbürgerlichkeit, die Wohlanständigkeit in den „Häusern" getroffen, wo etwa beim Mittagessen eine der Damen ein hartes Fachwort oder „Merde!" sagt und sofort der Herr oder die Frau des Hauses eingreift: „Sie scheinen nicht zu wissen, wo Sie hier sind ...?" und das ist durchaus keine Ironie. Die rohesten Witze der Päderastie sind in Formen gekleidet, die sie erträglich machen; und wer Franzosen kennt, weiß, daß diese „mots" nicht erfunden zu sein brauchen. Der ganze Jammer enthüllt sich einmal in einem einzigen Satz, den ein Mädchen zum Kunden sagt. Sie sprechen vom Weibergefängnis in Saint-Lazare, das nun endlich aufgehoben werden soll. „Saint-Lazare! Saint-Lazare! vaut mieux que je te dise pas ce que c'est." Warum nicht? fragt er. „Parce que c'est tellement dégueulasse (abscheulich) que tu voudrais plus toucher aux femmes." Wie kann man die Männer so überschätzen ... Und wie natürlich reagiert jene andre, die sich über die harte Arbeit in einem Haus beklagt – nein, da kann sie nicht mehr bleiben. „Habt ihr denn so anspruchsvolle Kunden, Spezialisten ...?" wird sie gefragt. „Nein, das macht nichts", sagt sie. „Aber das verfluchte Treppensteigen –!"

Ich habe versucht, ein paar Geschichtchen zu übertragen. Die Aufgabe ist nicht lösbar. Hochdeutsch gäbe es ein falsches Bild – denn dies Französisch steht in keinem Lexikon. Ein deutscher Lokaldialekt gibt ein falsches Bild – denn in dem Augenblick, wo die Anekdote berlinert, erweckt sie einen Haufen von Assoziationen, die nicht hergehören. Hier und da habe ich ein paar berlinische Ausdrücke gesetzt, nur um in Gänge zu gelangen, die unterhalb der offiziellen deutschen Grammatik entlanglaufen – und ich habe Berlin und nicht München oder Leipzig gewählt, weil es eine große Stadt mit den Ansätzen zu ähnlichen Schichten ist, wie sie hier geschildert werden. Eine Übertragung in Hamburger Platt käme der Sache gleichfalls nahe.

Die kleinen Anekdoten, die hier folgen, scheinen mir eine gute Eigenschaft zu haben. Mit Ausnahme von vielleicht einer oder zweien schmecken sie nach Wahrheit. Das kann man nicht erfinden.

*   *   *

Im Weibergefängnis Saint-Lazare herrscht Ordnung.

Eine ganz junge Gefangene, die man bisher zu den leichten Fällen zählte, bittet eines Morgens, dem Direktor vorgeführt zu werden.

„Nun, mein Kind, was gibts denn?"

„Herr Direktor," sagt die junge Person mit sanfter und leiser Stimme, „ich wollte Ihnen nur sagen: wenn die Schwester Maria von den Heiligen Drei Engeln mich weiter so behandelt wie bisher, dann werde ich ihr wohl mein Kochgeschirr in die Fresse schlagen –!"

*

Auf dem Boulevard de Sébastopol bereden zwei Zuhälter, wie es so ist im menschlichen Leben.

„Mensch!" sagt der eine. „Mir ist heute mächtig …"

„Und mir erst!" sagt der andre. „Aber wie! Je crois que je serais capable de prendre un chien …"

Da geht die Sappho, ein weiblicher Knabe, vorbei und hat es alles mitangehört und sagt ganz leise:

„Wau-wau –!"

*

Carmen hat eine hübsche Stimme und obgleich sie seit fünfzehn Jahren die Insassin vieler Häuser gewesen ist, ist sie so hübsch zurechtgemacht, daß sie allgemein verlangt wird.

„Du hast ja eine reizende Stimme", sagt eines Tages ein Besucher zu ihr. „Warum bist du nicht zum Theater gegangen? Du hättest sicherlich Karriere gemacht."

„Zum Theater? Ah, la la!"

„Warum nicht?"

„So siehst du aus, Kleiner!" sagt Carmen. „Zum Theater? Das hätten meine Eltern niemals erlaubt!"

*

„Der Krieg? Sind die Weiber dran schuld", sagte Niemen, der Boxer, verächtlich. „Ich wer dir das beweisen ..."

„Nämlich?"

„Ich wer dir das beweisen", sagte er. „Wie sie mobil gemacht haben, was haben die Mädchen da gesagt? Da haben sie gesagt: Na, denn machs gut, Junge! Hier hast du noch Strümpfe mit und Schokolade und einen Füllfederhalter und 'ne Buddel von wegen innerlich zu gebrauchen! Nich wahr? So war das gewesen. Ohne die Mädchen wären wir niemals gegangen!"

„Wahrscheinlich!"

„Ja, nu stell dir aber mal vor, die Weiber hätten in die Generalpappkartonstraße gemußt. Hä? Was hättst du gesagt, wenn deine Trine auf ein Mal erzählt, sie muß zur Musterung? Nu sahre mal ...!"

„Ich ..."

„Also ich hätt ihr gesagt: „Marie, hätt ich jesacht, hau ab! Drück dich! Dicke Luft! Und da kannste Gift drauf nehmen: sie wärn alle hier geblieben –!"

*

Ich saß in der kleinen Bar, nachts; am Nebentisch ein Betrunkener, ein gutmütiger Kerl, der viel sprach. Er hieß Felix.

Nach einer einstündigen Verhandlung und je drei Schnäpsen wollte ich bezahlen. Felix warf sich förmlich über meine Brieftasche, aber nicht, um sie mir wegzunehmen.

„Pardon!" sagte er. „Ich weiß, was sich gehört."

Steht auf und geht zur Tür, öffnet sie, steckt zwei Finger in den Mund und pfeift. Pause ...

Es erscheint eine Frau, dann noch eine.

Felix hebt den Daumen und deutet über seine Schulter auf die Untersätze, die auf unserm Tisch stehen, jede Frau legt stillschweigend einen Zehnfrancsschein auf die Theke, Felix nickt zur Tür hin, sie dürfen wieder gehen. Es wird kein Wort gesprochen.

Darauf Felix, zu mir:

„Et voilà, Monsieur, ça, c'est de l'amour –!"

*

Frau Soundso ist nicht davon abzubringen gewesen, mit mir das aufzusuchen, was sie etwas pompös „die Lasterhöhlen der Großstadt" nennt.

Man kann sich denken, wo wir hingegangen sind: ich führte sie in die besten Häuser an der Ecole Militaire und sagte, sie sei meine Sekretärin.

Alle Mädchen bemühten sich um uns und es wurde ein reizender Abend. Alles sprach in gewähltem Ton, höflich; alle benahmen sich anständig und wenn ein Mädchen einmal mit einem Klienten für kurze Zeit nach oben gehen mußte, dann verbeugte es sich erst vor meiner Dame von Welt und sagte:

„Sie gestatten doch, gnädige Frau –?"

*

„Gras-du-Genou" war eine allererste Nummer. Als Soldat an der Yser und bei Verdun hat er die ganze Todesverachtung, die ganze Verve und das Draufgängertum gehabt, für die er in Belleville berühmt und berüchtigt war. Er ist gefallen.

„Seine": eine kräftige blonde Person mit einem schweren Chignon, hochgeschnürt. Sie heißt allgemein „die spanische Fliege". Zur Zeit sitzt sie im Frauengefängnis Saint-Lazare.

„Siehste," sagt sie während des Rundgangs auf dem Hof zu einer Freundin, „ich will nich mehr. Der da, das war meiner. Das war mein einziger; danach kommt nischt mehr. Dich hab ich gerne; ich mag sonst keine Frauen ... aber du bist nicht wie die andern, deshalb erzähl ich dir das.

Also, wie ich in der Zeitung gelesen hab, daß man sich die aus den Soldatengräbern zurückholen kann, da hab ich bloß noch das im Kopf gehabt: ihn von da oben herbringen lassen und denn mit ihm in einen Kirchhof bei Berry-au-Bac. Ja. Und dann wollte ich ihm ein schönes Grab spendieren. Aber schnieke! Dazu brauchste Zaster, verstehste ... Na und du weißt doch, unsereiner kann sich nichts sparen..

Da hab ich versucht, ein Ding zu drehen ... Wegen Pinkepinke. Ich hatte mächtjes Schwein: ich hab da einen Dummen gefunden, der hat eine dicke Marie bei sich gehabt ... Dafür hab ich meinen gleich in Sarg packen lassen, un denn is er zurückgekommen und denn hab ichn sein Grab bauen lassen ... Aber knorke, sag ich dir!

Mit 'ner großen Platte obendrauf, alles aus Marmor, do! so mit feinen Ketten und Blumentöppen and alles …

Der Kunde hat mich angezeigt. Sie konnten mir nischt beweisen, aber natürlich bin ich hochjegangen. Ich hatte mächtig ville Geld ausgegeben, aber es war doch noch was übrig jebliehm. Diß hab ich ins Grab jestochen. Diß finden se nich. Da könn se suchen, bis se schwarz wern. Na und denn solln se man imma machn, det se hinjehn und sich den Zaster holn …

Er paßt auf."

Das Wirtshaus im Spessart

WÜRZBURG; SONNABEND. Die beiden Halbirren brechen frühmorgens in meine Appartements im „Weißen Lamm" ein. „Aufstehen! Polizei!" und „In dieser Luft kannst du schlafen?" Jakopp in einem neuen Anzug, greulich anzusehen, Karlchen, die Zähne fletschend und grinsend in einem Gemisch von falschem Hohn und Schadenfreude. Die seit einem Jahr angesagte, organisierte, verabredete, immer wieder aufgeschobene und endlich zustande gekommene Fußtour beginnt. Du großer Gott –

ABENDS. Wir hätten sollen nicht so viel Steinwein trinken. Aber das ist schwer: so etwas von Reinheit, von klarer Kraft, von aufgesammelter Sonne und sonnengetränkter Erde war noch nicht da. Und das war nur der offene, in Gläsern – wie wird das erst, wenn die gedrückten Flaschen des Bocksbeutels auf den Tisch gestellt werden …! Oben auf der Festung ist ein Führer, der „erklärt" die alte Bastei und macht sich niedlich, wie jener berühmte Mann auf der Papstburg in Avignon. Aber hier dieser feldwebelbemützte Troubadour singt denn doch ein anderes Lied: er sieht Friderikusn in jedem Baumhöcker, beschimpft die aufrührerischen Bauern wie weiland Luther und überhäuft einen Mann namens Florian Geyer mit Vorwürfen: der habe unten in der Ratsstube gesoffen, während die Bauern hier oben stürmen mußten. Das muß ich in den letzten Jahren schon einmal gehört haben. Der Brunnen ist so tief, daß ein angezündeter Fidibus ... wie gehabt. In der Burg liegt Landespolizei und kann auf das weite gewellte Land heruntersehn. Wir hätten sollen in der Gartenwirtschaft Steinwein trinken.

OCHSENFURT; SONNTAG. Als die Uhr auf dem Rathaus sechs schlug, ließen wir die Würfel liegen und stürmten hinaus, um uns anzusehen, wie die Apostel ihre Köpfe heraussteckten, die Bullen gegeneinander anliefen und der Tod mit der Hippe nickte. Dann liefen wir aber sehr eilig wieder in die Wirtsstube, wo die Würfel auf dem Tisch plärrten, weil man sie allein gelassen hatte. Wenn wir nicht das Barock des Landes würdigen und, den geschichtlichen Spuren der großen historischen Ereignisse folgend, dieselben auf uns wirken lassen, dann würfeln wir. Wir spielen „Lottchen guckt vom Turm", „Hohe Hausnummer rasend" und „Kastrierter Waldaffe" sowie die von mir erfundenen, schwereren Dessins: „Nonnenkräpfchen", „Gretchen bleibt der Kegel weg" und „Das

Echo im Schwarzwald". Wir müssen furchtbar aufpassen, weil mindestens immer einer mogelt. Ich würde nie mogeln, wenn es jemand merkt. Auch muß alles aufgeschrieben werden, damit nachher entschieden werden kann, wer den Wein bezahlt. Ich habe schon viermal bezahlt. Es ist eine teure Freundschaft.

IPHOFEN; MONTAG. Ich werde mich hüten, aufzuschreiben, wo wir gewesen sind. Als wir das erste Glas getrunken hatten, wurden wir ganz still. Karlchen hat eine „Edelbeeren-Trocken-Spät-Auslese" erfunden, von der er behauptet, sie sei so teuer, daß nur noch Spinnweben in der Flasche ... aber dieser war viel schöner. Ein 21er, tief wie ein Glockenton, das ganz große Glück. (Säuferpoesie, Säuferleber, die Enthaltsamkeitsbewegung – Sie sollten, junger Freund ...) Das ganz große Glück. Das Glück wurde noch durch ein Glanzlicht überhöht: der Wirt hatte einen 17er auf dem Faß, der war hell und zart wie Frühsommer. Man wurde ganz gerührt; schade, daß man einen Wein nicht streicheln kann.

Iphofen ist ein ganz verschlafenes Nest, mit sehr aufgeregten Gänsen auf den Straßen, alten Häusern, einer begrasten Stadtmauer und einem „Geologen und Magnetopathen". Habe Karlchen geraten, sich seine erdigen Fingernägel untersuchen zu lassen. Will aber nicht.

IN OCHSENFURT, auf dem Wege hierher, haben wir am äußersten Stadttor einen Ratsdiener gesehen, der stand da und regelte den Verkehr. Die Ochsenkutscher, die Mist karrten, streckten den linken Arm heraus, wenn sie ans Tor kamen – hier muß eine schwere Seuche ausgebrochen sein, die sich besonders an Straßenecken bemerkbar macht. Schrecklich, die armen Leute! Das kommt davon, wenn sie auf dem Brodway den Verkehr regeln. Wir nehmen uns jeder zwei Flaschen von dem ganz großen Glück mit, um es unseren Lieben in der Heimat mitzubringen. Jeder hat noch eine Flasche.

KLOSTER BRONNBACH; MITTWOCH. Der Herbst tönt und die Wälder brennen. Wir sind in Wertheim gewesen, wo der Main als ein Bilderbuchfluß dahinströmt und wo die Leute mit einer Fähre übersetzen wie in einer Hebelschen Erzählung. Drüben, in Kreuzwertheim, war Gala-Pracht-Eröffnungs-Vorstellung des Welt-Zirkus. Vormittags durfte man die wilden Tiere ansehen: einen maßlos melancholischen Eisbären, der in einer vergitterten Schublade vor sich hinroch und schwitzte; etwas Leopard und einen kleinen Panter, den die Zirkusjungfrau auf den Arm nahm, das Stück Wildnis. Da kratzte er. Und die Jungfrau sagte zur Wildnis: „Du falscher Fuffziga!" Das konnten wir nicht mitansehen und da gingen wir fort.

Hier in Bronnbach steht eine schöne Kirche; darin knallt das Gold des alten Barock auf weißgetünchten Mauern. Ein alter Klosterhof ist da, Mönche und die bunte Stille des Herbstes. Wie schön müßte diese Reise erst sein, wenn wir drei nicht da wären!

HIER UND DA; DONNERSTAG. Große Diskussion, ob man eine Winzerin winzen kann. Miltenberg, Mespelbrunn und Heiligenbrücken: vergessen. In Wertheim aber stand an einem Haus ein Wahrspruch, den habe ich mit aufgeschrieben. Und wenn ich einst für meine Verdienste um die deutsche Wehrmacht geadelt werde, dann setze ich ihn mir ins Wappen. Er hieß: „Jeder hat ja so recht!"

LICHTENAU; SONNABEND. Die Perle des Spessarts. Dies ist nicht das Wirtshaus im Spessart, das liegt in Rohrbrunn – aber wir benennen das um. Hier ist es richtig.

Unterwegs wurde Jakopp fußkrank; er taumelte beträchtlich, ächzte und betete zu merkwürdigen Gottheiten, auch sagte er unanständige Stammbuchverse auf, daß uns ganz angst wurde, denn wir haben eine gute Erziehung genossen. Wir waren froh, als wir ihn gesund nach Lichtenau gebracht hatten, den alten siechen Mitveteranen. Und als wir ins Gasthaus traten, siehe, da fiel unser Auge auf ein Schild:

Autoverkehr!

Automobil-Leichenwagen nach allen Richtungen!

Des freute sich unser Herz und froh setzten wir uns zum Mahle. Der Wirt war streng, aber gerecht, nein, doch nicht ganz gerecht, wie sich gleich zeigen wird. Wir gingen ums Haus.

Dies ist eine alte Landschaft. Die gibt es gar nicht mehr; hier ist die Zeit stehengeblieben. Wenn Landschaft Musik macht: dies ist ein deutsches Streichquartett. Wie die hohen Bäume rauschen, ein tiefer Klang; so ernst sehen die Wege aus ... Die Steindachlinie des alten Hauses ist so streng – hier müßten altpreußische Reiter einreiten, etwa aus der Zeit Louis Ferdinands. Die Fenster sind achtgeteilt; um uns herum rauscht der abendliche Parkwald. Wir sitzen zu dritt auf einer Stange und bereden ernste Sachen. Dann gehen wir hinein.

... Wir schmecken einmal, zweimal, dreimal. „Dieser Wein", sage ich alter Kenner, „schmeckt nach Sonne." – „Und nach dem Korken!" sagen die beiden andern gleichzeitig. Herr Wirt! Drohend naht er sich. Nun heißts Mut gezeigt! Auf und drauf!

„Herr Wirt ... es ist nämlich ... also: probieren Sie mal den Wein!" – Er weiß schon, was ihm blüht. Und redet in Zungen, ganz schnell. „Wo ist der Korks? Erst muß ich den Korks haben! Zuerst den Korks!" Der „Korks" wird ihm gereicht – er beriecht ihn, er schnuffelt an der Flasche, er trinkt den Wein und schmeckt ab; man kann es an seinen Augen sehen, in denen seltsame Dinge vorgehen. Urteil: „Ich hab gleich gesehen, daß die Herren keine Bocksbeuteltrinker sind! Der Wein ist gut." Berufung ... „Der Wein ist gut!" – Revision ... „ ...ist gut!" Raus.

Da sitzen wir nun. Ein mitleidiger Gast, der bei dem Wirte wundermild zur Kur weilt, sieht herüber. „Darf ich einmal versuchen –?" Er versucht. Und geduckten Rückens sagt dieser Feigling: „Meine Herren, der Wein schmeckt nicht nach dem Korken! Wenn er nach dem Korken schmeckt, dann möpselt es nach – !" Natürlich möpselt es. Wir hatten keine Ahnung, was das Wort bedeutete – aber es ging sofort in unsern Sprachschatz über. Jeder Weinkenner muß wissen, was „möpseln" ist. Aus Rache und um den Wirt zu strafen, trinken wir noch viele, viele Flaschen Steinwein, von allen Sorten und alle, alle schmecken sie nach Sonne.

LICHTENAU; SONNTAG. Bei uns dreien möpselt es heute heftig nach.

IN EINEM WEINDORF; MONTAG. Auf der Post liegt ein Brief der schwarzen Prinzessin, den haben sie mir nachgeschickt. Sie sei zufällig in Franken; sie habe gehört, daß ich ... und ob ich nicht vielleicht ... und ob sie nicht vielleicht ... Hm. Sie liebt, neben manchem andern, inständig ihr Grammophon, das ihr irgendein Dummer geschenkt hat. Einmal spielte das Ding – mit der allerleisesten Nadel – die ganze Nacht. Sie hat da so herrliche amerikanische Platten, auf denen die Neger singen. Eine, das weiß ich noch, hört damit auf, daß nach einem infernalischen Getobe von Gegenrhythmen der Bariton eine kleine Glocke läutet, die Musik verstummt, er läutet noch einmal und sagt: „No more!" Ich telegraphiere ihr.

Abends ist Festessen. Wir haben uns eine Gans bestellt, die aber ohne inwendige Äpfel erscheint. Eine Gans für drei Mann ist nicht viel – besonders wenn einer so viel ißt wie Jakopp, so schnell wie Karlchen, so unappetitlich wie ich. Wir nehmen uns gegenseitig alles weg; den Wirt grausts. Jakopp hat die s-Krankheit. Er sagt „Ratshaus" und „Nachtstopf" und „Bratskartoffeln". – „Das sind Bratskartoffeln, wie sie der Geheimrat Brats aus Berlin selbst erfunden hat." Beim Würfeln gewinne ich furchtbar und die beiden wollen nicht mehr mit mir spielen. They are bad losers.

HEIMBUCHENTHAL; DIENSTAG. Wie arm hier die Menschen sind! Alle Kinder sehen aus wie alte Leute: blaß, gelb, mit trüben Augen.

Zu Fuß gehen ist recht schön. Manchmal sagen wir gar nichts – wir haben uns ja auch alles gesagt. Wir freuen uns nur, daß wir beisammen sind. Stellenweise hält einer ein Kolleg, keiner hört zu. Manchmal ... wenn Männer untereinander und allein sind, kommt es vor, daß hie und da einer aufstößt. Es ist sehr befreiend. Bei einer Freundschaft zu dritt verbünden sich meist zwei gegen den Dritten und fallen über ihn her. Das wechselt, die Fäden laufen auf und ab, teilen sich und vereinigen sich; die Dreizahl ist eine sehr merkwürdige Sache. Eine Vierzahl gibts nicht. Vier sind zwei oder viele.

WÜRZBURG; MITTWOCH. Abschiedsbesuch in der Residenz; das grüne Spielzimmer mit den silbernen Wänden, unter dem Grün glänzt das kalte Silber in metallischem Schein. Hier hat Napoléon geschlafen ... schon gut. Das Gehen fällt uns nicht leicht – der Steinwein fällt uns recht schwer. Die älteren Jahrgänge vom Bürgerspital wollen getrunken sein. Wir trinken sie.

WÜRZBURG; FREITAG. Ich habe die beiden auf die Bahn gebracht, mit dem festen Vorsatz, sie nie wiederzusehen. Welche Säufer! Jetzt rollen sie dahin: der eine in sein Hamburger Wasserwerk, der andere in sein Polizeipräsidium. Der gibt sich als ein hohes

Tier aus; ist wahrscheinlich Hilfsschutzmann. Und mit so etwas muß man nun umgehen! Um Viertel vier läuft die Prinzessin ein.

VEITSHÖCHHEIM; SONNABEND. Die Sonne strahlt in den Park, die Putten stehen da und sehen uns an, die Prinzessin plappert wie ein Papagei. Sie sagt „daddy" zu mir, eigentlich höre ich das gerne. Nun ist die Sonne röter, der Abend zieht sachte herauf und die Prinzessin wird, wie immer, wenn es auf die Nacht geht, Mutter und Wiege und Zuhause. Wir sagen gar nichts – wir haben uns lange nicht alles gesagt, aber das muß man auch nicht, zwischen Mann und Frau. Der 25er wirft uns fast um. Wir fahren nach Würzburg zurück, das Grammophon spielt, Jack Smith flüstert und ich höre allen Atelierklatsch aus ganz Berlin. Gute – – Wie bitte? Gute Nacht.

WÜRZBURG, DEN ICH WEISS NICHT WIEVIELTEN. Auf einmal ist alles heiter, beschwingt, vergnügt – die Läden blitzen, wir trinken mit Maß und Ziel, ich pfeife schon frühmorgens in der Badewanne. Wir werden noch aus dem Hotel fliegen – das tut kein verheirateter Mann.

Auf der schönen Mainbrücke steht ein Nepomuk – wir gehen hin und legen ihm einen Glückspfennig zu Füßen, um die Ehrlichkeit des Heiligen und der Bevölkerung zu prüfen. Morgen wollen wir nachsehen ... (Wir sehen aber nicht nach und nun liegt der Pfennig wohl heute noch da.) Die Prinzessin lugt schelmisch in die Schaufenster und unterhält sich auffallend viel über Damenwäsche, Kombinations, seidene Strümpfe … Der schönste Schmuck für einen weißen Frauenhals ist ein Geizkragen.

GAR KEIN ORT; GAR KEINE ZEIT. – – – –

ZWISCHEN NANCY UND PARIS; HEUTE. Der Abschied war gefühlvoll, unsentimental, wie es sich gehört. Jetzt flutet das alles vorbei, in schweren Wellen: Jakopp und das vom Wein leicht angegangene Karlchen; die Barockpuppen im Park der Residenz, das Wasserschloß und der möpselnde Mann; Lichtenau und Miltenberg. Es ist sehr schwer, aus Deutschland zu sein. Es ist sehr schön, aus Deutschland zu sein. Ich sage: „Nun dreh dich um und schlaf ein!" Sie dreht sich, aber zu mir. Gibt die Hand. Am Morgen ist das erste, was ich sehe, ein gelbes, seidenes Haarnetz. Und ein Mund, der vergnügt lächelt. Wie die Bahn rattert! Tackt wie eine Nähmaschine, Takt und Gegentakt. Der Neger singt: „Daddy – o Daddy!", die Musik arbeitet, eine kleine Glocke läutet, jemand sagt „No more" und dann ist alles zu Ende.

Sauersüß

„Habe des Süßen und Sauren viel genossen –
aber des Sauren war mehr."
Der alte Dessauer

Kochrezepte

Aus einem völkischen Kochbuch. Man schneide einen alten Juden in nicht zu dünne Scheiben, wältze ihn in einer Mehlschwitze und überstreue ihn vorsichtig mit etwas gestoßenem „Berliner Tageblatt". Die Mischung lasse man in einem Stahlhelm dreimal aufkochen und serviere heiß. Ein Hakenkreuz aus Mazze wird den Appetit jedes deutschen Gastes anregen.

*

Aus einem demokratischen Kochbuch. (Vorrede). Wir enthalten uns hier ausdrücklich jeder Politik, da wir der demokratischen Auffassung sind, daß die Hauptgebiete des Lebens, wie zum Beispiel die Nahrungszufuhr, unpolitisch sind und es auch bleiben müssen. Daher folgen hier die Rezepte in der ungekürzten Fassung der Vorkriegszeit, ohne Rücksicht auf die Zeitereignisse.

(Eine Seite darauf)

Unserer ersten deutschen Hausfrau:
der jeweiligen deutschen Kaiserin

ehrfurchtsvoll dargewidmet
von einer deutschen Familienmutter.

*

Aus einem sozialdemokratischen Kochbuch. Man nehme nach Anhörung des Parteivorstandes drei frische Eier und zerschlage sie bei einem vorliegenden Beschluß der Reichstagsfraktion. Während man umrührt, berufe man einen Parteitag ein und lasse über die Menge des zu verwendenden Mehles abstimmen. Will man ein brauchbares Rezept haben, verwende man die Angaben der Opposition. Ist Einstimmigkeit zwischen Fraktion und Vorstand erzielt, setze man die Speise aufs Feuer, ziehe sie aber bei Bedenken der Gewerkschaften sofort zurück. Auf diese Weise hat man zwar keinen Eierkuchen, wohl aber ein höchst anregendes Gesellschaftsspiel.

*

Aus meinem Privatkochbuch. Man fülle guten, alten Whisky in eine nicht zu flache Suppenterrine, rühre gut um und genieße das erfrischende Getränk, soweit angängig, nüchtern. Ein Zusatz von Mineralwassern empfiehlt sich nicht, da selbe oft künstliche Kohlensäure enthalten, daher gesundheitsschädlich sind.

Anmerkung: Der Whisky muß von Zeit zu Zeit erneuert werden.

DER LÖW' IST LOS –!

Am sechsten Juli dieses Jahres beschloß der Löwe Franz Wüstenkönig aus dem großen Raubtierhaus des Berliner Zoologischen Gartens, fürder nicht mehr mitzumachen. Er brach aus.

Das machte er so, daß er, gelegentlich der Reinigung seines Käfigs durch den Oberwärter Pfleiderer in den Nebenkäfig gescheucht, das Schließen der Verbindungstür durch Dazwischenklemmen seines Schweifendes geschickt verhinderte, die Reinigung abwartete, sich dann mit Gebrüll Nr. 3 auf den ahnungslosen Pfleiderer stürzte, diesen über den Haufen rannte und durch die offenstehende Käfigtür das Weite suchte und fand.

Der Löw' ist los –!

Dieser Schreckensruf verbreitete sich, einem Lauffeuer gleich, in den Wandelgängen unseres geliebten Zoologischen Gartens. Die Aufregung der Besucher war unbeschreiblich. Viele ließen in der Eile ihr Bier stehen, ohne zu zahlen – und noch lange nach diesen Ereignissen sah man an den Restaurants des Zoo die Kette der ehrlichen Berliner anstehen, die ihre schuldige Zeche begleichen wollten. Kinderwagen fielen um und ergossen ihren schreienden Inhalt auf die Wege, ältere Damen, die sonst nur mühsam einherschlurchten, liefen plötzlich, daß es eine Freude war – die Lästerallee war wie leergefegt und nur ängstliche Kellner saßen hoch oben in den Zweigen der Bäume und ihre schwarzen Fräcke hingen hernieder wie die Schwänze fremdartiger Zaubervögel.

Der Löw' ist los –!

Hastig stürzten die aufgeschreckten Menschen auf die Straßen und ohrenbetäubend verkündete auch dort ihr Geschrei: „Der Löw' ist los! Und seinen Apostroph hat er auch mitgenommen –!"

Die Wirkung war furchtbar.

Wüstenkönig war noch damit beschäftigt, gedankenvoll und langsam in der leeren Waldschänke die dort aufgehängten kleinen Würstchen zu verzehren – da standen draußen schon ganze Straßenzüge auf dem Kopf. Die gewöhnlichen Leute stürzten, haste was kannste, über Rinnsteine, Hunde, Babys, Aktentaschen und dicke

Damen, die nicht weiter konnten. Die minder gut gestellten Schichten der Bevölkerung machten sich die Situation rasch zunutze – sie kauften die an die Bordschwellen gespülten Strandgüter der Fliehenden à la baisse und eröffneten damit an den Ecken einen schwunghaften Handel. Die oberen Schichten hingegen bewahrten auch hier ihre überlegene Ruhe, sobald sie erst einmal im Auto saßen – umsichtig und ernst sorgten sie dafür, daß sich keiner an die Wagen hängte. Die Droschkenkutscher schlugen augenblicks um das Achtzehnfache auf – zum ersten Mal in Berlin, ohne den Polizeipräsidenten um Erlaubnis zu fragen. Es war ein Höllenlärm. In der Mitte stand, starr und stolz, ein Polizeiwachtmeister, turnte ägyptisch und regelte den Verkehr und der Verkehr blieb stehen und sah zu, wie er geregelt wurde und war sehr stolz. Es ging zu wie in einer getauften Judenschule.

Der Löwe Wüstenkönig war inzwischen mit den Würstchen fertig geworden. Er brüllte nach dem Kellner – keiner kam. Unwillig mit dem Schweif den kleinen Alltagsreif schlagend, begab sich Wüstenkönig ins Freie. Das majestätische Tier schritt würdevoll dem Ausgang nach dem Kurfürstendamm zu.

- -

Berlin war aufgestört wie ein Ameisenhaufen. Alle Telephone klingelten mit einem Male schrill auf – aber es meldeten sich nur die falschen Verbindungen. Die einzigen, die den Kopf nicht verloren, waren die Damen vom Amt, sie verrichteten kaltblütig ihren Dienst in gewohnter Weise weiter und so bekam niemand Anschluß. In den Redaktionen der großen Zeitungen drängten sich die Reporter. „Wie soll das jetzt noch in die Abendausgabe?" jammerte Redakteur Ausgerechnet. „Konnte dieser verdammte Löwe nicht eine halbe Stunde früher ausbrechen?" – „Dann machen wir eben eine Extraausgabe!" sagte der Verleger Mülvoß. Und: „Extraausgabe! Extraausgabe!" hallte es durch das Haus. Und die Setzer klapperten mit den Winkelhaken und die schweren Rotationspressen setzten sich rasch in Bewegung...

Die Börse nahm die Nachricht vom Ausbruch des Löwen verhältnismäßig gefaßt auf. (Haben Sie schon mal eine Nachricht gesehen, die die Börse nicht gefaßt aufgenommen hätte?) Montanwerte fester, Gerste leicht angezogen, Brauereien flau, Jakob Goldschmidt immer oben auf, Herbert Guttmann repartiert, Häute fest.

Im Reichswehrministerium tagte gerade eine Unterkommission des Untersuchungsausschusses zur Nachprüfung seiner eignen Unentbehrlichkeit, als die Schreckensnachricht eintraf. Das Frühstück, Verzeihung, die Sitzung, wurde sofort abgebrochen. Zwei Generalstabsoffiziere arbeiteten hopphopp mit ihren Referenten einen Feldzugsplan für die Bekämpfung des Löwen aus und forderten dazu an:

2 Armeekorps,
1 Pressestelle,
24 außeretatmäßige Stabsoffizierstellen,
1 Stück Kanone,
1 Land-Panzerkreuzer.

Der Löwe Wüstenkönig schritt inzwischen, immer majestätisch, wie es ihn seine liebe Mutter gelehrt hatte, durch die Kurfürstenstraße zum Lützowplatz. Menschenleer lagen Straßen und Plätze. Da stand ein großes Löwendenkmal. Mißmutig schnupperte der Löwe. Dann hob er – da rührte sich etwas. Was war das? Nichts. Der Löwe ließ seinen Gefühlen freien Lauf.

Ging und lief dann in langen Sätzen die Lützowstraße entlang durch die Potsdamer Straße und stürmte vor ein großes Warenhaus.

Er war Gourmand, der Löwe Franz Wüstenkönig. Er wollte so eine nette, kleine, pruzlige Verkäuferin zum Frühstück essen – so eine frische, junge... Herrgottnichtnochmal! Das Wasser lief ihm in Appetitschnüren zum Maule heraus und hing in langen Fäden an seinem Bart... Schnurrend legte er sich und wartete.

Die Behörden hatten inzwischen fieberhaft gearbeitet. In aller Eile, so gut das eben in der Geschwindigkeit ging, hatte man eine Reichslöwenabwehrabteilung mit einem Sonderressort für bayrische Löwen begründet und es handelte sich nur noch darum, ob die Abteilung das ganze Rathaus oder das Hotel Adlon beziehen sollte –

Die Deutsche Volkspartei war wie stets auf dem Posten. Schon nach einer halben Stunde klebten an allen Säulen und Bäumen knallblaue Plakate:

„MITBÜRGER!

DER LÖW' IST LOS!

WER IST DARAN SCHULD?

DIE JUDEN!

WÄHLT DIE DEUTSCHE VOLKSPARTEI!"

Das Leben in der Stadt war völlig umgekrempelt. Niemand wagte sich mehr aus dem Hause. Aus allen Stadtteilen wurden Löwen gemeldet – im ganzen zweiundsechzig. Acht große Hunde wurden erschossen, erst an den Hundemarken erkannte man den kleinen Irrtum. Bei Königs ließ die Köchin Babett das Teeservice mit dem gesamten Gedeck fallen, weil ihr der junge Herr von hinten einen Kuß aufgedrückt hatte. Mit dem Ausruf: „Jessas! der Löwe!" brach das brave Mädchen zusammen.

Die Berliner Theaterdirektoren Bindelbands suchten verzweifelt den Löwen. Sie wollten ihn für den Shawschen „Androklus" engagieren. Sie fuhren von Straße zu Straße

– kein Löwe. Feuerwehrautos klingelten durch die Gegend

– kein Löwe. Der Löwe war fottefliegt.

Der Löwe war gar nicht fort. Er war, des Wartens müde, aufgestanden, schlenderte nun durch die Straßen, erblickte einen Wagen mit Kirschen und warf ihn, durch den hohen Preis erschreckt, um – und dann war er weiter und weiter gegangen.

Also das war Berlin! Dieser traurige Haufe von Steinkästen und schnurgeraden Straßen, die alle ein bißchen unsauber aussahen – das war das Weltdorf Berlin! Der Löwe schüttelte das Haupt. Da hatten ihm die Spatzen im Käfig wer weiß was erzählt – und wenn abends vor der Fütterung aus dem Raubtierhaus, ja, aus dem ganzen Zoo ein Schrei aufstieg: „Swoboda!" (Russisch ist nämlich das Volapük der Tiere und dies heißt so viel wie Freiheit!) – dann meinten alle, die ja zum großen Teil ihre natürliche Heimat nie gesehen hatten, gar nicht Afrika oder die Kordilleren oder Indien – der Schrei hieß: Berlin! – Einmal auf der Rutschbahn im Lunapark fahren, war die Sehnsucht der Krokodile; einmal zum Rennen nach Ruhleben, danach lechzten die Aasgeier; einmal sich in der Bar wälzen können, träumten die wilden Schweine. Abend für Abend. Und das hier war Berlin? Das war es?

Wüstenkönig schüttelte nochmals das Haupt.

Und da rückte es heran. Die Feuerwehr von der einen Seite und die Gebirgs-Marine der Reichswehr von der andern, Kino-Operateure und Leute, die bei allen Premieren dabei sein müssen, Journalisten, Damen der ersten besten Gesellschaft und die Bindelbands... Da rückte es heran.

Und das Erstaunliche geschah, daß sich der Löwe Franz Wüstenkönig, der Beherrscher der Tiere, die Majestät der Fauna pp., ruhig abführen ließ – in seinen Käfig zurück, in das große Raubtierhaus des Zoologischen Gartens.

Und als die Tür hinter ihm zugeklappt war und ihn der Oberwärter Pfleiderer vorwurfsvoll angeschnupft hatte und als sich der ganze Schwarm verlaufen, da senkte der enttäuschte Löwe den Schweif, den er bis dahin glorios nach oben getragen hatte, streckte sich still der Länge lang hin und sagte mit Wärme und Überzeugung: „Nie wieder –!"

Geheimnisse des Harems

>„Ich sah im Draum e gleenes Dromedar;
>das liebe Dhier war gaum e halbes Jahr.
>Am Halfter fiehrts e blondes Därkenkind –
>in seinen Locken seiselte der Wind...
>Ach, war das scheen –!"
>Sächsisch-türkisches Volkslied

Am hübschesten sind eigentlich Bücher, die gar keine sind. Die richtigen Bücher: diese Lyriksammlungen, diese Entwicklungsromane („Adolar blickte versonnen auf die letzten vierundachtzig Jahre seines Lebens"), diese expressionistisch geballten Bücher, in denen es scheinbar zackig, in Wirklichkeit aber aalglatt zugeht –: wer will denn das alles noch lesen! Ich weiß etwas viel Schöneres.

„Durch türkische und ägyptische Harems. Erlebnisse eines deutschen Landsturmmannes, von August Mies, Landsturmmann und Kriegsteilnehmer, abkommandiert nach der Türkei zur Organisation der Viehherden das ehemaligen Kriegsministers Enver Bey". Wir wollen uns zunächst einmal einigen: ich habe weder den Titel noch das Buch erfunden: das Werk ist im Verlag das Allgemeinen Stallschweizerbundes, Sitz Plauen i. V., wirklich erschienen. Jetzt gehts los.

„Der Kapitän eines russischen Kriegsschiffes nimmt seine Tochter Tatjana auf eine Fahrt über das Schwarze Meer mit. Das russische Schiff wird von den Türken gekapert. Der Kapitän kommt in ein Internierungslager, während die junge Dame, die Braut eines russischen Offiziers, in den Harem eines Paschas verschleppt wird.

Ein deutscher Landsturmmann wird für den Viehstand Enver Beys abkommandiert. Mit seiner Herde weilt er auf einsamer Heide, als der Pascha mit seinem Harem bei ihm sein Zeltlager aufschlägt. Hier lernt der deutsche Landstürmer die Russin als solche kennen und verspricht ihr, sie zu retten und heimzubringen."

Mit diesen einleitenden Worten erzählt der Verlag den Inhalt das Büchleins. „Der Jugend möchte der Inhalt meiner Schilderungen besser ferngehalten werden". Kinder, rein!

Thomas Mann hat einmal von einem Bahnbeamten erzählt, er habe in einer Nacht gar kein Eisenbahnunglück erlebt, sondern den Zeitungsbericht über ein Eisenbahnunglück. So auch der Dichter August Mies, Landsturmmann und Kriegsteilnehmer. „Na, Steuermann, beruhige dich, noch vier Stunden und wir sind im sichern Hafen. – Aber halt, siehe da, gegen Südwest, ist dies nicht eine Rauchfahne?" Beide standen wie versteinert vor Schreck, beide sahen mit ihren Fernrohren nach dieser Stelle. „Heil, Wladimir, der Dampfer hat uns gemerkt …" So pflegen sich die Russen auf See zu unterhalten.

Was aber das Haremsleben türkischer Wüstlinge im Orient angeht, so ist selbes noch niemals mit einer solchen Bliemchenkaffeepoesie geschildert worden wie hier. Unwiderstehlich komisch, wie da orientalische Sinnenlust und preußische Organisation durcheinanderwirbeln. Es geht alles ganz ordentlich vor sich. Ein Kapitel heißt: „Wie man Eunuche wird" (wahrscheinlich eine Gebrauchsanweisung), – einer wird „Zum Obereunuchen befördert" und auch sonst ist es lebensgefährlich. „Als dieser nun sah, daß Mohammed kein Eunuche, sondern ein Mann war, nahm er seine stets bei sich tragende Pistole und schoß Mohammed auf der Stelle nieder." Die edle Tatjana aber bleibt keusch und unberührt inmitten all des Greuels. Zwar mußte sie den wildesten Ausschweifungen zusehen, aber: „Sie zog sich Beinkleider an, wickelte sich kreuz und quer Tücher um ihren Unterleib und hielt Aspirin bereit. Wenn auch so ein hoher Herr lüstern ist, aber vor einer kranken Frau hat er Abscheu." Tatjana wußte schon, warum sie sich so schützte, denn die Türken, das sind ja dolle Nummern! Was sehen meine entzündeten Augen –?" „Entkleide dich", befahl er, welchem Verlangen dieselbe sofort nachkam." Kinder, wieder raus.

Die anstößigen Stellen des Buches sind mit erfreulicher Diskretion gemildert, die Vorgänge der wilden Sinnenlust hat der Verfasser in das geliebte Papierdeutsch übertragen, wodurch sie etwas abgeklärt Registrierendes bekommen. Einmal entschuldigt er sich geradezu.

Er hat, durch einen Eunuchen geführt, die Hakori, die Liebesnacht seines Effendis, mitangesehen. Seine Tatjana, die er aus dem Harem befreit hat, fragt ihn eifersüchtig, wo er denn nachts gewesen sei. Er sagt es ihr. „Höre auf, deiner Erzählung bedarf es nicht, du hast heute Nacht dem Hakori beigewohnt." – „Wie meinst du das, daß ich beigewohnt oder zugesehen habe?" – „Natürlich zugesehen. Ja, mein Lieber, zu diesem Treiben war ich immer schwer krank. Einen Ekel empfinde ich, wenn ich nur daran denke und du siehst zu?" Und nun der brave Landsturmmann: „Nicht aus Wollust, liebe Tatjana, sondern nur um das in der Heimat schwebende Dunkel etwas zu lüften!" Das kann jeder sagen. Wenn das seine Alte liest, dann glaubt sie es ihm doch nicht und er bekommt sicherlich mit dem Besen.

Aber es sind auch allgemein gültige Betrachtungen in dem Büchlein. „Was ist ein Mensch neben einer Pyramide?" Wie wahr! Und wie erschütternd ist nicht jene Szene, in der der Vater des Eunuchen bedauert, denselben zu einem solchen gemacht zu haben und das Geschehene rückgängig machen will! Dahin, dahin! Denn das wäre das Ei des Kolumbus.

Schließlich kommt der Landsturmmann und Kriegsteilnehmer nach Odessa und liefert seine Tatjana, die frühere Haremsdame, zu Hause ab ... Die Courts-Mahler steht beim Einzug ein bißchen Pate. Tatjana hatte als Haremsdame den Namen Hakara bekommen. „Nun ließ sich aber die frühere Haremsdame nicht mehr Hakara titulieren. „Nein, mein Lieber, jetzt mußt du mir schon meinen früheren Namen gönnen: Fräulein Tatjana Borewitsch." – „Aber wenn ich bloß Tatjana sage, bist du da zufrieden?" – „Aber selbstverständlich!" Mit diesem kleinen Geplänkel lief der Zug in Pultawa ein ..." In Kiew ist große Hochzeit. Die Haremsdame heiratet und der Landsturmmann bekommt viele Küsse, viele Wodkas und viele Rubel und fährt in die Heimat.

Als ich das Buch bis hierher gelesen hatte, zwinkerte ich erheblich. Was, August? du bist jahrelang mit diesem Haremsmädchen herumgezogen und willst uns nun einreden, du habest selbstlos ohne einmal zu trinken, diesen Quell der Freude in seine Heimat transportiert? War Tatjana so keusch? Sie war es. Wenigstens dir gegenüber, August, denn am Schluß das Buches ist das Bild des Verfassers angebracht und wenn er auch in Polen wohnt: Gott strafe mich, wenn er nicht sächselt. Er hat einen bunten Gummikragen und ein kleines Vorhemdbrettchen und einen geklebten Schlips und eine Brille und einen viereckigen Kopf. Du keusche Tatjana! „Der Verfasser ist früher jahrelang der Vorsitzende des Allgemeinen Stallschweizerbundes, Sitz Plauen, gewesen. Er besitzt umfangreiche Kenntnisse auf dem Gebiete der Rindviehzucht und ihm unterstanden schon vor dem Kriege große Rinderbestände von weit über hundert Stück. Seine Fachkenntnisse auf diesem Gebiet waren die Ursache für die ihm gewordene in Kriegszeit als Auszeichnung geltende Abkommandierung nach der Türkei zwecks Verwaltung des dortigen großen Rindviehbestandes." Daß der Mann nicht Reichspräsident geworden ist –!

Wonach also festzustellen, daß auch diesmal am deutschen Wesen die Welt genesen ist und daß unsere Fahnen kulturell und siegreich über den Zeltharems türkischer Paschas geflattert haben. Bitte, erheben Sie sich von Ihren Sitzen und ehren Sie mit mir den Verfasser dieses aufschlußreichen Büchleins.

Die Familie

> Die Griechen, die so gut wußten, was ein Freund ist,
> haben die Verwandten mit einem Ausdruck bezeichnet,
> welcher der Superlativ des Wortes „Freund" ist. Dies
> bleibt mir unerklärlich.
>
> Friedrich Nietzsche

Als Gott am sechsten Schöpfungstage alles ansah, was er gemacht hatte, war zwar alles gut, aber dafür war auch die Familie noch nicht da. Der verfrühte Optimismus rächte sich und die Sehnsucht des Menschengeschlechtes nach dem Paradiese ist hauptsächlich als der glühende Wunsch aufzufassen, einmal, nur ein einziges Mal ohne Familie dahinleben zu dürfen. Was ist die Familie?

Die Familie (familia domestica communis, die gemeine Hausfamilie) kommt in Mitteleuropa wild vor und verharrt gewöhnlich in diesem Zustande. Sie besteht aus einer Ansammlung vieler Menschen verschiedenen Geschlechts, die ihre Hauptaufgabe darin erblicken, ihre Nasen in deine Angelegenheiten zu stecken. Wenn die Familie größeren Umfang erreicht hat, nennt man sie „Verwandtschaft" (siehe im Wörterbuch unter M). Die Familie erscheint meist zu scheußlichen Klumpen geballt und würde bei Aufständen dauernd Gefahr laufen, erschossen zu werden, weil sie grundsätzlich nicht auseinandergeht. Die Familie ist sich in der Regel heftig zum Ekel. Die Familienzugehörigkeit befördert einen Krankheitskeim, der weit verbreitet ist: alle Mitglieder der Innung nehmen dauernd übel. Jene Tante, die auf dem berühmten Sofa saß, ist eine Geschichtsfälschung: denn erstens sitzt eine Tante niemals allein und zweitens nimmt sie immer übel – nicht nur auf dem Sofa: im Sitzen, im Stehen, im Liegen und auf der Untergrundbahn.

Die Familie weiß voneinander alles: wann Karlchen die Masern gehabt hat, wie Inge mit ihrem Schneider zufrieden ist, wann Erna den Elektrotechniker heiraten wird und daß Jenny nach der letzten Auseinandersetzung nun endgültig mit ihrem Mann zusammenbleiben wird. Derartige Nachrichten pflanzen sich vormittags zwischen elf und eins durch das wehrlose Telephon fort. Die Familie weiß alles, mißbilligt es aber grundsätzlich. Andere wilde Indianerstämme leben entweder auf den Kriegsfüßen oder rauchen eine Friedenszigarre: die Familie kann gleichzeitig beides.

Die Familie ist sehr exklusiv. Was der jüngste Neffe in seinen freien Stunden treibt, ist ihr bekannt, aber wehe, wenn es dem jungen Mann einfiele, eine Fremde zu heiraten! Zwanzig Lorgnons richten sich auf das arme Opfer, vierzig Augen kneifen sich musternd zusammen, zwanzig Nasen schnuppern mißtrauisch: „Wer ist das? Ist sie der hohen Ehre teilhaftig?" Auf der anderen Seite ist das ebenso. In diesen Fällen sind gewöhnlich beide Parteien davon durchdrungen, tief unter ihr Niveau hinuntergestiegen zu sein.

Hat die Familie aber den Fremdling erst einmal in ihren Schoß aufgenommen, dann legt sich die große Hand der Sippe auch auf diesen Scheitel. Auch das neue Mitglied muß auf dem Altar der Verwandtschaft opfern; kein Feiertag, der nicht der Familie gehört! Alle fluchen, keiner tuts gern – aber Gnade Gott, wenn einer fehlte! Und seufzend beugt sich alles unter das bittere Joch ...

Dabei führt das „gesellige Beisammensein" der Familie meistens zu einem Krach. In ihren Umgangsformen herrscht jener sauersüße Ton vor, der am besten mit einer Sommernachmittagsstimmung kurz nach einem Gewitter zu vergleichen ist. Was aber die Gemütlichkeit nicht hindert. Die seligen Herrnfelds stellten einmal in einem ihrer Stücke eine Szene dar, in der die entsetzlich zerklüftete Familie eine Hochzeitsfeierlichkeit abzog und nachdem sich alle die Köpfe zerschlagen hatten, stand ein prominentes Mitglied der Familie auf und sagte im lieblichsten Ton der Welt: „Wir kommen jetzt zu dem Tafellied –!" Sie kommen immer zum Tafellied.

Schon in der großen Soziologie Georg Simmels ist zu lesen, daß keiner so wehtun könne, wie das engere Kastenmitglied, weil das genau um die empfindlichsten Stellen des Opfers wisse. Man kennt sich eben zu gut, um sich herzinniglich zu lieben und nicht gut genug, um noch aneinander Gefallen zu finden.

Man ist sich sehr nah. Nie würde es ein fremder Mensch wagen, dir so nah auf den Leib zu rücken, wie die Cousine deiner Schwägerin, à conto der Verwandtschaft. Nannten die alten Griechen ihre Verwandten die „Allerliebsten"? Die ganze junge Welt von heute nennt sie anders. Und leidet unter der Familie. Und gründet später selbst eine und wird dann grade so.

Es gibt kein Familienmitglied, das ein anderes Familienmitglied jemals ernst nimmt. Hätte Goethe eine alte Tante gehabt, sie wäre sicherlich nach Weimar gekommen, um zu sehen, was der Junge macht, hätte ihrem Pompadour etwas Cachou entnommen und wäre schließlich durch und durch beleidigt wieder abgefahren. Goethe hat aber solche Tanten nicht gehabt, sondern seine Ruhe – und auf diese Weise ist der Faust entstanden. Die Tante hätte ihn übertrieben gefunden.

Zu Geburtstagen empfiehlt es sich, der Familie etwas zu schenken. Viel Zweck hat das übrigens nicht; sie tauscht regelmäßig alles wieder um.

Irgend eine Möglichkeit, sich der Familie zu entziehen, gibt es nicht. Mein alter Freund Theobald Tiger singt zwar:

> „Fang nie was mit Verwandtschaft an –
> denn das geht schief,
> denn das geht schief!"

aber diese Verse sind nur einer stupenden Lebensunkenntnis entsprungen. Man fängt ja gar nichts mit der Verwandtschaft an – die Verwandtschaft besorgt das ganz allein.

Und wenn die ganze Welt zugrunde geht, so steht zu befürchten, daß dir im Jenseits ein holder Engel entgegenkommt, leise seinen Palmenwedel schwingt und spricht: „Sagen Sie mal – sind wir nicht miteinander verwandt –?" Und eilends, erschreckt und im innersten Herzen gebrochen, enteilst du. Zur Hölle.

Das hilft dir aber gar nichts. Denn da sitzen alle, alle die andern.

Man sollte mal ...

Man sollte mal heimlich mitstenographieren, was die Leute so reden. Kein Naturalismus reicht da heran. Gewiß: in manchen Theaterstücken bemühen sich die Herren Dichter, dem richtigen Leben nachzuahmen – doch immer mit der nötigen epischen Verkürzung, wie das Fontane genannt hat, der sie bei Raabe vermißte, immer leicht stilisiert, für die Zwecke des Stücks oder des Buchs zurechtgemacht. Das ist nichts.

Nein, man sollte wortwörtlich mitstenographieren – einhundertundachtzig Silben in der Minute – was Menschen so schwabbeln. Ich denke, daß sich dabei folgendes ergäbe:

Die Alltagssprache ist ein Urwald – überwuchert vom Schlinggewächs der Füllsel und Füllwörter. Von dem ausklingenden „nicht wahr?" (sprich: „nicha?") wollen wir gar nicht reden. Auch nicht davon, daß: „Bitte die Streichhölzer!" eine bare Unmöglichkeit ist, ein Chimborasso an Unhöflichkeit. Es heißt natürlich: „Ach bitte, sein Sie doch mal so gut, mir eben mal die Streichhölzer, wenn Sie so freundlich sein wollen? Danke sehr. Bitte sehr. Danke sehr!" – so heißt das.

Aber auch, wenn die Leute sich was erzählen – da gehts munter zu. Über Stock und Steine stolpert die Sprache, stößt sich die grammatikalischen Bindeglieder wund, o tempora! o modi!

Das oberste Gesetz ist: der Gesprächspartner ist schwerhörig und etwas schwachsinnig – daher ist es gut, alles sechsmal zu sagen. „Darauf sagt er, er kann mir die

Rechnung nicht geben! Er kann mir die Rechnung nicht geben! Sagt er ganz einfach. Na höre mal – wenn ich ihm sage, wenn ich ganz ruhig sage, Herr Wittkopp, gehm Sie mir mal bitte die Rechnung, dann kann er doch nicht einfach sagen, ich kann Ihnen die Rechnung nicht geben! Das hat er aber gesagt. Finnste das? Sagt ganz einfach ..." in infinitum.

Dahin gehört auch das zärtliche Nachstreicheln, das manche Leute Pointen angedeihen lassen. „Und da sieht er sie ganz traurig an und sagt: Wissen Sie was – ich bin ein alter Mann: geben Sie mir lieber ein Glas Bier und eine gute Zigarre!" Pause. „Geben Sie mir lieber ein Glas Bier und eine gute Zigarre. Hähä." Das ist wie Selterwasser, wenn es durch die Nase wiederkommt ...

Zweites Gesetz: die Alltagssprache hat ihre eigene Grammatik. Der Berliner zum Beispiel kennt ein erzählendes Futurum. „Ick komm die Straße langjejangn – da wird mir doch der Kuhkopp nachbrilln: Un vajiß nich, det Meechen den Ring zu jehm! Na, da wer ick natierlich meinen linken Jummischuh ausziehen un ihn an Kopp schmeißn ..."

Drittes Gesetz: Ein guter Alltagsdialog wickelt sich nie, niemals so ab wie auf dem Theater: mit Rede und Gegenrede. Das ist eine Erfindung der Literatur. Ein Dialog des Alltags kennt nur Sprechende – keinen Zuhörenden. Die beiden Reden laufen also aneinander vorbei, berühren sich manchmal mit den Ellenbogen, das ist wahr – aber im großen ganzen redet doch jeder seins. Dahin gehört der herrliche Übergang: „Nein." Zum Beispiel:

„Ich weiß nicht (sehr wichtige Einleitungsredensart) – ich weiß nicht: wenn ich nicht nach Tisch meine Zigarre rauche, dann kann ich den ganzen Tag nicht arbeiten." (Logische Lässigkeit: es handelt sich um den Nachmittag.) Darauf der andere: „Nein." (Völlig idiotisch. Er meint auch gar nicht: Nein. Er meint: mit mir ist das anders. Und überhaupt ...) „Nein. Also wenn ich nach Tisch rauche, dann ..." folgt eine genaue Lebensbeschreibung, die keinen Menschen interessiert.

Viertes Gesetz: Was gesagt werden muß, muß gesagt werden, auch wenn keiner zuhört, auch, wenn es um die entscheidende Sekunde zu spät kommt, auch wenns gar nicht mehr paßt. Was so in einer „angeregt plaudernden Gruppe" alles durcheinander geschrien wird – das hat noch keiner mitstenographiert. Sollte aber mal einer. Wie da in der Luft nur für die lieben Engelein faule Pointen zerknallen und gute auch, wie kein Kettenglied des allgemeinen Unterhaltungsgeschreis in das andere einhakt, sondern alle mit weitgeöffneten Zangen etwas suchen, was gar nicht da ist: lauter Hüte ohne Kopf, Schnürsenkel ohne Stiefel, Solo-Zwillinge ... das ist recht merkwürdig.

Ungeschriebne Sprache des Alltags! Schriebe sie doch einmal einer! Genau so, wie sie gesprochen wird: ohne Verkürzung, ohne Beschönigung, ohne Schminke und Puder, nicht zurechtgemacht! Man sollte mitstenographieren.

Und das so Erraffte dann am besten in ein Grammophon sprechen, es aufziehen und denen, die gesprochen haben, vorlaufen lassen. Sie wendeten sich mit Grausen und entliefen zu einem schönen Theaterstück, wissen Sie, so eines,

Fritz, nimm die Beine da runter, wo man so schön natürlich spricht, reine wie im Leben, haben Sie eigentlich die Bergner, find ich gar nicht, na also, mir ist sie zu …

Man sollte mitstenographieren.

Die Unpolitische

„Ist Frau Zinschmann zu Hause –?" fragte der Mann, der geklingelt hatte. Das kleine, runde Kind stand da und steckte die Faust in den Mund. „Aaaoobah –"

„Hier hängt se. Wat jibbs 'n –?" sagte die Frau des Hauses. Der Mann an der Tür machte eine Art Verbeugung. „Komm Se man rin", sagte die Frau. „Es is woll weejn den Jas. Ja, bester Herr…!"

„Es ist nicht des Gases wegen", sagte der Mann und ließ das Hochdeutsch auf der Zunge zergehen. „Ich komme vom Kriegerverein aus - von Vereins wegen, sozusagen. Sie wissen ja, Frau Zinschmann, der Kriegerverein, dem Ihr Mann angehört. Ja. Es ist wegen… Wir haben beschlossen, daß wir eine Umfrage machen, wie die Frauen unsrer alten Kameraden über die Lage denken… Und auch etwaige Beschwerden zu sammeln. In betreffs der politischen Lage. So ist das."

„Ja, also was diß anjeht," sagte Frau Zinschmann und jagte die Katze von der Kommode, „mit Polletik befaß ick mir ja nun jahnich. In keine Weise. So leid es mir tut. Nehm Se Platz."

„Unrecht von Ihnen, sehr unrecht von Ihnen, liebste Frau Zinschmann. Die Politik greift auch in das Leben der Frau tief hinein."

„Entschuldjn Se man, det ick Ihnen unterbrechen due - aber wat hier so anjebrannt riecht, det is man bloß die Milch. Es is Magermilch, aba stinken dut se…! Aber wat wollten Sie sahrn –?"

„Ich meinte: sie greift hinein. Und seit unser ehrwürdiger Präsident Hindenburg an der Spitze dieses Staatswesens steht, ists besser um uns bestellt."

„Na ja", sagte Frau Zinschmann. „Er ist ja auch man erscht kurze Zeit da. Der ewije Wechsel – det is ja ooch nischt. Wissen Se, da, wo ick frieha reinejemacht habe, bei Hackekleins, Drekta Hackeklein, Se wern velleicht von den Mann jeheert ham – da hatten se 'n Meechen, mit der wahn se ja nu jahnich zefriedn. Erst jingt ja: Emma hinten und Emma vorn, aber denn waht doch nischt. Nu ham se doch die Lina jemiet, die, die de da bei Rejierungsrats jedient hatte. Fuffzehn Jahr wah se da – keen Mensch im Hause hätte jedacht, det se da ma wechmachen täte. Denn hatte der Olle Pech, er fiel de Treppe runta und wurde pennsioniert, da jing se, Knall und Fall jing se bei Hackekleins. Se saachte: wen se bekochte, sacht se, det wär se janz eejal. Ja, det is nu die Neie. Aber wissen Se: besser kochn dut se ooch nich."

„Gewiß sind diese Hausangestellten in ihren Dienstobliegenheiten oft nicht recht zufriedenstellend", sagte der Mann. „Wenngleich… immerhin ist ein Mensch wie unser Außenminister Stresemann…"

„Otto!" schrie Frau Zinschmann durch das offene Fenster. „Wißte runta von de Schaukel! Der Limmel sitzt den janzen Tach nischt wie uff de Schaukel!" Und, zum

Gast gewendet: „Un dabei kann er nich mal richtich schaukeln –! Aba ick habe Ihn untabrochn!"

„Ich wollte sagen: die Richtlinien unsrer äußern Politik passen sich nur schwer den wirtschaftlichen Belangen an. Der Feindbund... Aber da haben wir ja unsre herrliche Reichswehr mit einem doch recht tatkräftigen Minister und einem Manne, der ihm zur Seite steht..."

Zwei brüllende Kinder brachen in das Zimmer ein. „Mutta! Mutta!" schrie der größere Junge. „Orje haut ma imma! Er sacht, ick soll mir in Mülleima setzen un die Wacht am Rhein blasn! Wir spieln Soldatn. Ick will aba nich in Mülleima sitzn, Mutta!"– „Woso laßt du dirn det jefalln, du oller Dösknochen! Oller Schlappschwanz – do!" Der Junge zog ein kräftiges Licht hoch und sagte: „Wo er doch mein Vorjesetzta is –"

„Entschuldjen Se man", sagte Frau Zinschmann und warf die Jöhren wieder heraus. „Son langer Lulatsch und noch so dammlich. Herrjott –! Wie meintn Se soehmt?"

„Ja, sehen Sie, Frau Zinschmann, es ist ja Vieles faul in dieser – ehimm – Republik. Aber, Gott sei Dank, unser altes preußisches Richtertum, das hält doch noch stand. Das hält stand."

„Ah, hörn Se mal," sagte Frau Zinschmann, „wo Se nu doch vom Vaein sind – könn Se ma da valleicht 'n Rat jehm...? Also – da is doch det Frollein Hauschke, die von dritten Stock, newa –? Wissen Se, wat die is? Wo wir hier alleene sind, kann icks Ihnen ja sahrn: also eine janz jeweehnliche, also det is eene, die, wissen Se, wenn da eena kommt und – also so eene is det. Und nu, seit eine ßwei, drei Jahre... da tut sie so fein und tritt uff int Haus und hat sich feine Pelze anjeschafft, ick weeß nich, wovon. Na, neilich, wie se hier langjemacht kam, da haak se nachjerufn: Ham Se sich man nich so, Sie olle Vohrelscheuche! Ohm 'n Pelz und 'n Ding uffn Kopp aber unten die alten Beene kucken doch raus! Sahrn Se mal: is det strafbar –? Newa, det is doch nich strafbar? Wa? Na, wollt 'ck meen…!"

„Ihr Mann hat doch gar keine Verbindung mehr mit den Sozialdemokraten?" nahm der Vereinsabgesandte das Gespräch wieder auf. „Diese verdammten Roten…"

„Na allemal. Nee – Hujo jeht da nich mehr hin, er saacht, et lohnt nich. Neilich, in die kleene Kneipe, wo se imma ham ihrn Zahlahmt, da ham se Zwei mächtig vahaun – det wahrn sonst anständche Jeste. Un vatobackt ham sie die! A richtich! 'n nächsten Morjen ham se noch uff'n Hof jelejn. Der Wirt wollt se nich so uff de Straße raustrahrn – bei den Hundewetter… Det is 'n Jemiet, is der Mann. Ja, un wissen Se: 'n nächsten Morjn – da ham die Beedn doch von jahnischt jewußt! I! die kam ausn Mustopp. So war det."

„Ja", sagte der Mann und trocknete sich mit einem Taschentuch die Stirn. „Die sozialdemokratische Bewegung – das is so eine Sache. Nur gut, daß wir den ehernen Wall der Gutsbesitzer haben! Das Land, Frau Zinschmann! Die preußische, die deutsche Erde –!"

„Entschuldjn Se 'n kleen Momang!" sagte Fran Zinschmann. „Ick heer die Katze wirjn; det Aas hat sich wieda ibafressn. Wissen Se: die frißt, bis se platzt – un denn schreit se vor Hunger! Wißtu! Husch, husch! Pusch! Wat sagten Sie doch jleich –?"

„Ja, ich meine: wir wollen zusammenhalten, bis wieder einst bessere Zeiten herankommen, herrliche Zeiten, Frau Zinschmann! Frontgeist wirds schaffen!"

„Na jewiß doch. Na allemal. Da draußen nach den Rummel missn Se jahnich nach hinheern – des sind Meßackers ihre, 'ne dolle Bande! Siehm Jungs. Aber ick kenn se: jroße Schnauze un nischt dahinter."

„Nun, Gott befohlen, Frau Zinschmann! Eine schwarz-weiß-rote Fahne haben Sie doch im Hause?" fragte der Mann, der schon auf der Treppe stand.

„Ja, Huro hat eene", sagte Frau Zinschmann. „Sehn Se sich da draußen vor – det Jeländer is frisch jestrichn, un die alte Farbe kommt imma wida durch. Die neue doocht nischt – et müßte mal ibajestrichn wern! Und nischt fir unjut, Herr Sekatär, nischt für unjut –! Denn sehn Se mal, also mit Polletik – da befasse ick mir nu jahnich –!"

Gallettiana

Südamerika ist krumm.
Joh. Aug. Galletti 1750–1828

Beschäftigt mit meinem Werk: „Die Hämorrhoiden in der Geschichte des preußischen Königshauses", blätterte ich neulich versonnen in einem Katalog der Staatsbibliothek. Das ist eine freundliche Arbeit. Schon nach vier Seiten hat mein geübtes Philologengehirn vergessen, wozu ich eigentlich hergekommen bin und strahlend versenke ich mich in das Meer von Geschreibsel. Einmal bin ich auch auf mich selber gestoßen – Es gibt den Ausspruch eines hannoverschen Bauern, der den dummen Streichen der Studiker zusieht: „Wat se all maket, die Studenten!" Wat se wirklich all maket ... Wenn die Deutschen keine Geschäftsordnungsdebatten abhalten, scheinen sie Bücher geschrieben zu haben. Hier ist es schön still, in der Bibliothek. Draußen klingeln die Bahnen: hier muffeln kurzsichtige Professoren in dicken Wälzern, freundliche, wenn auch großfüßige Mädchen laufen hin und her, die Bibliothekare sehen sauer aus, als wollten sie alle Studenten, die nicht Bescheid wissen, auffressen – eine Insel der Seligen.

Und wie ich da so blättere, stoße ich auf „Gallettiana". Was ist das? Wer ist Galletti? Ein Druckfehler für Valetti? Ich bat um das Buch.

Das Buch heißt so: „Gallettiana. Unfreiwillige Komik in Aussprüchen des Professors Joh. G. Aug. Galletti. Mit einem Bildnis Gallettis."

Dieser Galletti war Professor am Gothaer Gymnasium und seine bei ihm geblüht habenden Kathederblüten sind in dem Büchelchen gesammelt. Es ist herrlich.

Wissen Sie noch? Wir saßen da, ließen langsam, aber sorgfältig eine lange Bahn Tinte die Bank herunterlaufen und bohrten zwischendurch ernsthaft in der Nase. Es war zum Sterben langweilig. Anstandshalber konnte man nicht immerzu nach der Uhr sehen. Fünf Minuten vor halb – das war ein Schicksalswort. Bring die ältesten deutschen Männer auf ihre Schulzeit zu sprechen und du wirst in den meisten Fällen ein Wachsfigurenkabinett verschrullter Tröpfe vorgeführt bekommen, die übrigens jetzt so sachte aussterben; die von heute sind farbloser.

Aber wir wollen nicht vom deutschen Schulmeister sprechen – sondern von Galletti. Von Galletti, den wir alle gekannt haben, weil in jeder Schule einer gewesen ist. Dieser war so:

Er liebte die überraschenden Dicta. „Gotha ist säbelförmig gebaut." Bumm. Da weiß man doch. Und man sieht ordentlich das Surren, das durch die Klasse geht, wenn das Gehirn da vorn überlief und folgendes zutage förderte: „Als Humboldt den Chimborasso bestieg, war die Luft so dünn, daß er nicht mehr ohne Brille lesen konnte." Das sind gar keine Witze mehr - das ist wirklich die Luft dieser Schulstuben, die übrigens am besten in jener deutschen Humoreske „Der Besuch im Karzer" eingefangen ist – neben der „Meyerias" ein Meisterstück dieses Genres. Und darauf wieder Galletti: „Die Afghanen sind ein sehr gebirgiges Volk."

Er macht nicht nur die üblichen Schwupper - es sind mitunter geradezu nestroyhafte Sätze, die jener von sich gegeben hat. „Die Zimbern und Teutonen stammen eigentlich voneinander ab." Mit Recht. Und besonders hübsch, wenn sich Papierdeutsch mit einer falschen Vorstellung mischt: „Karlmann verwechselte das Zeitliche mit dem Geistlichen und starb." Man kann es nicht kürzer sagen. Und sollte dieses hier Ironie sein: „Maria Theresia hatte bei ihrer Thronbesteigung viele Feinde: die Preußen, die Russen und die Österreicher"? Nein, er ist sicherlich ein unpolitischer Untertan gewesen, der Professor Galletti, so, wie ihn die Regierung brauchte und nichts wird ihm ferner gelegen haben als ein Spaß, den er sich niemals mit so ernsthaften Dingen zu machen erlaubt hätte. Hier gehts bei weitem nicht so tief wie bei dem, was die Lehrer an dem einzigen Schulvormittag Hanno Buddenbrooks sagen, jenem Vormittag, darin die ganze deutsche Schule eingefangen ist – hier schlägt nur einer Kobolz. Und da hörten sicherlich die frechsten Ruhestörer auf, Klamauk zu machen. Weil sie lachen mußten.

„Maximilian der Erste hatte die Hoffnung, den Thron auf seinem Haupt zu sehen." Er wollte natürlich sagen: sich auf die Krone zu setzen; aber man kann sich irren. „Sie kriegten den Grumbach her, rissen ihm das Herz aus dem Leibe, schlugen es ihm um den Kopf und ließen ihn laufen." Und das wird nur noch von der unbestreitbaren Weisheit übertroffen: „Wäre Cäsar nicht über den Rubikon gegangen, so läßt sich gar nicht absehen, wohin er noch gekommen wäre." Bei Gott: so war es.

Und abgesehen davon, daß es manchmal etwas wild hergeht: „Erst tötete Julianus sich, dann seinen Vater und dann sich" und: „Richard der Dritte ließ alle seine Nachfolger hinrichten" – am schönsten strahlt doch der „gewaltige Leuhrer" (so nannte sich unser Professor Michaelis immer und wir ihn auch und Gott segne ihn, wenn er dieses hier liest!), am stärksten manifestiert sich das Gestirn Galletti, wenn er persönlich wird. Das ist gar nicht zu übertreffen.

„Der Lehrer hat immer recht, auch wenn er unrecht hat." Lachen Sie nicht: das glaubt jeder preußische Schulrat – und so sieht er auch aus. „Als ich Sie von fern sah, Herr Hofrat Ettinger, glaubte ich, Sie wären Ihr Herr Bruder, der Buchhändler Ettinger, als Sie jedoch näherkamen, sah ich, daß Sie es selbst sind – und jetzt sehe ich nun, daß Sie doch Ihr Herr Bruder sind!" Na, Onkel Shakespeare? „Ich bin so müde, daß ein Bein das andere nicht sieht." Na, Onkel Nestroy? Und dann, ganz Pallenbergisch: „Ich statuiere mit Kant nicht mehr als zwei Kategorien unseres Denkvermögens, nämlich Zaum und Reit – ich wollte sagen: Raut und Zeim." Und wenn dann die Klasse nur noch röchelte, dann fügte er hinzu: „Ich, der Herr Professor Uckert und ich – wir drei machten eine Reise" und dann prustete wohl selbst der Primus seine Bank voll. Bis der Lehrer aufstand, sagte: „Nächsten Dienstag ist Äquator" und das Lokal verließ.

Gewiß blühten in dem Tintengärtlein auch Kathederblüten. „Bei den Israeliten waren die Heuschrecken, was bei uns der Hafer ist" – das ist eine. Auch: „In Nürnberg werden viele Spielsachen verfertigt, unter andern auch Juden" – eine tiefe Weisheit. Aber er war doch ein Philosoph, der Herr Professor Galletti. „Das Schwein führt seinen Namen mit Recht – denn es ist ein sehr unreinliches Tier." Heiliger Mauthner, was sagst du nun? Daß das schon bei dem großen Lichtenberg steht –? Und wirklich erledigend ist dieser Ausspruch: „Die Gans ist das dümmste Tier; denn sie frißt nur so lange, als sie etwas findet."

Ja, so war das. Natürlich hat das mit den richtigen Büchern von der Schule nichts zu tun: nichts mit meinem Lieblingsbuch Philippe Monniers: „Blaise, der Gymnasiast", nichts mit jener Schulgeschichte Heinrich Manns, nichts mit Freund Hein, nichts mit Hermann Hesse – dieser Galetti ist nur ein Stückchen Menschen-Original gewesen.

Entschuldigen Sie, daß ich Sie aufgehalten habe. Sie werden zu tun haben – nein, bitte, lassen Sie sich nicht stören. „Die Berliner", habe ich neulich zu meiner größten Freude bei Alfred Polgar gelesen, „sind alle intensiv mit ihrer Beschäftigung beschäftigt". Sie sicherlich desgleichen.

Und auch ich muß gehen. Ich werde schleunigst von diesen „fremden Dingen", von diesen Allotriis abstehen und zu meiner ernsthaften Arbeit zurückkehren. Zu den Hämorrhoiden und ihren Hohenzollern. Ein Thema, wert, daß es behandelt werde. Denn wohinein steckt der deutsche Historiker am liebsten seine Nase –?

Auf Wiedersehn.

Taschen-Notizkalender

Meine Freundin Grete Walfisch hat mir aus dem völkerversöhnenden Locarno einen Notizkalender geschickt, den man in die Tasche stecken kann. Ich habe darin geblättert und sogleich des alten, schönen Berliner Liedes gedacht:

> Ich gucke einmal,
> ich gucke zweimal –
> Ich denk: Nanu?
> da hat doch einer dran gedreht ...?

Das Ding ist in deutscher Sprache verfaßt, unzweifelhaft – aber irgend etwas in der Druckerei muß feucht geworden sein: der Verfasser, das Papier oder der Setzer ... es ist eine Art Privatdeutsch. So:

Über „Angaben und Rezepten über einfache Tierarzneikunde", wobei zu merken: „Zur Vernichtung der Lause" und „Zur Entfernung der Fliegen" treten wir in den Jahreskalender, der durch allgemein belehrende Angaben und fromme Sprüche geziert ist. Da hätten wir im Januar die „Sieben Wunder der Welt", unter denen an erster Stelle die „Längenden Görten von Semiramis" hängen, an fünfter aber der „Koloß von Rhodus, der in dem Hafen als Leuchtturm diente". Der Koloß schillert in allen Artikeln. „Er war zirka 40 Meter hoch. Durch ihre Beine fuhren die größten Schiffe mit vollen Segeln." Durch dem Koloß seine.

Die eingestreuten Sentenzen sind unbestreitbar richtig, wenn auch nicht immer zur Gänze verständlich. „Wer bitter im Munde hat, kann nicht süßpricken" – wie wahr! und weil schön dunkel, so doppelt beachtenswert ... Auch: „Die Rosen fallen ab, die Dörner bleiben" enthält eine schwermütige Lebensweisheit, die uns überall weiterhilft, nur nicht in der Küche. In der Küche helfen Kochrezepte. Zum Beispiel dieses: „Würste mit Eiern."

„Nehmet die Würste eine nach der andern, schneidet sie in der länge und setzt sie zum Kochen in eine ungeschmierte Brandpfanne; sind dieselben zu mager, so kann man sie mit einen bißchen Butter kochen. Sobald die Würsten gekocht sind, wirft darauf die geschüttelten Eier und nachdem diese gerinnt sein werden, schickt die Speise ganz warm auf den Eßtisch." Das war ein merkwürdiger Vorgang.

Der ist aber gar nichts gegen das am Bratspieß geröstete Lamm.

„Der am Bratspieß geröstete Lamm. Nimmt ein ¼ Lamm" (man beachte die Subtilität der Gewichtsangabe!); „laßt ihm einige Stunden lang mit öhl, Pfeffer, Salz oder einem Tropfen Essig ausruhen. Durchbohrt ihm da und dort mit einer Messerspitze. Zieht ihm auf den Brandspieß mit einem Ästchen Rosmarin und schmiert ihm öfters mit der obgenannten Flüssigkeit, bis er gekocht ist. Bevor ihn zu servieren nimmt das Ästchen Rosmarin weg." Ob es Hammelbraten wird, was da herauskommt, ist eine andre Frage; aber es ist sicherlich die tierfreundlichste Art, ein Lamm zu braten. Nie noch hat ein Koch daran gedacht, ein Lamm bei solcher Prozedur ausruhen zu lassen.

So blättere ich und lerne die „Embleme der Farbe", zum Beispiel: „Dunkelpomeranzenfarbig: Genugtuung, Ruhmlieben"; kluge Sätze allgemein gültiger Lebenserfahrung: „Der Mensch spinnt an, der Zufall webt" und am allerschönsten ist es, wenn ich überhaupt nicht mehr weiß, was gemeint ist. Dann leuchtet die deutsche Sprache wie der Mond hinter den Wolken hervor und ich denke darüber nach, ob wir Vollmond haben oder Mittelmond oder Jungmond; es ist ein Deutsch wie frisch aus dem Lexikon, die einzelnen Wörter gibt es, aber es ist keine Sprache. Nun, laßt uns hier nicht von der modernen und mondainen Literatur sprechen, sondern im bescheidenen Kalender aus Locarno blättern – denk du an deine Liebe, ich denk an meine und beherzigen wir den Spruch auf Seite 22, links unten:

„Liebe ist nicht ohne bitter." Wem sagt der Kalender das!

Das Sprachwunder

Der seltsamste Mensch, dem ich in meinem Leben begegnet bin, ist ein Bankangestellter aus der Provinz Brandenburg gewesen, ein geborener Berliner. Dieser Mann war ein Dichter, ohne ein Wort schreiben zu können.

Schon die Fähigkeit, eine Figur auf die Beine zu stellen und sie ihre Sprache sprechen zu lassen, ist nicht sehr verbreitet. Dieser rätselhafte Bursche aber entwickelte seine Figuren aus der Sprache und zwar aus der berlinischen. Die Bank hatte kleine Leute zu Kunden, vielleicht hatte von da sein Ohr die letzten Schwingungen des Tones aufgefangen, jene feinsten Nuancen, die nie ein Fremder trifft – aber er erzählte keine Berliner Witze, er erfand Leute, ließ sie ein paar Minuten leben und sprach dann von etwas anderem, als seien sie nie gewesen.

Vor allem konnte er sich in den gehobenen, organisierten, etwas kleinbürgerlichen Berliner Arbeiter verwandeln. So stand er etwa an einem imaginären Telephon und war der Telegraphenarbeiter, der den Apparat kontrollierte. Das Gemisch von technischem und privatem Gerede war kostbar. „Jehm Se mah die Leitung B, Frollein!" Pause. „Ja, hier Schmorrke, Bautrupp III. Frollein, wie is die Vaständjung? Nein. Ja. Franz, bist du da?" (Jetzt sprach er mit einem Kollegen und riskierte eine kleine Privatunterhaltung, übrigens ohne den Ton zu wechseln, diesen etwas mürrischen, trockenen, dussligen Ton.) „Ick jehe von hier direkt in de Bamberjerstraße. Nein – is aledicht. Hast du mit Rabener jesprochen, wejn die Picke? Wir wahn jestern in seine Laube – die Bohnen komm janz jut. Ick weeß nich, meine wolln nich wern. Nein, hier Störungssucher. Leitung A, Frollein ..." Auf diese Art.

Er hatte das Berliner Tempo weg, aber nicht jenes falsch-amerikanische, mit dem so viel Unfug getrieben wird, sondern dieses ruhige, fast behäbige in aller Hast, das Pathoslose, er war der Mann mit dem hängenden Hosenboden, der mit zwei Kameraden an der Ecke steht, einer erzählt eine endlose Geschichte, die nie aufhört und kein Aas hört zu. Und er saß um einen runden Stammtisch herum, wieder erzählte einer und mitten drin, grade an der Stelle, auf die der Erzähler den größten Wert legte, zog jener sein Zigaretten-Etui heraus und sprach: „Paul hat welche ohne Banderole ...", was gleichermaßen die ganze Umwelt ignorierte und eine gewisse neidische Bewunderung für Paulen ausdrückte.

Einmal im Winter, stand er nachdenklich vor dem Haus, in dem ich damals wohnte, es war spät abends und er sah an der Fassade empor und sagte langsam, ohne jeden Zusammenhang und völlig aus einem unterirdischen Gedankengang heraus: „Machen laßt er nischt, der olle Jude. Aber Miete nehm, det kann er." (Wobei zu bemerken wäre, daß der Wirt ein wilder Völkischer war.) Und dann fiel sein unzufriedenes Auge auf die großen Schneehaufen, die dort aufgehäuft waren. „Ick frahre nur: wo bleiben da die Arbeitslosen, frahre ick!" Und dann ging er zu etwas anderm über.

Einmal machte ich die Probe und bat ihn, alles zu sagen, was ihm zu dem Thema „Berliner Chauffeur" einfiele. Er sprach und ich stenographierte; die Bogen liegen noch vor mir.

„Wenn se schon so uff die Uhr gucken, denn weiß ick, det sie sinn ausjemist! – Die sagen, ick hätte mir mit jestohlnen Benzin bereichert – det war aber meine Schwester ihre Beßiehung!" (Hierbei wie im folgenden ist besonders das schöne Schriftdeutsch zu beachten, das man im Berlinischen sehr häufig antrifft.) – „Nee, eene Person – det jeht heite nich. Da hab ick ja mehr Polster als Fahrjeste! Mein Motor is doch keen Badeofen!" – „Wenn ick stehe und wart, denn will mir keener ham. Aber kaum det ick mal 'ne Bockwurst essen due, denn kommse an!" – Und nun, mit dem ganzen Berufsstolz des alten Fahrers: „Der Mann hat auf Doktor studiert, die Eltern ham sich was zusammenjescharrt und nu denkt der Mann, er kann mir belehren. Auf keine Art kann er das. Niemals! sage ich zu den Herrn. Ick unterstelle mir, das frühestens zu konschtatieren. Die Herrnfahrer, wo nie jearbeitet ham – mitn Anlasser fahrn se, die feinen Herrn; watn richtcher Schofföhr is, der braucht seine Bremse nich – der richt sich ein! Man muß ehmt mit Jefühl schalten! Sone Maschine, det isn Orjanismus. Aber der – Hat mal rumjespielt an de Klingelleitung … nu meint der, er kann faahn …!" Und dann kam eine ganz wilde Geschichte aus dem intimsten Familienleben. „Wenn ick ahms nach Hause komme, denn stellt mir meine Braut imma die Milch ant Fensta – da is son kleenet Jitta. Der Wirt hat jesacht, sie hätte 'n Vahältnis mit Athua." Entrüstetes Schnaufen. „Det is ja nischt wie Neid von den Mann!" Und das alles ganz langsam und ruhig, ohne die leiseste Überlegung, mühelos.

Das Allermerkwürdigste aber war, daß der Mensch noch etwas anderes sprechen konnte, bis zur Täuschung genau; wenn man die Augen schloß, sah man sie vor sich: die dicke, bewegliche, geschwätzige Frau aus dem Mittelstand des Berliner Westens. Dann nahm seine Stimme eine etwas kreischende Färbung an, er plapperte wie ein Papagei, der Redestrom floß über alle Ufer, hemmungslos, wie die Sintflut.

„Meine hat gestern wieder zwei Teller zerschlagen, von den guten. Nimmst du Eier in die Bouillon? Ich lasse sie nie allein mit den Eiern wirtschaften. Neulich …" Aber nun kam wirklich ein Dienstmädchen ins Zimmer, durchaus real und gleichgültig. Der Satz war wie mit der Schere abgeschnitten. In einem lächerlichen gezierten und unnatürlichen Ton: „Die Butter wird ja jetzt auch immer teurer. Wir zahlen … Was zahlst du …?" Und, kaum war das Mädchen heraus: „Stiehlt deine –?"

Ich besinne mich noch sehr genau, wie wir einmal einen Kranken besuchten, der lag am Blinddarm danieder und hatte eine große Eisblase auf dem Bauch, er mußte ganz still liegen. Das erste Wort beim Entree lautete so: „Guten Tag! Hast du dir nicht den Blinddarm rausnehmen lassen? Jenny hat gesagt, sie läßt bei ihren Kindern sofort den Blinddarm rausnehmen! Bei Israel …!" Der Kranke fiel fast aus dem Bett, die Eisblase verrutschte und wir mußten jenen hinaustun. Noch im Korridor hörten wir ihn schwabbern: „Wenn du mal 'ne billige Quelle für Krepteschiehn hast …"

Ich habe so etwas niemals wiedergesehn. Es gibt in der gesamten deutschen Literatur eine einzige Figur, die so berlinisch ist: das ist der Portier Quaquaro aus Hauptmanns „Ratten" diesem berlinischsten Stück, das in einem völlig verfehlten Dialekt geschrieben ist, in einem Jargon, den es überhaupt nicht gibt und in dem doch das ganze Herz dieser Stadt schlägt. Der hat das auch: die filzenen Schuhe, den Bauch, die Mischung von Roheit, Sentimentalität und Kleinbürgertum, die Ruhe weg ... „Immer anzeijn, Herr Doktor, immer anzeijn ..." Man riecht den Burschen.

Der Bankbeamte ist nicht imstande, einen guten Brief zu verfassen. Er „labert" das so vor sich hin, wie die Schlesier sagen, denkt sich vielleicht sein Teil dabei ...

Und ich höre immer noch die rauhe, etwas kehlige Stimme, mit der er einmal in der Siegesallee sagte: „Ick bin jewiß in meine Jewerkschaft als radikaler Mann bekannt. Aber wenn ick det hier allens so ansehe, da muß ick doch sahrn: Ordnung muß sein, Herr Doktor! Ordnung muß sein –!"

Drei Biographien

„Sie sind der ungeborene Peter Panter –?" sagte der liebe Gott und strich seinen weißlichen Bart, der stellenweise etwas angeraucht war. Ich schwamm als helle Flocke in meinem Reagenzgläschen und hüpfte bejahend auf und nieder. „Für Sie gibt es drei Möglichkeiten", sagte der himmlische Vater und zerdrückte in unendlicher Güte eine Wanze, die ihm über das Handgelenk lief. „Drei

Möglichkeiten. Wollen Sie sie bitte überprüfen und mir dann mitteilen, welche Wahl Sie getroffen haben. Es liegt uns viel daran, bei dem herrschenden Streit zwischen Determinsten und Indeterministen es mit keiner von beiden Parteien zu verderben. Suchen Sie hier oben aus, was Sie einmal werden wollen – unten können Sie nachher nichts dafür. Bitte." Der alte Mann hielt mir einen großen Pappdeckel vor das Gläschen, auf dem stand zu lesen:

I.

PETER PANTER (1. VERARBEITUNG). Geboren am 15. April 1889, als Sohn armer, aber gut desinfizierter Eltern, zu Stettin auf der Lastadie. Vater: Quartalssäufer, das Jahr hat fünf Quartale. Mutter: Abonnentin des Berliner Lokal-Anzeigers. Studiert das Tierarzneiwesen in Hannover und wird 1912 städtisch approbierter Kammerjäger in Halle. Zwei Frauen: Annemarie Prellwitz, edel, Schneckenfrisur, in Flanell (1919–1924); Ottilie Mann, sorgfältig, korrekt, von großem Gebärfleiß, in Ballonleinen (1925–37). Vier Söhne; danach Anschaffung eines deutschen Perserteppichs. 1931: Reinigung des Bartes von Hermann Bahr, Bahr kommt heil davon, P. wird katholisch. Wird im Juni 1948 nach Wien berufen, um die Wanzen, die sich in der Feuilletonredaktion der „Neuen Freien Presse" angesammelt haben, zu vertilgen. Da die Operation selbstverständlich mißlingt, wird Kammerjäger P. trübsinnig. Hört in dieser Geistesverfassung am 20. April 1954 einen Keyserling-Vortrag. Tod: 21. April. Panter geht mit den Tröstungen der katholischen Kirche versehen dahin, nachdem er kurz zuvor mit großem Appetit ein Mazze-Gericht verzehrt hat. Beerdigungswetter: leicht bewölkt, mit schwachen, südöstlichen Winden. Grabstein (Entwurf: Paul Westheim): 100,30 Mark, Preis des Marmors: 100 Mark. Stets in Ehren gehaltenes Andenken: acht Monate.

*

„Nun –?", sagte der liebe Gott. „Hm –", sagte ich.
Und las weiter:

II.

PETER PANTER (2. VERARBEITUNG). Geboren am 8. Mai 1891 als ältester Sohn des Oberregierungsrats Panter sowie seiner Ehefrau Gertrud, geborener Hauser. Das frühgeweckte Kind hört schon als Knabe auf dem linken Ohr so schwer, daß es für eine Justizcarriere geradezu prädestiniert erscheint. Tritt in das Corps ein, in dem ein gewisser Niedner alter Herr ist –

Der liebe Gott behakenkreuzigte sich. Ich las weiter:

– und bringt es bald zu dem verlangten korrektflapsigen Benehmen, das in diesen Kreisen üblich ist. 1918: Kiegsassessor, gerade zu Kaisers Geburtstag. Schwört demselben ewige Treue. 1919: Hilfsbeamter im Staatskommissariat für öffentliche Ordnung; der Staatskommissar Weismann sitzt, aus altpreußischer Schlichtheit, in keinem Fauteuil, sondern auf einer Bank und hält dieselbe Tag und Nacht. Landgerichtsrat Panter leistet der Republik die größten Dienste sowie auch ihrem Präsidenten. Schwört demselben ewige Treue. Beteiligt sich

1920 am Kapp-Putsch, berät Kapp in juristischen Fragen und schwört demselben ewige Treue. Durch das häufige Schwören wird man auf den befähigten Juristen aufmerksam und will ihn als obersten Justitiar in die Reichswehr versetzen. Inzwischen wird Rathenau ermordet, weshalb die Republik einen Staatsgerichtshof über sich verhängt, wo ohne Ansehen der Sache verhandelt wird. Dortselbsthin als Richter versetzt, verstaucht er sich im Jahre 1924 beim Unterschreiben von Zuchthausurteilen gegen Kommunisten den Arm. Eine Beerdigung entfällt, da ein deutscher Richter unabsetzbar ist und auch nach seinem Tode noch sehr wohl den Pflichten seines Amtes nachkommen kann.

*

„Wie kann man so tief sinken –!", sagte der liebe Gott, weil ich inzwischen auf den Boden des Reagenzgefäßes gekrochen war. Ich wackelte mit dem Schwänzchen, der liebe Gott erriet richtig „Nein!", bedavidsternte sich und gab mir.

III.

zu lesen:

PETER PANTER (3. VERARBEITUNG). Geboren am 9. Januar 1890 zu Berlin mit ungeheuern Nasenlöchern. Seine Tante Berta umsteht seine Wiege und hat es gleich gesagt. Gerät nach kurzen Versuchen, ein anständiger Mensch zu werden, in die Schlingen des Herausgebers S. J., der ihn zu mannigfaltigen Arbeiten verwendet: er darf zu Beginn der Bekanntschaft Artikel und

Gedichte schreiben, bringt es aber schon nach fünfzehn Jahren zum selbständigen Briefefrankieren und andern wichtigen Bureauarbeiten. Nimmt nacheinander die Pseudonyme Max Jungnickel, Agnes Guenther, Waldemar Bonsels und Fritz v. Unruh an. Kann aber niemand darüber hinwegtäuschen, daß hinter diesen Namen nur ein einziger Verfasser steht. Wird von Professor Liebermann in Öl gestochen und schenkt ihm als Gegenangebinde einen echten Paul Klee, den Liebermann jedoch nicht frißt. Panter stirbt, als er alles weiß und nichts mehr kann – denn so kann man nicht leben.

*

„Nun –?", fragte der liebe Gott. „Hm –", sagte ich wieder. „Könnte man nicht die drei Biographien kombinieren? Vielleicht so, daß ich als Sohn des Oberregierungsrats Kammerjäger bei der ‚Weltbühne' …"

„Beeilen Sie sich!", sagte Gottvater streng. „Ich habe nicht viel Zeit. Um zehn Uhr präsidiere ich drei Feldgottesdiensten: einem polnischen gegen die Deutschen, einem deutschen gegen die Polen und einem italienischen gegen alle andern. Da muß ich bei meinen Völkern sein. Also – wählen Sie."

Und da habe ich dann gewählt.

Wiederkäuer

Käut ihr manchmal wieder –? Ich für meinen Panterteil kaue. Nämlich so:

Wenn ich ganz allein bin, steigen mitunter, wie bunte glänzende Bälle, alte gute Witze in mir hoch und, „selig lächelnd wie ein satter Säugling" belächle ich sie alle noch einmal, ein kindliches Gemüt. Manche haben erst dann die volle Reife, wenn sie ein bißchen abgelagert sind; wenn man sie schon zweimal belacht hat; wenn sie noch einmal auftauchen …

An den letzten, den S. J. noch redigiert hat, denke ich oft; wie Liebermann erzählt, er habe Hauptmann im Tiergarten getroffen und ihm gleich gesagt: „Sie sind doch zu beneiden!" – „Er fracht warum. Nu wird er denken, ick wer sagn: Weil Sie so talentvoll sind oder: weil Sie so viel Erfolch ham. Ick sage: Weil Sie so schön sind, Herr Hauptmann!" Dazu höre ich immer noch den kleinen Mann lachen … Und dann den andern, der einmal vor dem Krieg bei uns gestanden hat; wie da ein Backfisch von sechzehn Jahren seinen lieben Eltern zur silbernen Hochzeit gratuliert hat – der Backfisch und seine zwei jüngern Geschwister. Blumen, Kranzüberreichung, Ansprache in Versen.

„Wir nahen uns an diesem Tage
als Kleeblatt, das ihr selber habt gepflückt,
wir machten euch beim Bücken viele Plage,
denn dreimal habt ihr euch nach uns gebückt."

Das ist eine stille, glucksende Freude, die man bei solchen alten Witzen empfindet – das Gesicht glänzt, man muß leise lachen, der Mund wird noch breiter als er schon von Natur ist. Manchmal denke ich auch an ganze Szenen. So an die unsterbliche im Goldrausch, wo Chaplin an des Abgrunds Rand einherwackelt, auf steiler

Felsen Grat und sich umsieht, ob nicht Gefahr dräut. Nein, dräut keine. Da geht er weiter – von hinten, aus einer Höhle tappt ein Bär hinter ihm her, er immer weiter, der Bär verschwindet in der nächsten Höhle, der Wandrer sieht sich wieder um, ob keine Gefahr dräut. Es dräut, wie gehabt, keine. Also hat er recht. Ich kann gar nicht sagen, wo dieses Maximum an ästhetischem Vergnügen steckt: in dieser Überhüpfung eines Gliedes der Kette, in der absoluten Ahnungslosigkeit vor der Gefahr – Diese Stelle ist eine der reinsten Verkörperungen dessen, was man Humor nennt. Er ist eben doch unser Größter, da gibts nichts.

Und manchmal belache ich mich privatim auch noch über die ganz, ganz alten Soldatenscherze („Det mach du man. Die Kaiserin runter von der Elektrischen, dir 'n paar in die Fresse jehauen, wieder ruff uff die Elektrische –") ja, ich schäme mich nicht, zu sagen, daß ich ein paar Freunde habe, mit denen ich manchmal alte Witze abschmecke – wir machen gewissermaßen eine Schau und reichen uns dies und das. „Kennen Sie diesen hier?" Es ist eigentlich keine Witzeerzählerei, das wäre schrecklich. Es ist eine wirkliche Weinprobe, ein Nachgenießen, ein Echo des Echos. Wobei es denn keinen, aber auch keinen meiner Generation gibt, der: „Da ist ja auch der Morgenstern – das Schwein!" nicht als besten aller Jahrgänge hoch verehrt.

Diese Flasche liegt gleich neben jener ... wie da einer in ein rituelles Lokal kommt und sich gefüllte Milz bestellt. „Milz ist alle", spricht der Kellner. Da sieht der

Gast den Kellner mit feuchten Augen an und sagt ganz leise: „War sie fett –?"

An dem „goldnen deutschen Humor" ist so viel Messing. Laßt uns von Zeit zu Zeit die paar Goldkörner, die im Ledersäckchen ruhen, heimlich herausnehmen, sie betrachten und selig lächeln.

Mein Nachruf

Auf eine Rundfrage

Wie mein Nachruf aussehen soll, weiß ich nicht. Ich weiß nur, wie er aussehen wird. Er wird aus einer Silbe bestehen.

Pappa und Mamma sitzen am abgegessenen Abendbrottisch und vertreiben sich ihre Ehe mit Zeitungslektüre. Da hebt Er plötzlich, durch ein Bild von Dolbin erschreckt, den Kopf und sagt: „Denk mal, der Theobald Tiger ist gestorben!" Und dann wird Sie meinen Nachruf sprechen. Sie sagt:

„Ach –!"

Des deutschen Volkes Liederschatz

Ein Rundfunkvortrag

Schon Gneisenau, Regierungsrat bei der Filmzensur, hat in seinem ziemlich unsterblichen „Wolfgang von Goetz" darauf hingewiesen, daß das deutsche Volk als das sangesfreudigste der Welt mit Fug angesehen werden kann. Der wahre Gesang ist der Männergesang. Sagt doch bereits die deutsche Bibel für das Wochenende, das Strafgesetzbuch, über die Männergesangvereine so schön: „Wenn sich eine Menschenmenge öffentlich zusammenrottet und mit vereinten Kräften gegen Personen oder Sachen Gewalttätigkeiten begeht ..." und auch der Ausdruck „Rädelsführer" deutet ja klar auf den Dirigenten solchen musikalischen Tuns hin. Aber ach! nicht jeder gehört einem Männergesangverein an; ja, es gibt unter den Deutschen sogar einige, wenn auch wenige verworfene Wesen, die überhaupt keinem Verein angehören. Aber das soll mit Rücksicht auf die zarter Besaiteten unter unsern Hörerinnen hier nicht erörtert werden; diese Menschen gehören in das Gebiet der Psychopathia sexualis. Genug davon. Wenden wir uns von den Verirrungen des Geschlechtslebens mehr heitern Gegenständen zu.

Was zum Beispiel Gertrud Bäumer betrifft, so hat sie, eine gebildete Mitteleuropäerin, das Singen von sogenannten „Hausgesängen", die vorher einen Zensurwolf passiert haben, gestattet – auch ist das Mitsingen dieser Lieder an öffentlichen Orten, Rundfunk-Zapfstellen und andern Bedürfnisanstalten zunächst nicht strafbar. Es ist gewiß von allgemeinem Interesse (Thema am Ende der Einleitung), solche Gesänge an Hand eines kleinen, uns heute vorliegenden Liederbuches einmal wissenschaftlich zu betrachten.

Die deutschen Trällerliedchen zerfallen in drei Abteilungen. Da hätten wir zunächst jene, die auf einem Namen beruhn.

„Liebe Katharina,
komm zu mir nach China!"

ist hier zu nennen, sowie:

„Luise – Luise – warum bist du denn so blaß?"

gewiß eine berechtigte Frage, wenn man bedenkt, daß auch Luise durch die ihr von den uns im Schmachfrieden von Versailles abgetretenen polnischen Kühen stammende fehlende Milch um ihre beste Manneskraft gekommen sein mag. Deutsche, kauft deutsche Kolonien! Auch:

„Wo sind deine Haare,
August – August?"

ist ein schönes Lied. Zeigt sich doch auch hier die deutsche Überlegenheit deutschen Wesens deutscher Namen: mit dem Vornamen des bekannten Baruch Stresemann wären solche echt deutschen Gesänge nicht zu erzielen gewesen. Hep-hep!

Dies führt uns zur zweiten Abteilung: den romantischen Liedern, die ihrerseits wieder zerfallen in die a) wild-romantischen und b) mild-romantischen. Die wild-romantischen Lieder lauten etwa:

„In der Hafenbar von Rio bei Laternenlicht
hatte Jim zum ersten Mal gesehen ihr Gesicht",

und malen uns diese Verse so recht die bewegte und jeder Polizeistunde spottende Atmosphäre Südamerikas vor Augen. An unsern Alt-Reichskanzler Luther, an dessen Wesen um ein Haar die Welt genesen wäre und der auch auf hoher Warte niemals seine schlichte Herkunft als Kommunalbeamter vergessen läßt, gemahnen uns die Verse:

„Hoch zu Roß mit seinem stolzen Troß
der große Picador",

wobei denn noch festzustellen wäre, wer bei diesem getätigten Geschäft der Ochse gewesen ist.

Wir kommen nunmehr zu den mildromantischen Liedern. Da wird uns warm ums deutsche Herz. Deutsche Weise und deutsches Land sprechen uns hier an und jedes Gemüt schlägt Wellen, wenn es hört:

„Am Rüdesheimer Schloß steht eine Linde!
Der Frühlingswind zieht durch der Blätter Grün,
Ein Herz ist eingeschnitzt in ihre Rinde,
Und in dem Herzen steht ein Name drün."

Da ist nichts vom nervenpeitschenden Rhythmus der Großstadt, ewiger Gehalt klingt uns hier an und zeigt so recht, daß das Erbe der Birch-Pfeiffer und Courths-Clauren in guten Händen liegt. Der Text des Rüdesheim-Liedes stammt von einem Wiener Juden.

Was aber sind alle diese schönen Lieder, wie:

„Am Hügel, wo der Flieder blüht,
und eine Rosenhecke glüht"

und:

„Wißt, dort im Bergrevier,
da ist die Heimat mein,
Thüringer Waldeszier,
treu denk ich dein!"

sowie:

„Am Rhein, da hab ich das Licht erblickt,
am Rhein, da wuchs ich heran,
am Rhein, da ist mir manch Streich geglückt –"

woraus also zu ersehen, daß dieser Streich hier jedenfalls nicht am Rhein entstanden ist – was ist dies alles, sage ich, gegen das unsterbliche Lied:

„Ich hab mein Herz in Heidelberg verloren,

>in einer lauen Sommernacht –"?

Da mögen Welsche und Polen, Tschechen und blatternasige Kosaken dräun: solange wir solche Lieder haben, kann Deutschland nicht untergehn. Der Text stammt von zwei Wiener Juden.

Die dritte Abteilung endlich möge die der schlichtweg idiotischen Texte genannt werden, wie etwa:

>„Wer hat die liebe Großmama
>verkehrt rum aufs Kloset gesetzt?"

und:

>„Das war bei Tante Trullala
>in Düsseldorf am Rhein,
>da haben wir die Nacht verbracht
>voll Seligkeit beim Wein –"

Noch zahllose Lieder gibt es, schlichte Äußerungen des Volksgemütes, geeignet, am deutschen Herd, im deutschen Haus, im deutschen Hof gesungen zu werden, wofern nicht dort Teppichklopfen und Musizieren verboten ist. Wo man singt, da komme ruhig nieder, böse Menschen haben keine Lieder.

So zieht sich der Sangesfaden von Geschlecht zu Geschlecht, nimmer rastend, ewig blühend. Haben unsre Mütter und Urmütter noch gesungen:

>„Sone ganze kleine Frau,
>sone ganze kleine Frau –
>sone ganze, ganze, ganze, ganze
>ganze kleine Frau!"

und:

>„Weißt du, Mutterl, was mir träumt hat?

I hab im Himmel die Engerln g'sehn …"

so singen wir mit nicht minder herber Kraft:

„Schatz, was ich von dir geträumt hab,
hätt ich dir so gern erzählt"

sowie:

„Valencia –
Sieben, achte, neune, zehne,
Bube, Dame, König, As –"

und sind gewiß, daß unsre Altvordern, behaglich ihr himmlisches Pfeifchen schmauchend, voller Beifall auf Deutschland heruntersehen. Und darum benötigen wir eine Reichswehr, die uns stark, seetüchtig und schlagfertig erhält, wenn Hindenburg, oder wer sonst gerade da ist, uns einmal ruft.

Wir stehen am Ende.

Wir haben gesehen, wie das deutsche Lied und die deutsche Seele eines sind und wie die deutsche Muse immerdar an der Spitze aller Musen marschiert. Möge sie vorne herum schwellen, hintenrum gedeihn und noch recht oft der unsterblichen Verszeile unsres großen Dichters, des Kalligraphielehrers Marcellus Schiffer, eingedenk sein:

„Mir ist schon mies vor mir –!"

In diesem Sinne auf Wiederhören in fünf Minuten zum Vortrag des Herrn Geheimrats Professor Doktor Fritz Haber, Mitglied der republikanischen Kaiser-Wilhelms-Akademie: „Der Harn im Familienleben sowie die Konservierung älteren Büchsenfleisches."

Auf Wiederhören in fünef Minuten –!

Werbekunst
oder:
Der Text unsrer Anzeigen

„Sags ihr mit Schmus!"
Henry Ford

Die hängenden Gärten der Semiramis waren ein Weltwunder. Nur ungern läßt die Dame von Welt auch heute noch ihren Büstenhalter auf dem zierlich gedeckten Frühstückstisch liegen. Sie sollte in der Tat nie versäumen, ihn anzulegen; unsachgemäße Behandlung der überaus empfindlichen Haut verstärkt einen Mangel, an dem schon manches Herzensbündnis jäh zerschellt ist. Welch ein Staunen, wenn ein Geschenk auf dem Gabentisch liegt, das mit vornehmem Takt einen geheimen Wunsch errät! Schenken Sie „Tetons Büstenformer", Marke „Eierbecher"!

*

Die blaue Stunde des Harems naht heran. Vom nahen Minarett ertönt der Gesang des bärtigen Moslems, der dort Allah ehrt und die zarten Wölkchen der Zigaretten kräuseln sich um die entschleierten Angesichter schwarzäugiger Türkinnen. Der Fachmann atmet ihren Duft ein und spürt sofort am blauen Dunst: „Die gute Haberland-Zigarette!" Unsre besonders bewährten Fachleute eilen im fernen Osten von Tabakfeld zu Tabakfeld und graben selbst die zarten Tabakpflänzchen ein, ordnen die Blätter in alphabetischer Reihenfolge und überwachen ihre fachgemäße Mischung mit den guten heimischen Kräutern der Uckermark. Es ist uns gelungen, den Herstellungspreis unsrer Qualitätszigarette auf 2 Pfennig herunterzudrücken. Versuchen Sie also unsre 15-Pfennig-Zigarette „Bilanz" und Sie werden eine Zigarette finden, die, edel, schnittig und rassig im Format, ein vornehmes Geschenk darstellt. Keine Qualität, nur Ausstattung!

*

„WAS KANN ES NUR SEIN?" denkt sich jener Tänzer, um den sich früher die reizvollsten Erscheinungen der großen Salons geschart haben, während er heute allein und verlassen in der Ecke sitzt Ist es der Tabaksgeruch, den er ausströmt? Oder gar andre Charakterfehler? Nein. Der junge, elegante Mann hat leider vergessen, einen Hosenknopf zu schließen und indigniert und beschämt sehen die Damen von Geschmack beiseite, weil ein inkonsequenter Charakter auf Frauen keinen Eindruck hervorzuzaubern versteht. Gebrauchen Sie „Automatos", den selbsttätigen Reißverschluß und Ihre Haut wird niemals spröde und rissig werden.

*

EIN PROBLEMATISCHES SYMBOL ist für so viele die sitzende Lebensführung bei ernster Berufsarbeit im Amt und Bureau. Unsre Zeit ist eine Übergangszeit und trutzig ragt manches Deutsche Standbild in die deutsche Geschichte, Erinnerung und Wahrzeichen an harte Kriegsläufte und stolze Kämpfe um städtische Freiheit. Daher sollten auch Sie nicht versäumen, „Lissauers

Stuhlzäpfchen" zu gebrauchen, die, rassig, edel und einfach in vornehmer Linienführung, dem Geist unsrer Zeit entsprechen.

*

DIE FLASCHEN UNSERES JAHRESKONSUMS aufeinandergestellt, ergeben die Höhe der Kölner Synagogenspitze. Nur eine Sektmarke international anerkannter Qualität, schnittig, edel und rassig im Geschmack, vermag sich solche Anerkennung in erringen. Ein zarter Fichtennadelgeschmack ermöglicht es, unsern in Deutschland auf Flaschen gefüllten Sekt auch als Badezusatz zu verwenden.

*

GEHÖRT DIESE GESTE NOCH IN UNSRE ZEIT? So fragen wir uns, wenn wir den deutschen Ritter Götz von Berlichingen am Burgfenster stehen sehen. Der tadellos gepflegte Hauptmann, dem er seinen Gruß hinausruft, wird seiner Aufforderung wohl nicht Folge leisten; sicher ist, daß kein starres Gesetz ihm dies vorschreibt. Jedem ist dieser Ausdruck der Verehrung nach eigenem Gefühl überlassen. Wenn aber das Mittelalter schon unser „Altes Lavendel" gekannt hätte, wird dieses Gefühl zum Gesetz. Verlangen Sie die kreuzweise Packung.

*

IM BANNE DER LIEBE ERMÜDET MAN LEICHT. Die Nerven sind aufs höchste angespannt; die Luft im Raum ist heiß, drückend und schwül mit ü. In solchen Augenblicken erfrischt nichts so sehr wie eine Tasse klarer

Nudelbouillon, die Sie aus „Lubarschs Suppenwürfel"
gewinnen können Ein Täßchen heißer Brühe bringt Ruhe
und Sicherheit, Vielleicht das Glück!

*

WENN BABY DIE TINTENFLASCHE AUSGETRUN-
KEN HAT, geben Sie ihm einen Bogen von Hermann
Burtes Löschpapier zu essen. Dieses Mittel wird von den
Kleinchen erfahrungsgemäß gern genommen und auch
durchnäßte Erwachsene profitieren häufig davon. Gepflegte Kinder in gutbürgerlichen Haushalten, sollten
von Zeit zu Zeit diese Kur machen – der kleine Steppke,
den Sie hier im Bilde sehen, weiß seit seiner Geburt
nicht, was Feuchtigkeit ist. Kein Volk ohne Löschpapier!
Hermann Burte & Hans Grimm, Löschpapier en gros.

*

TEMPERAMENTVOLLE FRAUEN halten sich bedeutend
länger, wenn man sie nachts auf den Frigidaire legt; sie
bleiben auf diese Weise schmackhaft und bekömmlich in
jeder Jahreszeit. Die andauernd gleiche und trockne
Atmosphäre konserviert jede Dame von Welt; unser
Kühlapparat wird an gesundheitlicher Wirkung von keiner Ehe übertroffen.

*

MEHR ALS EIN SOUVENIR – ein Zaubermittel wie vom
Hexenmeister Cagliostro ist Rosens Toilettepapier. Edel,
rassig und schnittig in der Linie, hat es sich rasch in die
Aristokratie der Eleganz eingeschmeichelt. Vergessen
Sie nicht, bevor Sie das zierlich gebundene Paketchen

verschenken, die Ecken der einzelnen Blätter umzubiegen: sie geben dadurch Ihrem Geschenk eine persönliche Note.

*

„ACH, WERS IHR DOCH SAGEN KÖNNTE!" – SO jung, so schön und schon so gemieden! Menschen mit unreinem Hauch, selbst wenn er dem Munde entströmt. sind einsam. Unter anderm sträubt sich meine Feder, mehr zu sagen: das junge Mädchen hat nicht „Eukal" verwendet und daher wagt niemand, ihr mit Anträgen zu nahen, denen doch gerade ein sportgeübtes Girl unsrer Zeit gefaßt entgegen sehen könnte. Schicken Sie uns Ihre Zähne ein – Sie erhalten Sie postwendend gereinigt zurück, blitzend und blendend weiß.

*

WENN SIE IM KRANZ IHRER GESCHÄFTSFREUNDE und schöner Frauen bei wohlgepflegtem, schäumenden Sekt sitzen, während Ihr behaglicher, vornehmer und tadelloser Haushalt Sie umgibt, dann vergessen Sie nicht, unsern Luxusapparat „Kokmès" bei der Hand zu haben. Die faszinierende Wirkung Ihrer festlichen Geselligkeit wird dadurch noch erhöht; keine elegante und gepflegte Frau von Welt ist ohne denselben denkbar. „Kokmès" ist ohne jede schädliche Nebenwirkung, weil es überhaupt keine hat. Wir fabrizieren es nur, um die hohen Anzeigenpreise wieder hereinzubringen und wir inserieren, um fabrizieren zu können. Und so symbolisieren wir, was uns am meisten am Herzen liegt: die deutsche Wirtschaft –!

Wo kommen die Löcher im Käse her–?

„Das Werk zwingt schon durch die Gelehrsamkeit, die in ihm verkocht erscheint, Bewunderung ab, besonders einem Leser wie mir, dessen Bildung an Emmenthaler-Käse erinnert, indem sie wie dieser größtenteils aus Lücken besteht."

– Alfred Polgar

Wenn abends wirklich einmal Gesellschaft ist, bekommen die Kinder vorher zu essen. Kinder brauchen nicht alles zu hören, was Erwachsene sprechen und es schickt sich auch nicht und billiger ist es auch. Es gibt belegte Brote; Mama nascht ein bißchen mit, Papa ist noch nicht da.

„Mama, Sonja hat gesagt, sie kann schon rauchen – sie kann doch noch gar nicht rauchen!" – „Du sollst bei Tisch nicht reden." – „Mama, guck mal die Löcher in dem Käse!" - Zwei Kinderstimmen, gleichzeitig: „Tobby ist aber dumm! Im Käse sind doch immer Löcher!" Eine weinerliche Jungenstimme: „Na ja – aber warum? Mama! Wo kommen die Löcher im Käse her?" – "Du sollst bei Tisch nicht reden!" „Ich möcht aber doch wissen, wo die Löcher im Käse herkommen!" – Pause. Mama: „Die Löcher... also ein Käse hat immer Löcher, da haben die Mädchen ganz recht! ...ein Käse hat eben immer Löcher." – „Mama! Aber dieser Käse hat doch keine Löcher! Warum hat der keine Löcher? Warum hat der Löcher?" – „Jetzt schweig und iß. Ich hab dir schon hundertmal gesagt, du sollst bei Tisch nicht reden! Iß!" – „Bwww –! Ich möcht aber wissen, wo die Löcher im Käse...aua, schubs doch nicht immer... !" Geschrei. Eintritt Papa.

„Was ist denn hier los? Gun Ahmt!" – „Ach, der Junge ist wieder ungezogen!" – „Ich bin gahnich ungezogen! Ich will nur wissen, wo die Löcher im Käse herkommen. Der Käse da hat Löcher und der hat keine –!" Papa: „Na, deswegen brauchst du doch nicht so zu brüllen! Mama wird dir das erklären!" – Mama: „Jetzt gib du dem Jungen noch recht! Bei Tisch hat er zu essen und nicht zu reden!" – Papa: „Wenn ein Kind was fragt, kann man ihm das schließlich erklären. Finde ich." – Mama: „Toujours en présence des enfants! Wenn es für richtig finde, ihm das zu erklären, werde ich ihm das schon erklären. Nu iß!" – „Papa, wo doch aber die Löcher im Käse herkommen, möcht ich doch aber wissen!" – Papa: „Also, die Löcher im Käse, das ist bei der Fabrikation; Käse macht man aus Butter und aus Milch, da wird er gegoren und da wird er feucht; in der Schweiz machen sie das sehr schön – wenn du groß bist, darfst du auch mal mit in die Schweiz, da sind so hohe Berge, da liegt ewiger Schnee darauf – das ist schön, was?" – „Ja. Aber Papa, wo kommen denn die Löcher im Käse her?" – „Ich habs dir doch eben erklärt; die kommen, wenn man ihn herstellt, wenn man ihn macht." – „Ja, aber ... wie kommen denn die da rein, die Löcher?" – „Junge, jetzt löcher mich nicht mit deinen Löchern und geh zu Bett! Marsch! Es ist spät!" – „Nein! Papa! Noch nicht! Erklär mir doch erst, wie die Löcher im Käse..." Bumm. Katzenkopf. Ungeheuerliches Gebrüll. Klingel.

Onkel Adolf. „Guten Abend! Guten Abend, Margot - 'n Ahmt – na, wie gehts? Was machen die Kinder? Tobby, was schreist du denn so?" – „Ich will wissen ..." – „Sei still ...!" „Er will wissen ..." – „Also jetzt bring den Jungen ins Bett und laßt mich mit den Dummheiten in Ruhe! Komm, Adolf, wir gehen so lange ins Herrenzimmer; hier wird gedeckt!" – Onkel Adolf: „Gute Nacht! Gute Nacht! Alter Schreihals! Nu hör doch bloß mal ...! Was hat er denn?" - „Margot wird mit ihm nicht fertig – er will wissen, wo die Löcher im Käse herkommen und sie hats ihm nicht erklärt." - „Hast dus ihm denn erklärt?" – „Natürlich hab ichs ihm erklärt." – „Danke, ich rauch jetzt nicht – sage mal, weißt du denn, wo die Löcher herkommen?" – „Na, das ist aber eine komische Frage! Natürlich weiß ich, wo die Löcher im Käse herkommen! Die entstehen bei der Fabrikation durch die Feuchtigkeit ... das ist doch ganz einfach!" – „Na, mein Lieber ... da hast du dem Jungen aber ein schönes Zeugs erklärt! Das ist doch überhaupt keine Erklärung!" – „Na, nimm mirs nicht übel – du bist aber komisch! Kannst du mir denn erklären, wo die Löcher im Käse herkommen?" – „Gott sei Dank kann ich das." – „Also bitte."

„Also, die Löcher im Käse entstehen durch das sogenannte Kaseïn, was in dem Käse drin ist." – „Das ist doch Quatsch." – „Das ist kein Quatsch." – „ Das ist wohl Quatsch; denn mit dem Kaseïn hat das überhaupt nichts zu ... gun Ahmt, Martha, gun Ahmt, Oskar ... bitte, nehmt Platz. Wie gehts? ... überhaupt nichts zu tun!"

„Was streitet ihr euch denn da rum?" – Papa: „Nu bitt ich dich um alles in der Welt; Oskar! du hast doch studiert und bist Rechtsanwalt: haben die Löcher im Käse irgend etwas mit Kaseïn zu tun?" – Oskar: „Nein. Die Käse im Löcher ... ich wollte sagen: die Löcher im Käse rühren daher ... also die kommen daher, daß sich der Käse durch die Wärme bei der Gärung zu schnell ausdehnt!" Hohngelächter der plötzlich verbündeten reisigen Helden Papa und Onkel Adolf. „Haha! Hahaha! Na, das ist eine ulkige Erklärung! Der Käse dehnt sich aus! Hast du das gehört? Haha ...!"

Eintritt Onkel Sigismund, Tante Jenny, Dr. Guggenheimer und Direktor Flackeland. Großes „Guten Abend! Guten Abend! – ... gehts? ... unterhalten uns gerade ... sogar riesig komisch ... ausgerechnet Löcher im Käse! ... es wird gleich gegessen ... also bitte, dann erkläre du –!"

Onkel Sigismund: „Also – die Löcher im Käse kommen daher, daß sich der Käse bei der Gärung vor Kälte zusammenzieht!" Anschwellendes Rhabarber, Rumor, dann großer Ausbruch mit voll besetztem Orchester: „Haha! Vor Kälte! Hast du schon mal kalten Käse gegessen? Gut, daß sie keinen Käse machen, Herr Apolant! Vor Kälte! Hähä!" – Onkel Sigismund beleidigt ab in die Ecke.

Dr. Guggenheimer: „Bevor man diese Frage entscheiden kann, müssen Sie mir erstmal sagen, um welchen Käse es sich überhaupt handelt. Das kommt nämlich auf den Käse an!" Mama: „Um Emmenthaler! Wir haben ihn gestern gekauft ... Martha, ich kauf jetzt immer bei Danzel, mit Mischewski bin ich nicht mehr so zufrieden, er hat und neulich Rosinen nach oben geschickt, die waren ganz ..." Dr. Guggenheimer: „Also, wenn es Emmenthaler war, dann ist die Sache ganz einfach. Emmenthaler hat Löcher, weil er ein Hartkäse ist. Alle Hartkäse haben Löcher."

Direktor Flackeland: „Meine Herren, da muß wohl wieder mal ein Mann des praktischen Lebens kommen ... die Herren sind ja größtenteils Akademiker ..." (Niemand widerspricht.) „Also, die Löcher im Käse sind Zerfallsprodukte beim Gärungsprozeß. Ja. Der ... der Käse zerfällt, eben ... weil der Käse ..." Alle Daumen sind nach unten gerichtet, das Volk steht auf, der Sturm bricht los. „Pö! Das weiß ich auch! Mit chemischen Formeln ist die Sache nicht gemacht!" Eine hohe Stimme: „Habt ihr denn kein Lexikon –?"

Sturm auf die Bibliothek. Heyse, Schiller, Goethe, Boelsche, Thomas Mann, ein altes Poesiealbum – wo ist denn ... richtig!

GROBKALK BIS KERBTIERE

Kanzel, Kapital, Kapitalertragssteuer, Karbatsche, Kartätsche, Karwoche, Käse –! „Laß mich mal! Geh mal weg! Pardon! Also:

„Die blasige Beschaffenheit mancher Käsesorten rührt her von einer Kohlensäureentwicklung aus dem Zucker der eingeschlossenen Molke." Alle, unisono: „Hast es. Was hab ich gesagt?" ... „eingeschlossenen Molke und ist ... wo geht denn das weiter? Margot, hast du hier eine Seite aus dem Lexikon rausgeschnitten? Na, das ist doch unerhört – wer war hier am Bücherschrank? Sind die Kinder ...? Warum schließt du denn den Bücherschrank nicht ab?" – „Warum schließt du den Bücherschrank nicht ab ist gut – hundertmal hab ich dir gesagt, schließ du ihn ab –" „Nu laßt doch mal: also wie war das? Ihre Erklärung war falsch. Meine Erklärung war richtig." – „Sie haben gesagt, der Käse kühlt sich ab!" – „Sie haben gesagt, der Käse kühlt sich ab – ich hab gesagt, daß sich der Käse erhitzt!" – „Na also, dann haben Sie doch nichts von der kohlensauren Zuckermolke gesagt, wie da drin steht!" - „Was du gesagt hast, war überhaupt Blödsinn!" – „Was verstehst du von Käse? Du kannst ja nicht mal Bolles Ziegenkäse von einem alten Holländer unterscheiden!" – „Ich hab vielleicht mehr alten Holländer in meinem Leben gegessen wie du!" – „Spuck nicht, wenn du mit mir sprichst!" Nun reden alle mit einem Mal.

Man hört:

- „Betrag dich gefälligst anständig, wenn du bei mit zu Gast bist ...!" „saurige Beschaffenheit der Muckerzolke ..." „mir überhaupt keine Vorschriften zu machen!" ... „Bei Schweizer Käse – ja! Bei Emmenthaler Käse - nein! ..." „Du bist hier nicht bei dir zu Hause! hier sind anständige Leute ... Wo denn -? Das nimmst du zurück! Das nimmst du sofort zurück! Ich lasse nicht in meinem Hause meine Gäste beleidigen – ich lasse in meinem Hause meine Gäste nicht beleidigen! Du gehst mir sofort aus dem Haus!" – „Ich bin froh, wenn ich raus bin – Deinen Fraß brauche ich nicht!" – „Du betrittst mir nicht mehr meine Schwelle!" – „Meine Herren, aber das ist doch ...!" – „Sie halten überhaupt den Mund – Sie gehören nicht zur Familie!..." „Na, das hab ich noch nicht gefrühstückt!" – „Ich als Kaufmann ...!" – „Nu hören Sie doch mal zu: Wir hatten im Kriege einen Käse -" „Das war keine Versöhnung! Es ist mir ganz egal und wenn du platzt: Ihr habt uns betrogen und wenn ich mal sterbe, betrittst du nicht mein Haus!" – „Erbschleicher!" – „Hast du das – !" „Und ich sag es ganz laut, damit es alle hören: Erbschleicher! So! Und nu geh hin und verklag mich!" – „Lümmel! Ein ganz fauler Lümmel, kein Wunder bei dem Vater!" – „Und deine? Wer ist denn deine? Wo hast du denn deine Frau her?" – „Raus! Lümmel!" – „Wo ist mein Hut? In so einem Hause muß man ja auf seine Sachen aufpassen!" – „Das wird noch ein juristisches Nachspiel haben! Lümmel! ..." „Sie mir auch -!"

In der Türöffnung erscheint Emma, aus Gumdinnen und spricht: „Jnädjie Frau, es is anjerichtet –!"

*

4 Privatbeleidigungsklagen. 2 umgestoßene Testamente. 1 aufgelöster Soziusvertrag. 3 gekündigte Hypotheken. 3 Klagen um bewegliche Vermögensobjekte: ein gemeinsames Theaterabonnement, einen Schaukelstuhl, ein elektrisch heizbares Bidet. 1 Räumungsklage des Wirts.

Auf dem Schauplatz bleiben zurück ein trauriger Emmenthaler und ein kleiner Junge, der die dicken Arme zum Himmel hebt und, den Kosmos anklagend, weithinhallend ruft:

„Mama! Wo kommen die Löcher im Käse her –?"

Der Pont de l'Alma fliegt in die Luft!

Für Rudolf Leonhard

Am achten Juni, morgens genau um neun Uhr zwanzig, flog in Paris die „Pont de l'Alma" benannte Seine-Brücke mit ungeheuerm Getöse in die Luft und kam schon nach kurzer Zeit ratenweise wieder herunter. Die Panik, die in der Stadt ausbrach, war unbeschreiblich und verdient daher eine kurze Beschreibung.

Der rasch herbeigerufene Sanitätsdienst konnte nur noch den soeben eingetretenen Polizeipräfekten feststellen, der die Geistesgegenwart hatte, den Präsidenten der Republik telephonisch zu verhindern, seinen lächelnden Zylinder über den Steintrümmern zu lüften. Bei dieser Gelegenheit hat der Präfekt beschlossen, in Paris das Telephon einzuführen.

Entsetzt stürzten die Einwohner der umliegenden Straßen aus ihren Häusern; zahlreiche Passanten, unter denen auch einige Franzosen bemerkt wurden, liefen erschreckt auseinander und stießen in ihren respektiven Sprachen irre Rufe aus, unter denen am lautesten der offenbar landfremde Satz: „Dazu fahr ich nach Paris –!" deutlich zu vernehmen war.

Da man die Brücke wegen Reparaturarbeiten gesperrt hatte, waren Opfer nicht zu beklagen; nur ein schwerer Pflasterstein flog einem just vorübergehenden adligen Diplomaten an den Kopf, so daß derselbe eine mittlere Gehirnerschütterung davontrug, eine Beeinträchtigung seiner geistigen Fähigkeiten also nicht eingetreten ist.

Der Knall der Explosion war weithin zu spüren: so fiel der bekannte Normanne S. Grumbach aus seinem Bett, rief: „Die Kommunisten sind da –!" und begab sich dann wieder ins Bett zurück, wo er, wie aus seinen Artikeln ersichtlich, noch heute schlummert.

Von allen Seiten liefen die kleinen, flinken Automobile der Stätte des Unglücks zu: es waren die Reporter, die aus der ganzen Stadt an den Ort der Katastrophe hetzten. Den Rekord schlugen die Amerikaner: die Nachricht von der Explosion traf in New York eine Minute vor der Explosion ein. Die französischen Zeitungen brachten am nächsten Tage sämtlich das Bild des Attentäters und zwar jede Zeitung ein andres, alle zeigten einen düstern Mann ohne Kragen; das Dementi stand vierundzwanzig Stunden später auf der dritten Seite, Petit, ohne Durchschuß.

Die deutschen Journalisten eilten gleichfalls herbei und konnten vor Erregung kaum die Füllfederhalter aufs Papier bringen – so mußten sie sich übereinander ärgern. Eifrig disputierend und sich gegenseitig stufenweise verachtend, zogen sie auf die Deutsche Botschaft, deren sämtliche Fenster durch die Lufterschütterung gesprungen waren. Der Botschafter, eine hohe, markige Gestalt, trat ihnen auf den Glassplittern gefaßt entgegen und sagte auf ihre Fragen: „Meine Herren! Es ist mir bisher offiziell nicht bekannt, daß in Paris eine Brücke in die Luft geflogen ist und ich glaube es auch nicht. Es wäre vielleicht gut, wenn die Herren im Augenblick nichts über Brückeneinstürze schreiben wollten; ich halte aus taktischen Gründen die Zeit noch nicht für gekommen, derartig delikate Dinge öffentlich zu behandeln." Hierauf fiel aus dem zweiten Stock ein Fenster in den Hof, der Botschafter lächelte fein, aber diplomatisch und die Presse, deren Respekt vor der höhern Diplomatie infolge der großen Hitze in Selbstachtung überging, zog sich befriedigt zurück.

Unsere Modenberichterstatterin Frau Kasimira von Flechthaar, hatte – Snoblesse oblige – Gelegenheit, dem Brückeneinsturz beizuwohnen. Bei Brückeneinstürzen bevorzugt die Pariserin zartgrüne Complets, an den Rändern ausgefranst, mit hinten leicht geschwungenem, ärmellosem Rock; dazu einen Plauschmantel aus Krepp-Satin mit gepunktetem Umhang. Zu den feinen Pastelltönen wird in der Agraffe gern ein winziges Stückchen Dynamit getragen. Als modisches Kuriosum mag angemerkt werden, daß der Strumpf der zufällig anwesenden Frau Kommerzienrat Dr. rebb. hon. caus. Margot Gurgelheimer unbeschädigt blieb; das Gewebe war aus Lemberg-Seide.

Inzwischen hatte die Nachricht von der Brückenkatastrophe die Telephondrähte, die die Völker trennen, durchlaufen und war in die Berliner, Kölner und Frankfurter Redaktionen gelangt. Im „Berliner Lokalanzeiger" löste das Telephonat heftige Diskussionen aus. Ganze Straßenzüge weit konnten die erstaunten Passanten eine Stimme, die des Generaldirektors Klitzsch, hören, der bei offenen Fenstern schrie: „Eisenbahnunfälle und ähnliches wird nur gebracht, wenn die Versicherungsgesellschaften inserieren! Merken Sie sich das: wir haben hier die Unabhängigkeit des Inseratenteils!" Man hörte noch eine antwortende Stimme: „Echt jüdisch!", hierauf das Geräusch einer Ohrfeige und darauf wurden die Fenster und die Redaktionskonferenz geschlossen. Wie wir hören, wird im Hause Hugenberg die Stellung des Renommierchristen neu besetzt werden.

Leider hat das Bekanntwerden der Nachricht in Berlin zu einem bedauerlichen politischen Zwischenfall geführt, der in diplomatischen Kreisen und solchen, die es gern sein möchten, eifrig diskutiert wird. Der Pressereferent der Nachrichtenstelle der hamburgischen Gesandtschaft in Berlin hat die Pariser Nachricht durch die Pressestelle der Reichskanzlei eine Minute früher bekommen als der Abteilungsleiter der Nachrichtenabteilung bei der Königlichen Bayrischen Gesandtschaft. Bayern droht nun Hamburg mit dem Abbruch der diplomatischen Beziehungen zu Wasser und zu Lande und es wird schon erwogen, wer denn das Zechlin bezahlen muß. Die Stellung des demokratischen Parteivorsitzenden in Lippe-Detmold gilt infolge der in Schaumburg-Lippe dieserhalb ausgebrochenen Krise für erschüttert. Der Verband entschieden republikanischer Beschneidungsbeamter hat daraufhin seinen Vorstand zu einer Audienz beim Herrn Reichspräsidenten delegiert, sine sine.

Mit Recht aber hat ein großer Zeitungsverlag die Frage des Tages aufgeworfen:

„Und Berlin –?"

Wir stehen in der Tat vor der Hochflut der Berliner Fremdensaison sprich „Sssiesn", – und es ist bekannt, daß die Amerikaner Deutschland nur deshalb besuchen, um hier genau das zu finden, was sie in Frankreich haben. Was uns not tut, ist der pulsende Rhythmus der modernen Zeit sowie ein tobendes, aber geregeltes Großstadtleben. Um diesem Bedürfnis abzuhelfen, steht Oberbürgermeister Dr. Böß bereits in Verbindung mit der Staatsregierung, um durch ein Pionierbataillon die Weidendammer Brücke in die Luft sprengen zu lassen. Auch dies wird zum Wiederaufbau Deutschlands beitragen. Zu der Brückensprengung wird der tausend Mann starke Kittelsche Lehrer- und Männer-Gesangverein die Chorstücke: „Ich bin allein auf weiter Flur" sowie „Doktor Zion, freue dich!" zum Vortrag bringen. Die Spitzen der Reichs-, Staats-, Länder und Kommunalbehörden werden, pro Behörde eine Spitze, vertreten sein; auch die nichtbeamtete Bevölkerung ist gleichfalls in beschränktem Umfange zugelassen. Als Tag der Brückensprengung, die genau nach Pariser Muster ausgeführt wird, ist der elfte August in Aussicht genommen; die Republik hofft, auf diese Weise die allgemeine Aufmerksamkeit auf das Bestehen einer Verfassung hinzulenken.

In Paris sind die Aufräumungsarbeiten in vollem Gange. Unter den Trümmern hat sich ein Buch mit dem Titel „Till Eulenspiegel" angefunden; doch wird das Werk mit der Explosion nicht in Verbindung gebracht, da es unmöglich eine zündende Wirkung gehabt haben kann. Daß der Graf Keyserling einen Knall hat

vernehmen können, entspricht den Tatsachen. Die Fülle der Beileidstelegramme, die in Paris stündlich einlaufen, ist groß: Mussolini, Ford, Edison; alte Brückenbauer wie Otto Wels und Hermann Müller haben gratuliert; Ich und die Kaiserin sind auch dabei.

Nach Lektüre aller Leitartikel aber zeigt uns dieser Vorgang aufs neue:

    die Vergänglichkeit der irdischen Werke;
    die Größe Deutschlands;
    die Wahrheit des christlichen Gedankens;
    die Notwendigkeit der Beibehaltung der Simultan-Schule;
    die Notwendigkeit der Abschaffung der Simultan-Schule;
    die Schurkerei des Bolschewismus

sowie

    die Notwendigkeit des Baus einer neuen Eisenbahnbrücke im Kreise Oldenburg-Nord
    (Nichtgewünschtes bitte zu durchstreichen!)

P. S. Wie wir soeben von unserm Spezialkorrespondenten erfahren, handelt es sich nicht um den Pont de l'Alma, sondern um die Tower Bridge; auch ist diese Brücke nicht in die Luft geflogen, sondern sie wird frisch gestrichen. Eine Änderung unsres grundsätzlichen Standpunktes kann dies natürlich nicht herbeiführen.

Ereignisse haben manchmal unrecht – die Zeitung hat es nie.

Alala - wer tommt denn da -?

Geheimnis

Jüngst betraf mich ein Japaner,
und in des Gespräches Wellen,
als wir von Matrosen sprachen,
ließ er ein klein Wörtlein fallen:
„Skibi".

„Was bedeutet das, Geehrter?"
fragt ich leicht und glatt und höflich.
„Nie noch hört ich diese Silben:
Skibi –?

Ists ein Laster? Ein Gesellschafts-
spiel? Kann man es konsumieren?
Tun Matrosen es? Mit wem wohl?
Skibi –?"

Der Japaner nickte höflich,
lächelte und schwieg. Und seitdem
hockt auf mir der Skibi-Wahnsinn.
Skibi! zwitschern alle Spatzen.
Skibi-skibi! gellt die Hupe.
Und die Stadtbahn-Wagenachsen
rattern: Skibi-skibi-skibi …!

Skibi! piept die Bodenmaus.
Und so sieht die Sonne aus

Traurig krauche ich durchs Leben.
Kann mir niemand Rettung geben?
 Auf, nach Japan laßt mich fahren,
 seekrank, heiß, mit Möwenscharen
 wochenlang in Schiffsbewegung,
 II. Klasse (mit Verpflegung) –
Und ich seh nicht Palästina,
Indien nicht an und China –
Bombay nicht und nicht Kalkutta,
in Port-Said die Kuppelmutter ...
Ungegessen, ungeschlafen,
 fahr ich.

Auf dem Quai im Japan-Hafen
spring ich auf den ersten Besten,
halt ihn an am Knopf der Westen –
 schreiend frag ich:
 „Was ist Skibi –?"

Der Japaner, kalten Blutes,
spricht: „Das fragt man nicht. Man tut es.
 Skibi-skibi-skibi-skibi –!"

In die Heimat fährt ein Greis.
Stumm. Zerbrochen. Haar schlohweiß.
Geht ins Kloster als Trappist,
weil er nicht weiß, was Skibi ist.

Sie schläft

Morgens, vom letzten Schlaf ein Stück,
nimm mich ein bißchen mit –
auf deinem Traumboot zu gleiten ist Glück –
die Zeituhr geht ihren harten Schritt …
    pick-pack …

„Sie schläft mit ihm" ist ein gutes Wort.
Im Schlaf fließt das Dunkle zusammen.
    Zwei sind keins. Es knistern die kleinen Flammen,
– aber dein Atem fächelt sie fort.
    Ich bin aus der Welt. Ich will nie wieder in sie zurück –
jetzt, wo du nicht bist, bist du ganz mein.
Morgens, im letzten Schlummer ein Stück,
kann ich dein Gefährte sein.

Was ist im Innern einer Zwiebel?

Nun nimmt wohl bald der Bauer Geld aus der Schatullen
und macht sich auf mit seiner Kuh zum Bullen —
    mit seiner Kuh.

Nun wirft wohl diese Kuh ein Kälbchen sonder Schaden,

und dieses Kälbchen legt dort einen runden Fladen —
                das Kälbchen
                von der Kuh.

Nun wächst aus diesem Fladen auf der Ackerkrume
wohl bald die schönste, rote Bauernblume —
                aus dem Fladen
                von dem Kälbchen
                von der Kuh.

Nun hüpft wohl bald ein Stubenmädchen in dem Grase,
pflückt einen Strauß für ihr Hotel und stellt in eine Vase
                die Blumen
                aus dem Fladen
                von dem Kälbchen
                von der Kuh.

In diesem so geschmückten Raum — denn sieh, er hat ihn
ja vorbestellt — liegt froh der heitere Hochzeitsreisende bei
                seiner Gattin —
            in Zimmer 28
            mit den Blumen
            aus dem Fladen
            von dem Kälbchen
            von der Kuh.

Und hier empfängt sie einen anfangs anonymen Knaben,
sie trägt ihn aus, gebärt — er ist von großen Gaben —
            der Sohn
            von der Hochzeitsreisenden
            aus Zimmer 28
            mit den Blumen
            aus dem Fladen

>   von dem Kälbchen
>   von der Kuh.

Der Knabe reift heran, erbt einen ganzen Batzen
und gründet sich ein Etablissement für Bett-Matratzen:
>   der Sohn
>   von der Hochzeitsreisenden
>   aus Zimmer 28
>   mit den Blumen
>   aus dem Fladen
>   von dem Kälbchen
>   von der Kuh.

Nun schneuzt sich breit sein erster Vorarbeiter,
wischt sich den Bart und pinselt flötend weiter —
>   in der Fabrik
>   des Sohnes
>   von der Hochzeitsreisenden
>   aus Zimmer 28
>   mit den Blumen
>   aus dem Fladen
>   von dem Kälbchen
>   von der Kuh.

Der Vorarbeiter hat das Bett lackiert. Nun nimmt er einen
>   Schluck.
In diesem Bett tu ich den letzten Atemzug.

Ehekrach

> „Ja –!"

„Nein –!"
„Wer ist schuld?

            Du!"
„Himmeldonnerwetter, laß mich in Ruh!"
– „Du hast Tante Klara vorgeschlagen!
Du läßt dir von keinem Menschen was sagen!
Du hast immer solche Rosinen!
Du willst bloß, ich soll verdienen, verdienen –
Du hörst nie. Ich red dir gut zu…
Wer ist schuld –?

            Du."
„Nein."
„Ja."

– „Wer hat den Kindern das Rodeln verboten?
Wer schimpft den ganzen Tag nach Noten?
Wessen Hemden muß ich stopfen und plätten?
Wem passen wieder nicht die Betten?
Wen muß man vorn und hinten bedienen?
Wer dreht sich um nach allen Blondinen?

            Du –!"
„Nein."
„Ja."
„Wem ich das erzähle …!

         Ob mir das einer glaubt –!"
– „Und überhaupt –!"
         „Und überhaupt –!"
                  „Und überhaupt –!"

      *

Ihr meint kein Wort von dem, was ihr sagt:

Ihr wißt nicht, was euch beide plagt.
Was ist der Nagel jeder Ehe?
Zu langes Zusammensein und zu große Nähe.

Menschen sind einsam. Suchen den andern.
Prallen zurück, wollen weiter wandern...
Bleiben schließlich... Diese Resignation:
Das ist die Ehe. Wird sie euch monoton?
Zankt euch nicht und versöhnt euch nicht;
Zeigt euch ein Kameradschaftsgesicht
und macht das Gesicht für den bösen Streit
lieber, wenn ihr alleine seid.

Gebt Ruhe, ihr Guten! Haltet still.
Jahre binden, auch wenn man nicht will.
Das ist schwer: ein Leben zu zwein.
Nur eins ist noch schwerer: einsam sein.

Es ist

Es ist so viel unverbrauchte Zärtlichkeit in Hotelzimmern,
wo sie allein liegen:
ein Mann, oder eine Frau, oder ein angebrochenes junges
                              Mädchen –
in leiser Lächerlichkeit liegen wir allein.

Es ist eine Einsamkeit, umflossen
von den Strömen des städtischen Gases,
des elektrischen Stromes, für alle gemacht,
  einer Zentralheizung, eines Zentralessens, einer Zentral-
                              zeitung...

aber ein kleiner Fleck ist noch da,
auf dem sind wir allein.

Jeder liegt in seiner Schublade.
Die kleinen Härchen auf den Oberarmen schwanken
                             suchend im Luftzug,
wie die Greifer der Meerespflanzen in strömendem Wasser;
die Haut langweilt sich.

Wenn jetzt einer käme und sagte: „Bitte sehr! ich liege
                             Ihnen zur Verfügung?"
wenn ich jetzt durch die Wand ginge zu meiner Nachbarin –
(„Man ist doch keine Hure! ich werfe mein Leben nicht
                             in Hotels weg!" – Kusch.)
– wenn jetzt eine dicke Dame käme, mich im Bad zu
                             massieren;
wenn sich jetzt der Jungen ein verständiger Mann gesellte,
                             der sie nur streichelte…
ungenutzt ist die Nacht.
Dreivierteleins.
Es kocht in den Röhren des Badezimmers;
badet jemand noch so spät?

Neugierig sind wir auf fremde Körper.
Wie legen Sie abends das Hemd auf den Stuhl? Lieben
Sie Fruchtsalz?
Ziehen Sie Ihre Uhr morgens oder abends auf?
Und in der Liebe?
Sind Sie gesund? Verzeihen Sie, ich habe solche Furcht
vor Krankheiten -
das ist ein Teil meiner Tugend.

I'm in love again –
nein, das eigentlich nicht:
es sollte nur jemand da sein, an dem ich mich spüren kann.
Warum, 318 (mit Bad) liegen Sie so allein?
Denkbar wäre auch eine Hotelgeisha, die höflich liebt,
und die aus der Rechnung nur als kleiner, diskreter Kreis
                                          vermerkt ist –
aber schöner wäre ein Gast.

Warum kommt nie ein Einsamer zu einer Einsamen?
Stolz kriechen wir in unser zuständiges Gehäus,
hygienisch, unnahbar, vernünftig,
allein.

Knips das Licht an, sagt der Schlaflose zu sich selbst
(er duzt sich, weil er sich schon so lange kennt) –
und lies noch ein bißchen.
Du hast zu viel Pfirsich-Melba gegessen, daher solche
                                          Gedanken,
Luftblasen auf dem Meer der innern Sekretion.
Du bist überhaupt gar nicht allein. Du hast eine Zeitung.
Lies:

8. Fortsetzung
   Schließlich raffte sie ein Spiel Karten auf, kauerte sich neben den Kamin und begann, eifrig und hingegeben zu mischen.
   „Ich kam in der Absicht," begann er mit einer nicht ganz festen Stimme, „noch heute um Ihre Hand anzuhalten." Das schöne Mädchen

Deine Welt

Trudele dahin! Verkehre bei Ingenieuren!
Laß dich als Redakteur von Staatsanwälten verhören!
Sei eingeladen bei Snobs, die wichtigtuende Diplomaten
schnurrend umschleichen, besonders die aus den kleinern Staaten!
Entflieh der Familie! Rutsch die soziale Leiter hinauf und
hinab –:
es spielt sich alles unter zweihundert Menschen ab.

Wohn an der Weser, der Oder, der Weichsel, der Elbe –
deine Gesellschaft bleibt immer, immer dieselbe.
Immer dieselben Fahrt- und Leidensgenossen,
wie mit Gittern sind dir die andern Gärten verschlossen.
    Freunde sind Schicksal, aber nicht zu knapp.
    Es spielt sich alles unter zweihundert Menschen ab.

Fahr nach Amerika!
    Wer steht im Hotel auf den Herrentoiletten?
Rosenfeld. Und er spricht: „Was machen Sie in Manhattan?"
Flieh zu den Eskimos, in des Eises kreischende Masse:
der Dicke im Pelz ist bestimmt ein Kind deiner Klasse.
    Jag durch die Welt vom nördlichen bis zum südlichen
Kap –:
es spielt sich alles unter zweihundert Menschen ab.

Unsere Welt ist so klein. Dies mußt du wissen:
Ganze Klassen und Völker sind nur deines Lebens Kulissen;

du weißt, daß sie sind. Aber sei nicht verwundert:
du lebst ja doch nur inmitten deiner zweihundert.
Und hörst du auch fremde Länder und Kontinente erklingen:
du kannst ja gar nicht aus deinem Kreise springen!
Von Stund an, wo sie dich pudern, bis zum gemieteten
Grab
spielt sich alles und alles und alles unter zweihundert
Menschen ab.

Der Mann am Spiegel

Plötzlich fängt sich dein Blick im Spiegel
und bleibt hängen.
Du siehst:

Die nackt rasierten Wangen
– „Backe": das ist gut für andere Leute –
den sanft geschwungenen Mund, die glatte Oberlippe,
die Krawatte sitzt – nein, doch nicht:
zupf!
Jetzt bist du untadlig.
Haare, Nase, Hals, Kragen, Rockschultern sind ein gut
 komponiertes Bild –
tief bejaht dich dein Blick.

Wohlgefällig ruhst du auf dir,
siehst die seidigen Ränder der Ohrbrezeln,
unmerklich richtest du dich auf –
du bist so zufrieden mit dir
und fühlst das gesunde Mark deines Lebens.

Übrigens haben die Fliegen auf dem Spiegelglas gesessen,
oder ein chemischer Vorgang hat das Quecksilber bepickelt:
kleine blinde Pupillen sitzen darauf ...

Nun stell den innern Entfernungsschätzer der Augen wieder
   um:

An der rechten Schläfe
- aber nur, wenn man schärfer hinsieht -
stehn ein paar kleine Runzeln,
Schützengräben der Haut –
nein, er sind noch keine Runzeln,
doch da, an dieser Stelle, werden sie einst stehen.

Dann bist du ein alter Mann;
dann sagen die Leute: „Der alte Kaspar –";
dann wird ein Mädchen leise ausgelacht, der du etwas zu-
   flüsterst –
„Mit dem alten Mann ...?" sagen ihre Freundinnen.
Alter Mann.

Wie ihr euch anseht:
der Glasmann und du!
Nie
nie wird dich jemals ein anderer Mensch so ansehen,
ohne Beigeschmack von Ironie.
Du kannst dich gar nicht im Spiegel sehn.
Tat twam asi –?

Glatt ist dein Gesicht, sauber gewaschen und frottiert,
Zeit ist darüber hingespült.

Dein Gesicht, den Schuttplatz deiner Gefühle, hast du zu-
    sammengelogen,
zusammengelacht,
geküßt, geschwiegen, gelitten, geseufzt: zusammengelebt –
sieh, unterhalb des linken Auges bist du leicht fleckig.

Mach dein Spiegelgesicht!
Was in den letzten Jahren alles gewesen ist,
nichts davon ist dir anzusehen.
Alles ist dir anzusehen.

Fakire sollen sich manchmal allein hypnotisieren.
Wenn man sich lange in den Spiegel sieht, steht im Lexikon,
verfällt man in Trance …
du siehst den Spiegelmann an,
der sieht, wie du siehst –
du siehst, wie er sieht, wie du …
Reiß deinen Blick zurück! Erwache.

So, mit dem aufgestützten Arm, ergäbe das eine gute Pho-
    tographie für die illustrierten Blätter:
ernst blickt der Dichter den Abonnenten an,
Ehrfurcht erheischend und einen zerstreuten Blick lang
    auch zugebilligt; unnahbar, sehr sicher,
wie aus gefrorenem Schmalz gehauen – ein fertiges Ding.

In den zwei glitzernden Pünktchen, die
in der Mitte deiner Augen angebracht sind,
funkt das Leben.
Eigentlich sind wir ganz schön, wie –?

Du betrachtest dich, wie sich die Männer in den Friseurläden betrachten,
wenn sie, haargeschnitten, aufstehn:
„Es ist, Gott sei Dank, alles da und wir sind repräsentative Erscheinungen –!"
Mit einem langen Blick sehen sie sich im Spiegel an:
Kontrollversammlung der Kompanie, vorgenommen durch den Feldwebel Auge –
nicht losreißen können sie sich,
dann ziehen sie ihre Weste herunter
und gehen neu gestärkt auf die Straße,
durchaus bereit zum Kampf mit den andern, denen man nicht die Haare geschnitten hat.

Aber auf einmal
ist die glatte Sicherheit deines gebügelten Rockes dahin;
die Angst ist da.

Angst sitzt in den dunkeln Vertiefungen deiner Nase,
mit der du die Luft einschaufelst;
das Blech am Kamin erzittert leise,
du hörst mit den Augen –
Sag etwas!
Sprich!
Prophezeie, wie es weiter werden wird!
Ob ich gepflegt sterbe, im Bett: umgeben von einem ernsten Professor, einer weißen Krankenschwester und süßlich riechenden Flaschen;
oder ob ich auf kalter Chaussee verrecke, ganz allein –

zu den andern Landstreichern habe ich manchmal französisch gesprochen, weil ich doch etwas Besseres gewesen bin;
ob ich mich zerhuste oder sacht im Sessel zurücksinke
…
In das Weiße der Augen steigt langsam Not auf –
welch ein Mitleid hast du mit dir!
Du betest dich hassend an.

Sprich!
Prophezeie:
Erfolg - Ansehen – Vergessenheit – Geldmangel – Demütigung; es gleiten die wohlgenährten Kameraden vorbei und klopfen dir ermunternd auf die Schulter, in leiser Schadenfreude.

Flocke. Geküßter Mund. Belebte Kopfkugel.
Mit mobilisierten Muskeln seht ihr euch beide an.
Noch ist nichs zu sehn. Noch seid ihr beide schön.
Tief unten knistert die Angst.

„Sie haben", so sagt der Spiegelmann zu dem andern Mann,
„da ein Haar auf Ihrem Rockkragen!

Sehn Sie? es glänzt im Schein der abendlichen Lampe das darf, merkwürdigerweise, nicht sein; nehmen Sie es bitte herunter –!"
Sorgsam entfernt ihr das Haar.

Ich gehe vom Spiegel fort.
Der andre auch –

Es ist kein Gespräch gewesen.
Die Augen blicken ins Leere,
mit dem Spiegelblick –
ohne den andern im Spiegel.

Allein.

Berliner Herbst

Für Paul Graetz

Denn, so um'm September rum,
denn kriejn se wacklije Beene –
die Fliejen nämlich. Denn rummeln se so
und machen sich janz kleene.
    Nee –
        fliejn wolln se nich mehr.

Wenn se schon so ankomm, 'n bisken benaut...
denn krabbeln se so anne Scheihm;
oda se summ noch 'n bisken laut,
aba mehrschtens lassen ses bleihm...
    Nee -
        fliejn wolln se nich mehr.

Wenn se denn kriechen, falln se beinah um.
Un denn wern se nochmal heita,
denn rappeln se sich ooch nochmal hoch,
un denn jehts noch 'n Sticksken weita –
    Aba fliejn... fliejn wolln die nich mehr.

Die andan von Somma sind nu ooch nich mehr da.

Na, nu wissen se – nu is zu Ende.
Manche, mit so jelbe Eia an Bauch,
die brumm een so über de Hände…
    A richtich fliejn wolln se nich mehr.

Na und denn finnste se morjens frieh,
da liejen se denn so hinta
de Fenstern rum. Denn sind se dot.
Und wir jehn denn ooch in'n Winta.
    Wie alt bist du eijentlich –?

–„Ick? Achtunnfürzich."
–„Kommst heut ahmt mit, nach unsan Lokal –?"
–„Allemal."

Zwei Seelen

Ich, Herr Tiger, bestehe zu meinem Heil
aus einem Oberteil und einem Unterteil.

Das Oberteil fühlt seine bescheidene Kleinheit,
ihm ist nur wohl in völliger Reinheit;
es ist tapfer, wahr, anständig und
bis in seine tiefste Tiefen klar und gesund.
Das Oberteil ist auch durchaus befugt, Ratschläge zu erteilen
und die Verbrechen von andern Oberteilen
zu geißeln – es darf sich über die Menschen lustig machen,
und wenn andre den Naseninhalt hochziehn, darf es lachen.

Soweit das.

                    Aber, Dunnerkeil,
das Unterteil!

Feige, unentschlossen, heuchlerisch, wollüstig und verlogen;
zu den pfinstersten Pfreuden des Pfleisches fühlt es sich
                                   hingezogen –
dabei dumpf, kalt, zwergig, ein greuliches
pessimistisches Ding: etwas ganz und gar Abscheuliches.

Nun wäre aber auch einer denkbar - sehr bemerkenswert–,
der umgekehrt.

Der in seinen untern Teilen nichts zu scheuen hätte,
keinen seiner diesbezüglichen Schritte zu bereuen hätte –
ein sauberes Triebwesen, ein ganzer Mann und
bis in seine tiefsten Tiefen klar und gesund.
Und es wäre zu denken, daß er am gleichen Skelette
eine Seele mit Maukbeene hätte.

Was er nur andenkt, wird faulig-verschmiert;
sein Verstand läuft nie offen, sondern stets maskiert;
sogar wenn er lügt, lügt er; glaubt sich nichts, redet sichs
                                          aber ein –
und ist oben herum überhaupt ein Schwein.

Vor solchem Menschen müssen ja alle, die ihn begucken,
vor Ekel mitten in die nächste Gosse spucken!

Da striche auch ich mein doppelkollriges Kinn
und betete ergriffen: „Ich danke dir, Gott, daß ich bin, wie
                                          ich bin!"

Was aber Menschen aus einem Gusse betrifft in der schönsten der Welten –:
der Fall ist äußerst selten.

Duo, dreistimmig

Götz von Berlichingen und der General Cambronne
(derselbe, der damals in der Schlacht von
Waterloo nicht gesagt hat wie im Heldengedicht:
„Die Garde stirbt, doch sie ergibt sich nicht!"
Sondern er sagte nur schlicht:
„Merde!") –
dieser General Cambronne und Götz von Berlichingen
   trafen sich neulich im Café und täten daselbst singen:

„Wir, die Nationalheiligen zweier Nationen,
die man uns anruft, wo nur Franzosen und Deutsche
   wohnen,
haben uns hier pro Nase einen Mokka Dubel bestellt
und betrachten zur Abwechslung einmal den Lauf der
   Welt."

Der Götz begann:
  „Was hältst du, Bruderherz, von den Demokraten,
  die noch in jeden Wein ihr Wasser abschlagen taten,
vorsichtig,
umsichtig,
nachsichtig,
kurzsichtig –
und liegen immer unten. Was hältst du davon –?"

„Merde –!" sagte Cambronne.
Und fuhr fort:
„Was aber hältst du, Bruder, von den preußischen Richtern,
diesen Vollzugsbeamten von Denkern und Dichtern?
Wie sie nichts hören und nichts sehn – aber zuschlagen
und um sich Jammer verbreiten und Klagen.
Wie sie die Wehrlosen fangen in ihren Schlingen…?"
„……!" sagte der Götz von Berlichingen.

Und fuhr fort:
„Kennst du aber die uniformierten Burschen in allen Ländern,
die in ihren bekleckerten Indianergewändern
den nächsten Krieg vorbereiten? Mit dem Anspruch aufs Pantheon?"
„Ah Merde –!" sagte Cambronne.

Und fuhr fort:
„Kennst du aber die Theaterdirektoren?
Jedem ist gerade ein neues Genie geboren,
und besiehst du dir näher die göttliche Ware,
ist's ein Genie vom vorigen Jahre.
Haben einen Augenfehler: schielen auf die Kritik
und sitzen in einer Konjunktur-Fabrik.
Wär gar nicht übel. Nur:
es ist immer die falsche Konjunktur.
Wirr. Unzuverlässig. Ja, was können sie denn vor allen Dingen –?"
Da sagte es der Götz von Berlichingen.

Und fuhr fort:
„Was hältst du aber hingegen von den Parlamenten?
Mit ihren Kommissionssitzungen und ihren Re- und Korreferenten?
Bruder, sag mir, ist es bei euch das gleiche
wie in unserm republikanischen Kaiserreiche?
Das Ganze nennt man Demokratie –
ist aber nur eine politische Schwerindustrie.
Gut vor hundert Jahren. Heute: so alt, so alt –
Kluge verlangen eine neue Staatengestalt.
Dumme beharren bei ihrem kindlichen Eifer –
Habt Ihr auch sozialdemokratische Dudelsackpfeifer?
Wir haben sie. Prost, lieber Bruder, du!
Was sagen nur unsre respektiven Wähler dazu –?
Pfeift das nicht alles auf dem vorletzten Loche:
> Demokraten,
> Theater,
> Offiziere,
> Richter –
Was sagen sie überhaupt zu dieser Epoche –?"

Da standen beide auf: der Götz und der General Cambronne
und zogen laut rufend die Konsequenz davon.
Jeder sagte seinen Spruch. Die Tassen bebten. Und allen schien,
als werde hier einem Weltenwunsch Ausdruck verliehn...
„Merde –!" sagte Cambronne. Und der andre der beiden Recken:
„Sag ihnen allen, sie könnten mich und so weiter beklecken!"

An der Wand, ganz heimlich, in guter Ruh,
steht Theobald Tiger und gibt seinen Segen dazu.

Die Reihenfolge

Wie war das neulich eigentümlich!
Ich ging im Wald so für mich hin,
und alles, was durchaus nicht ziemlich,
drängt sich mir dauernd in den Sinn.

Da liegt, im heiterm Flug geboren,
ganz weiß, gekrümmt und weich mit Wachs
– das hat gewiß ein Spatz verloren –
ein kleiner Klacks.
Und tiefer in des Waldes Hallen
liegt hingerollt, soweit ich seh,
– das ließ wohl eine Ziege fallen –
ein halbes Pfund Kaffee.

Und wie sich das so weiter machte,
besah ich einen neuen Fund:
– hier stand einst eine Kuh und dachte –
ein Fladen, groß und rund.
Und hat denn alles sich verschworen?
Da liegt im Tümpel, dran ich ging,
– das hat gewiß ein Ochs verloren –
ein Buch von Keyserling.

All people on board!

Das ist nämlich so in Berlin:
Einer ist plötzlich für Biographien.
Und aus einem Grunde, grad oder krumm,
gefällt diese Sache dem Publikum.
Das Publikum mag das Neue gern kaufen ...

Nun kommen sie aber alle gelaufen!

Jetzt schießen, mit und ohne Komfort,
die Biographien aus dem Boden hervor:

Kaiser Gustav der Heizbare; Fürstenberg;
der Herzbesitzer von Heidelberg;
Frau Neppach, Einstein und Lindberghs Sohn
und vom Landgericht III der Justizrat Cohn –
sie alle bekommen ihre Biographie
(mit Bild auf dem Umschlag) – jetzt oder nie!
Heute so dick wie ein Lexikon,
und morgen spricht kein Mensch mehr davon.

Denn morgen ist da ein neues Glück:
das englische Grusel- und Geisterstück.

Da kommen aber in hellen Haufen
die Theaterdirektoren gelaufen!
„Die Gräfin auf der Kirchhofswand",
„Sherlock Piel zwischen Lipp und Kelchesrand",
„Das Bidet im Urwald" – oder wie das so heißt,
und plötzlich hat jedes Theater 'nen Geist.

„Das kenn Se nich? Das haben Sie noch nicht gesehn –?
Da müssen Sie unbedingt hingehn –!"

Und aus einen, ders nicht gesehn hat, spucken ...
Morgen sind die Achseln ganz müde vom Zucken:
„Wenn ich schon Geisterstücke seh –
Passé!"

Mal Punktroller und mal Negerplatten;
mal Freud und mal Kreuzworträtsel-Debatten;
mal Tiergeschichten und mal Autorennen;
mal muß man den ganzen Brockhaus kennen –
(„Frag mich was!" – Sie mir auch.)
Und so haben nun
die Berliner immer was zu tun.

Denn so ist das in diesem Falle:

Was einer macht, das machen sie alle.
Macht einer Film mit Neckarstrand,
dann nehmen das tausend in die Hand.
Schreibt einer ein Buch vom Dauerlauf,
dann greifen das hundert Verleger auf.
Sie begehren immer, die guten Knaben,
des Nächsten Vieh –
„Müssen wir auch mal haben!"
Sie möchten niemals die eigenen Sachen.
„Das? das müssen wir auch mal machen –!"

Lasset uns dieserhalb nicht weinen.
Wo nichts ist, da borg ich mir einen.

Nur ist da eines – o völkische Schmach! –
komisch:
    uns macht keiner nach.

Gebet des Zeitungslesers

Zimmer. Der Zeitungsleser im Schlafrock. Auf dem Tisch, auf Stühlen verstreut und zerknüllt, liegen Zeitungen aller Größen. In einer Ecke ein größerer Packen aufeinandergeschichteter Zeitungen. An der Wand quellen aus einem Regal Zeitungen.

Die Begleitmusik geht durch alle Möglichkeiten: vom Jazz bis zum Choral.

Du lieber Gott, so hör mein leises Flehen!
Tu auf den Packen hier heruntersehen!
Du lieber Gott, ich pfeif am letzten Loche:
das sind die Zeitungen von einer Woche!
Die muß ich alle, alle lesen:

Vom Bürgerkrieg bei Nord- und Südchinesen;
vom Turnerfest mit Grätsche und mit Kippe;
vom Flaggenstreit in Schaumburg-Lippe;
von Abegg, Lübeck, Ahlbeck, Becker;
von Schnillers Testamentsvollstrecker;
vom Prinz von Wales und von Richard Strauß –
das fliegt mir alles so ins Haus!
Ich kaufs auch noch. Sobald ichs seh,
fixe Idee:

„Acht-Uhr-Abendblatt! Acht-Uhr! B. Z.! Die Nachtausgabe!"

Wo nur eine Zeitung ist, da trabe
ich hin – aus Gier
nach Papier – immer nach Papier –
bleib auf der Straße stehn und lese hier:

Die westliche Ostsee ziemlich bewegt;
Pola Negri endgültig trocken gelegt;
Churchill gestürzt – die Kammer tobt;
der Papst mit Mary Wigman verlobt;
(das ist ihm recht!) – Sturm auf den Azoren;
Ludendorffs Dackel hat seinen Schwanz verloren;
in Grönland Badehosenhausse;
Pallenberg hundertmal in einer Posse;
Verfilmung des Dramas Ain und Kabels;
Prämiierung des kleinsten Damennabels;
Mussolini und das schwarze Hemd seiner Amme –
Nachrichten, Nachrichten, Telegramme, Telegramme, Telegramme –

Jazz

Was geht denn mich das an?
Das geht mich gar nichts an!
Das geht mich gar nichts an!

In den Beilagen raschelt und zischelt der Wind –
Ich bin ein armes zerlesenes Kind …
Hat keiner mit mir Armen
Erbarmen?

Man sagt von JHM, daß Er doch auch 'nen Sohn hat ...
Das sind die Zeitungen von einem Monat!
Wenn ich sie seh: mich schaudert und mich graust –
was kommt da noch auf mich herabgebraust?

Choral

Befrei mich Du vom irdischen Bösen.
Warum muß ich denn Silbenrätsel lösen?
Was kostets mich für lange Stunden
bis ich: „Maitresse unter Ludwig XVI." gefunden –

Auflösung: „Nichtswürdig ist die Nation"
Oder: „Du sollst nicht töten, spricht der Gottessohn!"
Es ist manchmal ein Kreuz mit Deinem Wort!
nimm doch die Kreuzworträtsel fort ...
So plätschert das tagaus, tagein,
auf mich, den armen Leser herein –

Es regnet Zeitungen

Papier! Papier! Von welchem Riesenbaume
verflattert das in unserm Erdenraume?
Papier! Papier! Genug! Genug des Segens!
Ertränk mich nicht, du Flut des Zeitungsregens!

Marseillaise

Hier sind die Fahnen aller Staaten!
Allons, journaux de la patrie!
Ich kann in Zeitungen schwimmen – in Zeitungen waten –
aber ohne Zeitungen sein: das kann ich nie!
Wie sie mich quälen,

töten beinah –
Und wie sie mir fehlen,
wenn sie nicht da …!
Was soll mir das? Was hats für einen Sinn?
Mein ganzes Leben ging in Kleinigkeiten hin …
Am jüngsten Tage des Gerichts,
da werd ich sehn:

4 Paukenschläge

Ich kam zu nichts.
Zerteilt. Zerspielt. Zerspellt. Zerzettelt.
Mein Lebtag hab ich nur um eins gebettelt:
um Ruhe.
Du gabst sie nicht. So muß ich dienen,
als Sklave aller Rotationsmaschinen.

Du lieber Gott, gebleicht ist all mein Haar.
Hier sind die Zeitungen von einem Jahr …!
Du hast mich ihnen gänzlich preisgegeben –
war das ein Leben – das mein Leben –?

Ich merkte, welche Tageszeit grad war,
nur am Matin, Paris-Midi, Le Soir…
Bis in die letzten Winkel meines Heims
kam deine Zeit, Le Temps, die Times –
Verflucht die Bilder, die Plakate!
die Leitartikel, Inserate!
die Neuigkeit, die, kaum geboren, alt!
das Blatt am Baum – der ganze Blätterwald!
Verflucht! Verflucht die Menschenfibel!
verflucht die Inseratenbibel!

Ruhm: Durch die Zeitung. Heirat: durch die Zeitung.
Krieg: Durch die Zeitung. Friede: durch die Zeitung.
Nimm sie von mir! Die Zeitung triumphiert!

„*Totenstille. In der Musik aufgelöste Akkorde.*
Ruhe nach einem Sturm, ganz sanft"

Es hilft ja nichts.
    Du bist ja sicher
               selber
                           abonniert ...

mit ausgestreckten Armen nach oben –
Vorhang

Bei näherer Bekanntschaft

                           Praesentia minuit famam

Von ferne gleichen die Großen im Geist
    den Göttern, den hehren.
Solange du nichts von ihnen weißt,
    kannst du sie verehren.
Doch hast du mit Deutschlands Musenpracht
erst nähere Bekanntschaft gemacht,
dann schick deine Illusionen man pennen:
    Du mußt sie nicht kennen! Du mußt sie nicht kennen!

Der flicht an der alten Griechen Statt
    die tragische Kette –
doch verreißt ihn das Nordhausener Tageblatt,
    dann fällt er aus't Bette.

Der meckert im Alter wie ein Bock
und kriecht einer Tänzerin unter den Rock.
Und was sie an Damen ihr Eigen nennen:
    Du mußt sie nicht kennen! Du mußt sie nicht kennen!

Denn mit etwas hat Gott sie schön angeschmiert:
    mit ihren Frauen.
„Mein Mann, mein Mann!"
                              Dergleichen blamiert:
ein Weibstück, scheeläugig und verschmiert,
    in den himmlischen Gauen.
Der sitzt in der Höhle, ein krötiger Greis,
der spricht nur von sich, weil er sonst nichts weiß …
Von weitem! Laß sie am Himmel brennen!
In Büchern und an Rundfunkantennen …
    Aber: Du mußt sie nicht kennen! Du mußt sie nicht
    kennen.

Träumerei auf einem Havelsee

Ich bin Prokurist einer Wäschefabrik,
Sternberg, Guttmann & Sohn.
Mein Segelboot heißt „Heil und Sieg",
zwei Stunden lieg ich hier schon
    und seh auf die Kiefern und in das Wasser hinein –
        auf meinem Boot ganz allein.

Urlaub hatte ich im August,
ich war in Norderney,
mit Lilly… ihre linke Brust
sieht aus wie ein kleines Ei.

Wenn man sie da kneift, dann wird sie gemein –
auf meinem Boot ganz allein.

Graske ist ein gemeiner Hund,
ein falsches Aas – er tut bloß so...
er weiß, der Alte ist nicht ganz gesund;
wenn mans merkt, bleibt er länger im Bureau.
 Und dem Junior kriecht er jetzt auch hinten rein –
 auf meinem Boot ganz allein.

Mutter wird alt. Wie alt... warte mal:
vierundsechzig, nein: achtundsechzig, genau.
Grete soll ganz still sein; sie pöbelt mit ihrem Personal
wie eine Schlächtersfrau.
 Ich frage mich: muß eigentlich Verwandtschaft sein?
 auf meinem Boot ganz allein.

Ich habe es schließlich zu was gebracht,
ich geh auf den Presseball;
auf Reisen fahre ich Zweiter; die Jacht
hier hieß früher „Nachtigall".
Quatsch. Jetzt heißt sie richtig. Manchmal lade ich Willi
 und Ottmar ein –
nein, Ottmar nicht, der hat mich bei den jungen Aktien
nicht mitgenommen – schließlich werde ich dem Affen
 doch
nicht nachlaufen, das hab ich nicht nötig; stehen jetzt 192,
193... wo ist denn die Zeitung? –
 auf meinem Boot ganz allein.

Das ist meine liebste Erholungszeit,

auf meinem Boot ganz allein.
Kein Mensch ist zu sehen weit und breit –
kann man einsamer sein?
Eine Welle gluckst. Ich bin einsam. Zwar
die Inventur beginnt morgen,
und wie die Sirenen mit schwimmendem Haar
ziehen im See meine Sorgen:

    Lilly, Mama und die Wäschefabrik,
    die Reparatur von „Heil und Sieg",
    Graske und Ottmar, der Egoist;
    wer im Silbenrätsel „Fayence-Maler" ist –;
    der Krach mit dem Chef von der Expedition;
    die Weihnachtsgratifikation –
        sonst aber schwimme ich hier im märkischen Sonnenschein –
        auf meinem Boot ganz allein.

Wenn die Igel in der Abendstunde

Für achtstimmigen Männerchor

Wenn die Igel in der Abendstunde
still nach ihren Mäusen gehn,
hing auch ich verzückt an deinem Munde,
und es war um mich geschehn —
    Anna-Luise —!

Dein Papa ist kühn und Geometer,
er hat zwei Kanarienvögelein;

auf den Sonnabend aber geht er
gern zum Pilsner in'n Gesangverein —
  Anna-Luise —!

Fragt' ich: „Wirst die meine du in Bälde?"
blicktest du voll süßer Träumerei
auf das grüne Vandervelde,
und du dachtest dir dein Teil dabei,
  Anna-Luise —!

Und du gabst dich mir im Unterholze
einmal hin und einmal her
und du fragtest mich mit deutschem Stolze,
ob ich auch im Krieg gewesen wär …
  Anna-Luise —!

Ach, ich habe dich ja so belogen!
Hab gesagt, mir wär ein Kreuz von Eisen wert,
als Gefreiter wär ich ausgezogen,
und als Hauptmann wär ich heimgekehrt —
  Anna-Luise —!

Als wir standen bei der Eberesche,
wo der Kronprinz einst gepflanzet hat,
raschelte ganz leise deine Wäsche,
und du strichst dir deine Röcke glatt,
  Anna-Luise —!

Möchtest nie wo andershin du strichen!
Siehst du dort die ersten Sterne gehn?
Habe Dank für alle unvergesserlichen
Stunden und auf Wiedersehn!

Anna-Luise —!

Denn der schönste Platz, der hier auf Erden mein,
das ist Heidelberg in Wien am Rhein,
Seemannslos.
Keine, die wie du die Flöte bliese …!
Lebe wohl! Leb wohl.
   Anna-Luise —!

Sektion

Der Charité in Züchten

Ein Mediziner, Namens L.,
zersägte neulich scharf und schnell
   Iwan Kutisker.
   Der lag da vor ihm hüllenbar,
so wie er aus der Haft gekommen war –
   der tote Iwan Kutisker.

Der Mediziner, Namens L.,
sprach also in des Bauches Fell
   des toten Iwan Kutisker:
„Der Mann, der hier vor Ihnen liegt,
hat lange nicht genug gekriegt:
   er hieß Kutisker, war ein Jude –
   (Sie sehen das schon an der Zude) –
   er war ganz nikotinisiert
   und syphilitisch infiziert –
      na ja, ein Jude!"

Das Messer knirscht. Der Kantus stieg
voll ärztlichen Takts. Die Leiche schwieg.
Laßt uns die Zähne zusammenbeißen:
es kann nicht jeder Lubarsch heißen

Apage, Josephine, apage–!

In Wien zuckt zurzeit die Baker mit ihrem Popo,
und es zieren die Kugeln ihrer Brüste manch schönes Revue-Tableau.
Auch tanzt sie bald auf dem rechten, bald auf dem linken Bein –
und schielen kann sie, daß das Weiße nur so erglänzt in ihren Äugelein.

Dies haben die Zentrums-Schwarzen, die jungen und die Alten,
leider für eine Anspielung auf die Kirche gehalten.
Auch fühlten sie sich bedroht in ihrer Sittlichkeit,
und sie ließen die Glocken läuten ganz wie in schwerer Zeit.
Drei Sühnegottesdienste stiegen auf zum oesterreichischen Himmel,
und die Bußglocke gefiel sich in einem moralischen Gebimmel.

Denn:

Wenn eine schwarze Tänzerin gut gewachsen ist
und einen Venus-Körper hat, der nicht aus Sachsen ist;
und wenn sie tanzt, daß nur der Rhythmus so knackt,
und wenn sie ein ganzes Theater bei allen Sinnen packt;

und wenn das Leben bunt ist hierzulande –:
    das ist eine Schande.

Wenn aber Christus, der gesagt hat: „Du sollst nicht töten!",
an seinem Kreuz sehen muß, wie sich die Felder blutig
    röten;
und wenn die Pfaffen Kanonen und Flugzeuge segnen
und in den Feldgottesdiensten beten, daß es Blut möge
    regnen;
und wenn die Vertreter Gottes auf Erden
Soldaten-Hammel treiben, auf daß sie geschlachtet werden;
und wenn die Glocken läuten: „Mord!" und die Choräle
    hallen:
„Mord! Ihr sollt eure Feinde niederknallen!"
    Und wenn jemand so verrät den Gottessohn –:
        Das ist keine Schande.
            Das ist Religion.

Meine Flieger – deine Flieger

Unsere Flieger haben über den Ozean gemacht –
    deutsche Energie! deutsche Energie!
Unsere Flieger hatten eine Schreckensnacht –
    so was war noch nie!
        Hier ihre Biographie!
        Kikeriki –!
Und wir brüllen, daß es durch die Straßen gellt:
„Unsere Flieger sind die ersten auf der Welt!"
    Eure Flieger sind ganz nette Leute –
    aber kleingedruckt, auf der zweuten Seute.

Unsere Flieger sind der Stolz des Landes!
  Vive la France! Quelle rumeur!
Unsere Flieger sind der Gipfel ihres Standes –
  Réception et la Légion d'Honneur!
Und dahinter stehn die Industrien,
und sie grinsen in Paris wie in Berlin...
  Eure Flieger sind ja schließlich nur
  eine kleine zweite Garnitur.

Unsere Flieger fliegen heut nach Mexiko!
  Gods own country – our America!
Unsere Flieger halten das Niveau –
  For the colonel:

 Hip, Hip, Hurra!

Jede Zeitung hat uns das gesagt:
Hat da einer einen Flug gewagt,
wächst empor zum höchsten Firmament
noch der allerdümmste Abonnent.
– „Weil du, Landsmann, doch aus gleichem Holz bist,
bin auch ich ein Held, der johlend tanzt!"
Sage mir, worauf du stolz bist,
und ich sage dir, was du mir kannst.
  Unsere Flieger! Unsere Flieger!
  Die sind Sieger! die sind Sieger!
Eure Flieger, gar nicht zu vergleichen,
können unsern nicht das Wasser reichen.

Will der Stammtisch aller Welt nicht ohne Luft sein –:

braucht er
>> Kino, Kirche und das Nationalbewußtsein.

Saxo-Borussen

Möchten Sie Saxo-Borusse sein?

Domela hat sie genau beschrieben:
was sie auf ihrer Kneipe trieben –
>> (Rülps)
wie sie fechten, fressen und saufen,
sich niemals ein Kollegheft kaufen –
jeder ein hochfeudales Schwein ...
>> Ein feiner Verein.

Möchten Sie Saxo-Borusse sein?
Ramsch ... Manieren: frech und beflissen –
„Werde zu Hause zu rühmen wissen!"
>> (Rülps)
Füchsegetriez und Chargenspiel;
Ideal: der uralte Leutnantsstil ...
„Kein Bürjerlicher kommt hier zu uns rein –"
>> Ein feiner Verein.

Möchten Sie Saxo-Borusse sein?
Das ist gar nicht übel. Im Westen und Osten
gehören ihnen die Botschafterposten –
sie beherrschen Deutschland. Sie sind dran.
Sie intriguieren. Mann für Mann.
In Peking, in Rio und in Madrid:
immer läuft ein Korpsband mit.
Und mit diesem Korpsband zieht die Blase

ein ganzes Volk an seiner Nase.
Wir fressens aus. Sie brockens uns ein.
Wer möcht da nicht Saxo-Borusse sein –!

Ledebour

Zum Fünfundsiebzigsten

In manchem Saal hast Du gestanden
und hast die Leute uffjeklärt;
und unter Bockbierfestjirlanden,
da ham sie alle zugehört.

In manchem Saal, da, wo sie hocken,
da hatten sie zu Dir Vertraun;
und wenn die Brieder wollten bocken,
Du hast sie an die Wand jehaun.

Du standst als Mann vor preuß'schen Richtern,
als Mann im Parlamentsskandal;
von weitem sah Dich ein Gesicht an:
Genosse ... in so manchem Saal.

Laß mich es Dir auf Hochdeutsch sagen:
Du gingst den graden Weg der Pflicht.
Umfielen die aus alten Tagen –
Du nicht.

Es strahlt Genosse Schulz und Lehmann,
wenn Exzellenz zu ihnen spricht.
Du warst kein richtiger SPD-Mann –
Du nicht!

Da lehnen sie, die weichen Besen.
So fegt man nicht. Du stehst allein.
Du bist ein Sozialist gewesen.
Und das hieß einst: ein Kämpfer sein.

Ruhe und Ordnung

Wenn Millionen arbeiten, ohne zu leben,
wenn Mütter den Kindern nur Milchwasser geben –
   das ist Ordnung.
Wenn Werkleute rufen: „Laßt uns ans Licht!
Wer Arbeit stiehlt, der muß vors Gericht!"
   Das ist Unordnung.

Wenn Tuberkulöse zur Drehbank rennen,
wenn dreizehn in einer Stube pennen –
   das ist Ordnung.
Wenn einer ausbricht mit Gebrüll,
weil er sein Alter sichern will –
   das ist Unordnung.

Wenn reiche Erben im Schweizer Schnee
jubeln – und sommers am Comer-See –
   dann herrscht Ruhe.
Wenn Gefahr besteht, das sich Dinge wandeln,
wenn verboten wird, mit dem Boden zu handeln –
   dann herrscht Unordnung.

Die Hauptsache ist: Nicht auf Hungernde hören.
Die Hauptsache ist: Nicht das Straßenbild stören.
   Nur nicht schrein.

    Mit der Zeit wird das schon.
Alles bringt euch die Evolution.
So hats euer Volksvertreter entdeckt.
Seid ihr bis dahin alle verreckt?
    So wird man auf euern Gräbern doch lesen:
sie sind immer ruhig und ordentlich gewesen.

Der schlimmste Feind

Für Ernst Toller

Der schlimmste Feind, den der Arbeiter hat,
das sind nicht die Soldaten;
es ist auch nicht der Rat der Stadt,
nicht Bergherrn, nicht Prälaten.
    Sein schlimmster Feind steht schlau und klein
    in seinen eignen Reihn.

Wer etwas diskutieren kann,
wer einmal Marx gelesen,
der hält sich schon für einen Mann
und für ein höheres Wesen.
    Der ragt um einen Daumen klein
    aus seinen eignen Reihn.

Der weiß nichts mehr von Klassenkampf
und nichts von Revolutionen;
der hat vor Streiken allen Dampf
und Furcht vor blauen Bohnen.
    Der will nur in den Reichstag hinein
    aus seinen eignen Reihn.

Klopft dem noch ein Regierungsrat
auf die Schulter: „Na, mein Lieber ...",
dann vergißt er das ganze Proletariat –
das ist das schlimmste Kaliber.
    Kein Gutsbesitzer ist so gemein
    wie der aus den eignen Reihn.

Paßt Obacht!
                Da steht euer Feind,
der euch hundertmal verraten!

Den Bonzen loben gern vereint
Nationale und Demokraten.
    Freiheit? Erlösung? Gute Nacht.
    Ihr seid um die Frucht eures Leidens gebracht.
        Das macht: Ihr konntet euch nicht befrein
        von dem Feind aus den eignen Reihn.

Fragen an eine Arbeiterfrau

Bist du sein guter Kamerad
und stehst an seiner Seite –?
    Und bist du ihm auf jedem Pfad
        im Kampf mit diesem Klassenstaat
            Gesellschaft und Geleite –?

Hat er die Frau, die ihn versteht?
Ist euch ein Lied erklungen?
    Und weißt du auch, warum er spät
        noch abends in Versammlung geht:
            für dich und deinen Jungen –?

Und ist dein Herz denn auch dabei?
Seid ihr die richtige Zweiheit?
    Und machst nicht nur die Kocherei?
    und tust auch was für die Partei?
        Für Licht und Luft und Freiheit –?

Und hilfst du ihm auch für und für
im Wirken und im Schaffen?
    Und bildest du dich nach Gebühr?
    und stehst nicht an der Kirchentür?
        und hörst auf keinen Pfaffen –?

Und hältst du ihn auch nicht zurück,
wenn rote Fahnen rufen –?
    Er kämpft für euer Lebensglück!
    Geh mit ein Stück! Geh mit ein Stück!
        Empor zu neuen Stufen –!

Du, Mutter, halt den Alten jung!
es kann ihm gar nichts schaden.
    Du, Frau, trägst viel Verantwortung.

Und hoch ertönt im neuen Schwung
        das Lied – das Lied
vom guten Kameraden –!

Was kosten die Soldaten?

Wir haben Lungenkranke,
die brauchten Berg und Schnee;

sie heilen –? Kein Gedanke!
Wir brauchen die Armee.
Da kostet jeder Junge
mit Stiefel und Gewehr
pro Mann eine Lunge –!
    Das ist unser Heer.
Von dem, was die verschwenden,
von dem, was da veraast:
könnten wir Gutes spenden,
wo die Schwindsucht rast.
Der Proletarierjunge
krepiert so nebenher ...
Pro Mann eine Lunge –
    das ist unser Heer.

Es fällt durch graue Scheiben
ein trübes Tageslicht;
die Kranken, die da bleiben,
überleben den Sommer nicht.
„Zeigen Sie mal die Zunge!
Na ja – das wird nichts mehr!"
Pro Mann eine Lunge –
    das ist unser Heer!

Sie haben Feldgeschütze,
Schiffskreuzer und Musik;
in schwarz-rot-goldner Mütze
bezahlts die Republik.
    Sie setzen an zum Sprunge.
    Sie sind das Militär.

Sie stehlen uns Herz und Lunge.
Wann – Junge! Junge! –
wirfst du sie in hohem Schwunge
ihrem Kaiser hinterher –?

Die Leibesfrucht

Du bist so schwer, du bist so blaß –
was hast du, Mutter?
Du willst etwas und weißt nicht was –
was hast du, Mutter?
 „Ich trag in meinem Leibe ein Kind;
 ich weiß, wie seine Geschwister sind:
ohne Stiefel, ohne Wolle, ohne Milch, ohne Butter –
 ich bin eine Mutter! Ich will keine Mutter mehr sein!
  Laß mich schrein –!
  Laß mich schrein –!"

Es darf und darf mir nicht zur Welt!
  „Frau, was wollen Sie?"
Mein Mann ohne Stellung – wir haben kein Geld!
  „Frau, was wollen Sie?"
 Ich will nicht, daß man für eine Nacht
 mich und die Kinder unglücklich macht!
 Dieselben Rechte will ich wie die Reichen,
 die ungestraft zum Abtreiber schleichen –
 Warum will mich denn keiner befrein?
  Laßt mich schrein –!
  Laßt mich schrein –!

Mit Schreien ist da nichts getan –
        Wacht auf, ihr Frauen!
Nieder mit kirchlichem Größenwahn!
        Wacht auf, ihr Frauen!
Ihr krümmt Euch vor Schmerzen und in Euer Ohr
tönt heulend der Unternehmerchor:
„Trag es aus! Trag es aus!
                Trag es aus im Sturmgebraus!
Wenn der Staat bleibt bestehn,
            könnt Ihr alle zu Grunde gehn!
    Ihr habt nichts zu fressen?
Wir brauchen die Kinder für Dortmund und Essen,
für die Reichswehr und für die Bureaus –
und wenn Ihr krepiert, dann sind wir Euch los!"

                *

Aus Jodoform und blutigem Leinen
kommt winselnd eines Kindes Weinen.
Es wartet an dem kleinen Bett
bereits ein mächtiges Quartett:
Fabrik. Finanzamt. Schwindsucht. Kirchenzucht.

Das ist das Schicksal einer deutschen Leibesfrucht.

Unser Militär

Einstmals, als ich ein kleiner Junge
und mit dem Ranzen zur Schule ging,
schrie ich mächtig, aus voller Lunge,
hört ich von fern das Tschingderingdsching.

Lief wohl mitten über den Damm,
stand vor dem Herrn Hauptmann stramm,
vor den Leutnants, den schlanken und steifen …
Und wenn dann die Trommeln und die Pfeifen
übergingen zum Preußenmarsch,
fiel ich vor Freude fast auf den Boden –
die Augen glänzten – zum Himmel stieg
                        Militärmusik! Militärmusik!

Die Jahre gingen. Was damals ein Kind
bejubelt aus kindlichem Herzen,
sah nun ein Jüngling im russischen Wind
von nahe und unter Schmerzen.
Er sah die Roheit und sah den Betrug.
Ducken! ducken! noch nicht genug!
Tiefer ducken! tiefer bücken!
Treten und Stoßen auf krumme Rücken!
Die Leutnants fressen und saufen und huren,
wenn sie nicht grade auf Urlaub fuhren.
Die Leutnants saufen und huren und fressen
das Fleisch und das Weizenbrot wessen? wessen?
Die Leutnants fressen und huren und saufen …
Der Mann kann sich kaum das Nötigste kaufen.
Und hungert. Und stürmt. Und schwitzt. Und marschiert.
Bis er krepiert.
Und das sah einer mit brennenden Augen
und glaubte, der Krempel könne nichts taugen.
Und glaubte, das müsse zusammenfallen
zum Heile von Deutschland, zum Heil von uns allen …
Aber noch übertönte den Jammer im Krieg
                        Militärmusik! Militärmusik!

Und heute?

  Ach heute! Die Herren oben
tun ihren Pater Noske loben
und brauchen als Stütze für ihr Prinzip
den alten, trostlosen Leutnantstyp.
Das verhaftet, regiert und vertobackt Leute,
damals wie heute, damals wie heute –
Und fällt einer wirklich mal herein,
setzt sich ein andrer für ihn ein.
Liebknecht ist tot. Vogel heidi.
Solche Mörder straft Deutschland nie.
Na und –?
    Der Haß, der da unten sich sammelt,
hat euch den Weg noch nicht verrammelt.
Aber das kann noch einmal kommen …!
Nicht alle Feuer, die tiefrot glommen
unter der Asche, gehen aus.
Achtung! Es ist Zündstoff im Haus!
Wir wollen nicht diese Nationalisten,
diese Ordnungsbolschewisten,
all das Gesindel, das uns geknutet,
unter dem Rosa Luxemburg verblutet.
Nennt ihr es auch Freiwilligenverbände:
es sind die alten, schmutzigen Hände.
Wir kennen die Firma, wir kennen den Geist,
wir wissen, was ein Korpsbefehl heißt …
Fort damit –!
    Reißt ihre Achselstücke

in Fetzen – die Kultur kriegt keine Lücke,
wenn einmal im Lande der verschwindet,
dessen Druck kein Freier verwindet.
   Es gibt zwei Deutschland –: eins ist frei,
das andre knechtisch, wer es auch sei.
Laß endlich schweigen, o Republik,
                 Militärmusik! Militärmusik –!

Auf ein Soldatenbild

   Hoher Kragen, eingezwängt
in die Affenjacke;
der Zivilleib, angestrengt,
weicht dem Zeitgeschmacke.
     Fremd und leer blickt dein Gesicht.
     Du verstehst das Ganze nicht.

Letztes Bild und letzter Klang –
du bist weggegangen.
Und ich muß nun lebenslang
mich nach beiden bangen.
     Um dich pflügt der Bauernpflug.
     Du bist Lehm und hast genug.

Lieber, seh ich heut dich an,
häßlich und verkleidet,
hab ich oft dich toten Mann
grüßend sehr beneidet.
     Läuse, Leutnant, blutiges Gras –
     Sage, wofür tatst du das?

Auf uns sieht derselbe Mond,
sehn dieselben Sterne –
Deutschland, ewig knechtgewohnt,
lechzt nach der Kaserne.
    Qual, vier Jahr, gestohlnes Fressen
    sind vergessen – sind vergessen…
    Brüllend rufen Rottenlieder:
    „Morgen wieder! morgen wieder!"
Gruß dir –!
                      Du bist dran zerschellt:
an dem letzten Dreck der Welt.

Der Graben

Mutter, wozu hast du deinen aufgezogen?
Hast dich zwanzig Jahr mit ihm gequält?
Wozu ist er dir in deinen Arm geflogen,
und du hast ihm leise was erzählt?
    Bis sie ihn dir weggenommen haben.
    Für den Graben, Mutter, für den Graben.

Junge, kannst du noch an Vater denken?
Vater nahm dich oft auf seinen Arm.
Und er wollt dir einen Groschen schenken,
und er spielte mit dir Räuber und Gendarm.
    Bis sie ihn dir weggenommen haben.
    Für den Graben, Junge, für den Graben.

Drüben die französischen Genossen
lagen dicht bei Englands Arbeitsmann.
Alle haben sie ihr Blut vergossen,

und zerschossen ruht heut Mann bei Mann.
    Alte Leute, Männer, mancher Knabe
    in dem einen großen Massengrabe.
Seid nicht stolz auf Orden und Geklunker!
Seid nicht stolz auf Narben und die Zeit!
In die Gräben schickten euch die Junker,
Staatswahn und der Fabrikantenneid.
    Ihr wart gut genug zum Fraß für Raben,
    für das Grab, Kamraden, für den Graben!

Werft die Fahnen fort!
                      Die Militärkapellen
spielen auf zu Euerm Todestanz.
Seid Ihr hin: ein Kranz von Immortellen -
das ist dann der Dank des Vaterlands.
    Denkt an Todesröcheln und Gestöhne.
    Drüben stehen Väter, Mütter, Söhne,
    schuften schwer, wie Ihr, ums bißchen Leben.
    Wollt Ihr denen nicht die Hände geben?
    Reicht die Bruderhand als schönste aller Gaben
    übern Graben, Leute, übern Graben -!

Beschluß und Erinnerung

Am 3. Dezember 1928 jährt sich zum zweiten Mal der Todestag Siegfried Jacobsohns

Bei allem, was ich tu und treibe,
denk ich an eine starke Hand;
die lenkt mich heut noch, wenn ich schreibe,
ob auch der Freund uns jäh entschwand.

Der Freund – ich nannt ihn dann und wann:
den kleinen Mann.

Er war uns viel.
                    Der wollt nicht dämpfen,
er packte wuchtig seine Zeit.
In Lärm und Streit und lauten Kämpfen;
ein Blick - wir wußten gleich Bescheid.
    Und kämpf ich heut - wie fehlt mit dann
            der kleine Mann!

Er hat uns vieles hinterlassen:
den Dienst am Werk und Schuld und Pflicht.
Ich will im Lieben und im Hassen
so tun wie er - stets kann ichs nicht.
    Ich hab mich oft in Zweifeln still gefragt:
    „Was hätte wohl S. J. dazu gesagt -?"

In seinem Sinn will ich mir Mühe geben:
    die Wahrheit an das helle Taglicht heben -
    aus Liebe streiten - in der Stille leben ...
        Das sieht von oben freundlich lächelnd an
                der kleine Mann.